Inhaltsverzeichnis

Einführung

Das vorliegende Praxishandbuch gibt eine grundlegende und umfassende Einführung in die interne Evaluation in Kindertageseinrichtungen.

Ganz gleich welches QM-Verfahren die Kita anwendet: Ein wesentliches Element des Qualitätsmanagements ist die interne Evaluation der Prozesse, Strukturen, Projekte usw. in der Kita. Diese bietet den Mitarbeitenden der Einrichtung zunächst einmal die Möglichkeit, »sich ohne einen Kontrollblick von außen mit der Qualität der eigenen Arbeit auseinanderzusetzen, Erfolge messbar und Probleme sichtbar zu machen und so eine fundierte Basis für eine fortwährende Verbesserung der eigenen Arbeit zu schaffen« (Landeskommission Berlin gegen Gewalt 2014, Nr. 51) – Qualitätsmanagement quasi von innen heraus. Interne Evaluation führt zu einer höheren Selbstreflexion der Fachkräfte, Veränderungsmaßnahmen werden im Team und nicht über die Köpfe der Erzieherinnen und Erzieher hinweg beschlossen, die Motivation im Team kann gesteigert werden – um nur einige Chancen aufzulisten, die ein interner Evaluationsprozess mit sich bringen kann.

»Wer aufhört, besser zu werden, hat aufgehört, gut zu sein« (Richard Schmitz *1937). Evaluation kann als wichtiger Bestandteil des Qualitätsmanagements in der Kita verstanden werden – aber auch als ein kontinuierlicher Verbesserungsprozess, der von innen heraus stattfindet. Der Prozess ermöglicht es den Kitas, regelmäßig zu überprüfen, ob die Arbeit in der Einrichtung noch den aktuellen Qualitätsanforderungen genügt und wenn nicht, entsprechende Verbesserungsmaßnahmen einzuleiten.

Zum Teil liegt in den Bundesländern eine gesetzliche Regelung zur internen Evaluation vor, teilweise werden Empfehlungen ausgesprochen, jedoch wird die Umsetzung sowie der Umgang mit den Evaluationsergebnissen in den meisten Ländern den Trägern überlassen. In der Praxis birgt diese »Freiheit« in der Regel zwei Gefahren:

- Ob Träger oder Kita-Leitungen: Viele Beteiligte zeigen hinsichtlich der Empfehlungen oder gesetzlichen Regelungen zur internen Evaluation eine große Unsicherheit: Was bedeutet Evaluation? Wie und womit soll ich beginnen? Wie bekomme ich alle Mitarbeitenden mit ins Boot? Welche Möglichkeiten habe ich, unsere Kindertageseinrichtung zielgerichtet zu evaluieren? Und was mache ich anschließend mit den Ergebnissen? Diese Verunsicherung führt nicht selten zu einer Art Lähmung: es wird gar nicht erst damit angefangen.
- Eine andere Folge dieser »Freiheit« ist, dass Evaluation »irgendwie« durchgeführt wird. Kitas fangen an, weil sie es eben müssen. Es passieren Fehler und meist früher als später wird von den pädagogischen Fachkräften der Sinn der Evaluation hinterfragt. Als Folge kommt es zu internem Widerstand: Einige machen nur noch halbherzig mit, andere blockieren ganz offen den Evaluationsprozess.

Wir möchten Sie mit diesem Praxisleitfaden darin unterstützen, erste Schritte in Richtung ›interne Evaluation in der Kita‹ zu gehen, richtig in den Evaluationsprozess einzuführen, die Evaluation mit passenden Methoden durchzuführen und anschließend die Evaluationsergebnisse adäquat zu verwerten. Praktikabilität und Praxisnähe waren zwei Faktoren, die uns bei der Arbeit an diesem Buch besonders wichtig waren. Der

Prozess der internen Evaluation soll verständlich, praxisnah und in Anbetracht der großen und kleinen Anforderungen, mit denen sich Kita-Mitarbeiter täglich konfrontiert sehen, vor allem machbar und in den Alltag integrierbar sein.

Das Buch enthält alle wichtigen Informationen, die für eine Einführung in die interne Evaluation von Bedeutung sind, sodass es für die Praxis eine wertvolle Hilfe sein kann. Dabei orientieren sich die Inhalte nicht an einem bestimmten Bundesland oder an bestimmten Trägern. So kann es von Kitaleitungen und pädagogischen Fachkräften in ganz Deutschland genutzt werden.

Aufbau des Buches

Das Buch gliedert sich in drei Teile.

Teil 1 umfasst die Kapitel 1–4 und liefert den theoretischen Hintergrund zu den Themen Qualität und Evaluation. Es ist uns in diesem Teil wichtig, dem Leser ein Grundverständnis von Qualität und Evaluation zu vermitteln – als Basis für die praktische Umsetzung in Teil 2. Dabei wurden Fachtermini bewusst in den Text aufgenommen und hinreichend erklärt, um eine größtmögliche Exaktheit zu erreichen. Die Inhalte sind ausführlich gehalten, damit sie besser verstanden, angewendet und Zusammenhänge klarer erkannt werden können. Merkkästchen verweisen auf besonders wichtige Inhalte im entsprechenden Abschnitt.

Das Hauptaugenmerk liegt auf dem zweiten Teil des Buches, den Phasen der internen Evaluation. In den Kapiteln 5–7 wird die Durchführung einer internen Evaluation verständlich und gut strukturiert erklärt. Beispiele, Übersichten, Fotodokumentationen und andere Visualisierungen machen die Ausführungen anschaulich.

Der dritte Teil des Buches beschreibt in den Kapiteln 8–17 die verschiedenen Methoden, die bei der Durchführung von Evaluationen in Kitas hilfreich sein könnten. Dabei handelt es sich nicht nur um Evaluationsmethoden, sondern auch um Methoden, die zum Beispiel bei der Einführung in ein Themengebiet helfen.

Wir wünschen Ihnen bei der Umsetzung in Ihren Kita-Alltag viel Erfolg.

Lisa Lieb
Tanja Sczepanski

Allein aus Gründen der Lesbarkeit wird in diesem Buch zumeist die weibliche Form verwendet. Wir bitten um ihr Verständnis.

Teil 1: Grundwissen Qualität und Evaluation

Ziel der folgenden Kapitel ist es, Ihnen ein theoretisches Basiswissen rund um Qualität und Qualitätsmanagement in der Kita, Evaluation im Allgemeinen und interne Evaluation im Spezifischen zu vermitteln – wichtiges Hintergrundwissen, dass Ihnen bei der Durchführung einer internen Evaluation in der Kita behilflich sein kann.

Das erste Kapitel beschäftigt sich mit dem Thema **Qualität in der Kita**. Hier wird aufgezeigt, welche Schlüsselrolle Qualität bei der Erfüllung der gestiegenen Anforderungen an die Bildung, Betreuung und Erziehung von Kindern einnimmt. Es wird der Frage nachgegangen, wie sich Qualität in der Kindertageseinrichtung messen lässt, d.h. anhand welcher Kriterien eine Kita als gut oder »verbesserungswürdig« eingestuft werden kann. Anhand verschiedener Qualitätsmanagementverfahren wird anschließend aufgezeigt, wie Qualität gemessen, entwickelt und gesichert werden kann und welche Verfahren aktuell eingesetzt werden.

Das zweite Kapitel befasst sich mit den **rechtlichen Rahmenbedingungen** von Qualität und Evaluation. Wir zeigen auf, wie in den vergangenen Jahren sowohl auf Bundes- als auch auf Landesebene auf die Notwendigkeit der Entwicklung, Sicherung und Steuerung pädagogischer Qualität mit gesetzlichen Regelungen und Empfehlungen reagiert wurde.

Evaluation – Wieso, Weshalb, Warum? Im dritten Kapitel geht es um die Vermittlung von grundlegendem Wissen zum Thema Evaluation: Was heißt Evaluation? Was und wie wird evaluiert? Wozu und warum wird evaluiert? Wer evaluiert eigentlich wen? Aufgezeigt werden die unterschiedlichen Formen von Evaluation, Zielsetzungen für Evaluation sowie Methoden und Standards, die eine gute Evaluation ausmachen.

Nach der allgemeinen Einführung in das Wieso, Weshalb und Warum der Evaluation werfen wir im vierten Kapitel einen genaueren Blick auf die **interne Evaluation** mit der Frage nach Vorteilen, Nutzen und Zielen dieser Evaluationsform.

1 Qualität in der Kita

1.1 Schlüsselrolle von Qualität

Die Anforderungen an Kindertageseinrichtungen sind in den letzten Jahren erheblich gestiegen. Sie sollen lange Öffnungszeiten anbieten, Eltern in ihrer Lebensführung unterstützen, die Kinder gut und gesund ernähren, professionell pädagogisch tätig sein, Familienzentren aufbauen, die Sprachentwicklung der Kleinen und Kleinsten fördern, Beobachtung und Dokumentation durchführen und vieles mehr. Dass die Qualität in Kitas eine Schlüsselrolle bei der Erfüllung der gestiegenen Anforderungen an die Bildung, Betreuung und Erziehung von Kindern spielt, ist hierbei unumstritten.

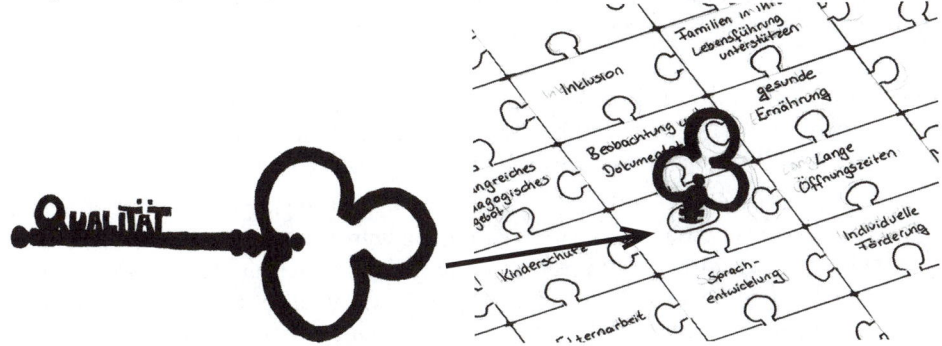

Abbildung 1: Schlüsselrolle von Qualität bei der Erfüllung der gestiegenen Anforderungen an Kindertageseinrichtungen

Sowohl in der Politik, wie auch in Wirtschaft und Gesellschaft gilt das Thema Qualität und Qualitätsentwicklung in der frühkindlichen Bildung quasi als »Dauerbrenner« (Altgeld/ Stöbe-Blossey 2009: 7).

- In der Ausbildung zur frühpädagogischen Fachkraft hat sich in den vergangenen Jahren viel geändert. Die Personalstruktur hat sich in den letzten Jahrzehnten professionalisiert. »Nie zuvor war die Zahl der ausgebildeten Fachkräfte (…) so hoch und der Anteil des nicht-ausgebildeten Personals so gering wie zuletzt« (14. Kinder- und Jugendbericht: 387). Seit 2004 sind neue Studiengänge an Fachhochschulen und Universitäten entstanden, die ein auf die Pädagogik der frühen Kindheit spezialisiertes Studium anbieten. Frühpädagogische Studiengänge wie der ›Kita-Master‹ (Universität Flensburg), ›Kita-Management‹ (Fachhochschule Potsdam) oder der Bachelorstudiengang ›Pädagogik der Kindheit‹ (DPFA Hochschule Sachsen) sprießen förmlich aus dem Boden. »Von einem Arbeitsumfeld mit einem geringen Grad an Fachlichkeit kann keine Rede mehr sein« (ebd.).
- In den letzten Jahren wurde eine Vielzahl an Instrumenten und Messverfahren für die Qualitätsentwicklung und -sicherung in Kindertageseinrichtungen konzipiert, wie beispielsweise die DIN EN ISO 9002 als internationale Normreihe, der Kronberger Kreis mit seiner Methode »Qualität im Dialog entwickeln« oder die KES – Kindergarten-Einschätz-Skala.

- Auch die Bildungs- und Orientierungspläne der einzelnen Bundesländer greifen das Thema Qualität auf. So wurden beispielsweise in der Hamburger Bildungsempfehlung für die Bildung und Erziehung von Kindern in Tageseinrichtungen Qualitätsansprüche und -indikatoren erarbeitet, die als Orientierungsrahmen für die Arbeit in den Kitas gelten.
- Ebenso wurden in der Gesetzgebung Richtlinien in Zusammenhang mit Qualität in Kindertageseinrichtungen verankert. So verpflichtet der Gesetzgeber die Träger der öffentlichen Jugendhilfe im SGB VIII, die Qualität der Förderung in ihren Einrichtungen sicherzustellen und weiterzuentwickeln (siehe hierzu Kapitel 2).

Die Qualität einer Kindertageseinrichtung kann auf viele Bereiche Auswirkungen haben: Auf die Elternzufriedenheit, auf die Arbeitszufriedenheit der Erzieher/innen, auf die Standortsicherung in Ballungsgebieten u.v.m. Wir wollen im Rahmen dieses Praxisleitfadens insbesondere den Blick auf die Frage richten, wie sich eine gute Qualität in der Kindertageseinrichtung auf die Entwicklung der Kinder auswirkt.

International und zum Teil auch auf nationaler Ebene ist die Bedeutung pädagogischer Qualität in der institutionellen Bildung, Betreuung und Erziehung für die Förderung von Kindern im Kita-Alter gut untersucht (z.B. Apolte/Funcke 2009: 216, 229). Zusammenfassend lässt sich folgendes festhalten (12. Kinder- und Jugendbericht: 201):

- Eine frühe Betreuung – mit dem 2. Lebensjahr – sowie eine höhere Gesamtdauer des Besuchs in einer qualitativ guten Kindertageseinrichtung wie auch in qualitativ guter Tagespflege wirken sich positiv auf die sprachlich-kognitive Entwicklung aus.
- Eine nachhaltige Auswirkung von pädagogischer Qualität im Kindergarten ist auch in der sozialen Entwicklung der Kinder zu beobachten (z.B. soziale Kompetenzen, Peerbeziehungen, Selbstständigkeit).
- Eine gute Qualität in der frühkindlichen Betreuung kann einen Entwicklungsunterschied von bis zu einem Jahr bei 4 ½ jährigen Kindern ausmachen.
- Die positiven Effekte in der sprachlich-kognitiven Entwicklung wie auch im Bereich »Bewältigung von Lebenssituationen« sind noch vier Jahre später, am Ende der zweiten Grundschulklasse, feststellbar: Die Kinder aus qualitativ guten Kindergärten weisen signifikant bessere Schulleistungen sowie sprachliche und soziale Kompetenzen auf als Kinder aus Kindergärten mit einer geringeren Qualität.

1.2   Wie lässt sich Qualität messen?

Doch wie kann man Qualität in der sozialen und pädagogischen Arbeit definieren? Was macht eine gute Kita aus? Und wie lässt sich Qualität messen? Handelt es sich um die Qualität der Einrichtung, der zur Verfügung stehenden Materialien oder die der Fachkräfte? Kann »Qualität« an den Kindern selbst gemessen werden und wenn ja, dann wie? Misst man Qualität an der Anzahl der Fachkräfte pro Kind, an deren Ausbildung oder daran, wie gut sich die Sprachfähigkeiten der Kinder entwickeln? Mit diesen Fragen ist man schon mitten im Qualitätsthema angekommen (Dahle). Die Fragen zeigen zugleich, wie komplex das Thema Qualität ist.

Abbildung 2: Wie lässt sich Qualität messen?

Bei dem Versuch, Qualität in der pädagogischen und sozialen Arbeit zu erklären und zu messen, stehen wir unter anderem vor den folgenden drei Herausforderungen:

1. Qualität unterliegt einem dynamischen Wandel

Das Verständnis von einer qualitativ hochwertigen Bildung und Betreuung in der Kindertagesstätte unterliegt einem dynamischen Wandel. Qualität ist keine unveränderliche Realität. Mit den wachsenden Anforderungen und Erwartungen an Bildung, Betreuung und Erziehung der Kinder verändern sich auch die Qualitätsansprüche und -kriterien.

Abbildung 3: Qualität im Wandel

Ein Blick auf die vergangenen 65 Jahre Kindergarten-Geschichte verdeutlicht diesen Faktor: In den 1950er bis Mitte der 1960er Jahre galt die Mutterliebe als der wichtigste Faktor bei der Betreuung und Erziehung der Kinder. Nur wenn die Familie versagte, sollten institutionelle Angebote bereitgestellt werden. 1970 kam es durch die Veröffentlichung des »Strukturplans für das deutsche Bildungswesen« (Deutscher Bildungsrat 1970) zu einem Paradigmenwechsel: Der Kindergarten wurde nicht mehr als sozialfürsorgliche Einrichtung sondern als Ort frühkindlicher Bildung betrachtet. Zum ersten Mal wurde der Kindergarten als unterste Stufe des Bildungswesens – also als eine Bildungseinrichtung – definiert. Die Anforderungen an die Qualität der pädagogischen Arbeit stiegen, und mit ihr die professionellen Anforderungen an die Pädagogische Fachkraft und die Kitaleitung (Aden-Grossmann 2012).

2. Qualität ist nicht bzw. nur schwer vergleichbar

Kindertageseinrichtungen arbeiten unter sehr heterogenen Rahmenbedingungen:

- »Bildungspläne oder -programme der Länder weisen unterschiedliche Inhalte und Schwerpunkte auf,
- Träger und Spitzenverbände setzen durch spezifische oder übergreifende Qualitäts-standards unterschiedliche Akzente,
- Unterstützungssysteme wie Fachberatungen oder Fort- und Weiterbildungen sind kaum vergleichbar,
- und die Finanzierungssysteme folgen jeweils einer spezifischen landeseigenen Lo-gik« (Weiterbildungsinitiative Frühpädagogische Fachkräfte wiff 2014: 19).

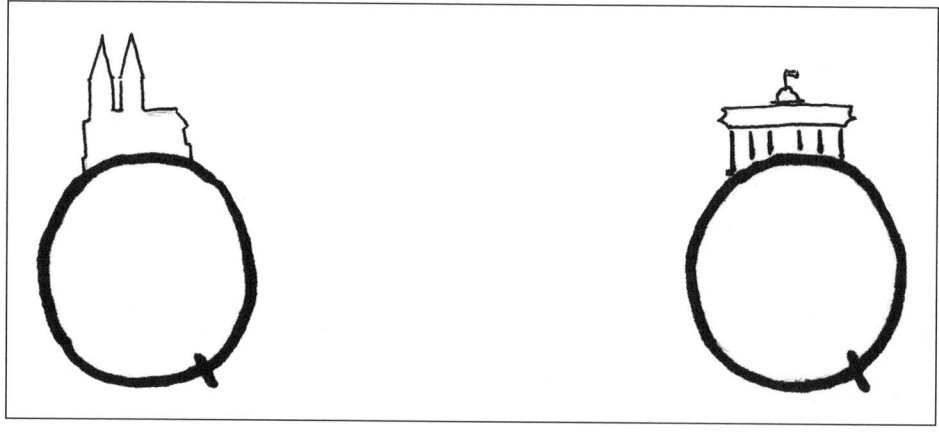

Abbildung 4: Anforderungen an qualitativ hochwertige Bildung, Betreuung und Erziehung in Berlin und Köln: vergleichbar?

Der Bildungsföderalismus erschwert die Vergleichbarkeit. Im November 2014 einig-ten sich daher die zuständigen Minister und Ministerinnen sowie Vertreter von Bund, Ländern und Kommunen auf einen Fahrplan für länderübergreifende verbindliche Qualitätsstandards. Bereiche, für die konkrete Qualitätsziele verabredet werden sol-len, sind u.a. der Personalschlüssel, die mittelbare pädagogische Arbeitszeit und die Leitungszeit, aber auch Fragen der Qualifizierung der Fachkräfte oder der Gesund-heitsförderung. Ein erster gemeinsamer Bericht der Arbeitsgruppe wird bis 2016 vor-liegen.

Bundesweite Kita-Qualitätsstandards sind also noch »ein weiter Weg«, so die Bundes-familienministerin Manuela Schleswig (faz 06.11.2014).

3. Qualität ist abhängig von individuellen Bedürfnissen und Interessen

In der Qualitätsdiskussion sozialer und pädagogischer Arbeit haben wir es mit Indivi-duen und sehr unterschiedlichen Bedürfnissen zu tun (Der PARITÄTISCHE Wohl-fahrtsverband Hamburg e.V.: 181). Es gibt folglich kaum Qualitätskriterien, die nicht von einer vorherrschenden Ansicht, von Wünschen und Bedürfnissen abhängig sind – ähnlich wie im privaten Bereich, wenn wir die Qualität eines Produktes bewerten.

So sollte beispielsweise für die einen ein gutes Handy ein großes Speichervolumen haben, für die anderen ist das entscheidende Qualitätskriterium eine hochprofessionelle Kamera.

EINE GUTE KITA BIETET:

lange und flexible Öffnungszeiten
Vielzahl an pädagogischen Angeboten

Viel Freispiel in der Natur
gesunde Ernährung

Abbildung 5: Eine gute Kita hängt auch von den Bedürfnissen und Interessen der Beurteilenden ab.

Die Qualität pädagogischer Arbeit ist also immer auch im Zusammenhang der verschiedenen Interessen von Träger, Mitarbeiterinnen, Eltern, Kindern, Behörden und Politik zu verstehen. Für die einen zeichnet sich eine gute Kita dadurch aus, dass sie die Berufstätigkeit der Eltern besonders gut ermöglicht und für andere wiederum zeigt sich die Qualität einer guten Kita darin, dass sie eine Vielzahl an Angeboten für die Kinder bereitstellt. Ob eine Kita als »gut« bewertet wird, hängt also auch von der Betrachtungsweise und der Haltung der Beurteilenden ab (Merchel 2010: 36ff.).

1.2.1 Qualitätsdimensionen

Trotz der genannten Herausforderungen gibt es Parameter, anhand derer die Qualität einer Kindertageseinrichtung gemessen werden kann.

Allgemein wird in der Qualitätsforschung zwischen den folgenden Dimensionen unterschieden:

- **Strukturqualität:** z.B. Was steht der Kita zur Verfügung? Wie sind die Räume ausgestattet? Wie ist der Erzieher-Kind-Schlüssel, wie die Gruppengrößen und die Qualifikationen des pädagogischen Personals?
- **Management-und Organisationsqualität:** z.B. Wie wird die Kita organisiert? Werden die gegebenen personalen und sachlichen Ressourcen zielorientiert und effizient eingesetzt?
- **Prozessqualität:** z.B. Was erfährt ein Kind in der Kita konkret? Wie ist die Interaktion zwischen Erzieherinnen und Kindern bzw. den Kindern untereinander? Welche Anregungen werden für das Kind in den verschiedenen Bildungsbereichen bereitgestellt?
- **Ergebnisqualität:** z.B. Was hat das Kind in der Kita gelernt? Wie zufrieden sind die Eltern?
- **Orientierungsqualität:** z.B. Was wollen Erzieherinnen und Eltern – und wie? Wie sind Leitbild, Konzeption und Curricula der Einrichtung formuliert?
- **Kontextqualität:** z.B. Wie werden externe Unterstützungssysteme genutzt – etwa durch Fachberatung, Fortbildung und andere interne und externe Systeme?

Diese grundlegenden Qualitätsdimensionen können – ähnlich wie in einem Uhrwerk – in einem komplexen Gefüge verortet werden. Sie stehen zueinander in Beziehung und wirken aufeinander ein. Im Einzelnen stehen die Qualitätsdimensionen für die folgenden Sachverhalte:

Strukturqualität

Strukturqualität lässt sich anhand der sachlichen, räumlichen und personellen Ausstattung der Kindertageseinrichtung messen. Die *Größe der Gruppen, der Betreuer-Kind-Schlüssel, die Vorbereitungszeit für die ›Arbeit am Kind‹, die räumliche Ausstattung der Einrichtung, die Qualifikation des Fachpersonals sowie die finanzielle Ausstattung* sind Qualitätskriterien für Strukturqualität.

Die Rahmenbedingungen (sprich: die Strukturqualität) haben – den Befunden verschiedener nationaler wie internationaler Studien zufolge (ECCE 1999, Peisner-Feinberg et al. 2000, Sylva et al. 2004/2005, Tietze/Roßbach/Grenner 2005) – einen entscheidenden Einfluss darauf, wie gut die Qualität der pädagogischen Prozesse sein kann und wirken sich in einem hohen Maße auf die Ergebnisqualität aus: Je kleiner die Gruppe, je günstiger der Mitarbeiterinnen-Kind-Schlüssel, je höher das Ausbildungsniveau der pädagogischen Fachkräfte und je mehr Zeit die pädagogischen Fachkräfte zur Vorbereitung der Angebote haben, desto höher ist die Qualität der pädagogischen Prozesse und desto positiver sind die Entwicklungsergebnisse (Strehmel 2008).

Management- und Organisationsqualität

Ein gutes Kita-Management gilt als Voraussetzung für die Leistungsfähigkeit des Personals in der Gestaltung der pädagogischen Prozesse mit den Kindern (Strehmel 2006). Zur Organisations- und Managementqualität in Kindertageseinrichtungen gehören neben einer fachlichen und kompetenten Leitung folgende Elemente:

- eine *transparente Struktur* und *klare Verantwortlichkeiten*,
- eine professionelle und wertschätzende *Zusammenarbeit mit den Eltern* sowie
- eine *Personalführung* und Personalentwicklung, bei der jede Mitarbeiterin ihren Stärken entsprechend eingesetzt, gefordert und gefördert wird,
- *die Erfüllung* von gesetzlichen und vertraglichen *Verpflichtungen* (z.B. in Bezug auf Arbeits- und Datenschutz sowie Hygiene),
- die *Selbstverpflichtung* eines jeden Mitarbeitenden in Bezug *auf Werte* (z.B. im Leitbild)
- *die kontinuierliche Entwicklung* der Organisation
- ein *Controlling*-System
- die adäquate und zielgruppenspezifische interne und externe *Kommunikation* (inklusive Öffentlichkeitsarbeit) und Information,
- Die *Bereitstellung der Mittel* und die Bewirtschaftung,
- eine zielgerichtete *Steuerung des Trägers,*
- eine *Vertretung der Interessen* nach außen: Kontakte zu anderen Trägern, den Behörden usw.

Prozessqualität

Die Prozessqualität bezieht sich auf die Umsetzung in der alltäglichen Arbeit in der Kita. Im Fokus stehen hierbei die Abläufe und Interaktionen zwischen dem Kind und der pädagogischen Fachkraft, innerhalb des pädagogischen Teams, zwischen den Kindern untereinander, sowie zwischen Eltern und pädagogischen Fachkräften.

Die Prozessqualität kann z.B. anhand folgender Kriterien gemessen werden (Der PARITÄTISCHE Wohlfahrtsverband Hamburg e.V.: 181):

- *Termintreue* (z.B. zu dem vereinbarten Termin wird die Kita ein Projekt anbieten),
- *Reaktionszeit* (z.B. bei Anfragen oder Beschwerden)
- *Anzahl der Fehler in Abläufen* (z.B. falsche Auskunft oder Information) sowie
- *positive und negative Rückmeldungen* (intern oder extern) *zu Abläufen* (z.B. in Bezug auf Projekte, Elternabend etc.)

Ergebnisqualität
Ergebnisqualität bezieht sich auf alle messbaren Ergebnisse der Arbeit in der Kita. Gemessen wird Ergebnisqualität u.a. daran, wie viel Prozent der einzuschulenden Kinder ohne Schwierigkeiten in die Schule kommen und wie viele »auf der Strecke« bleiben (Huppertz/Karch 2012: 15ff.). Weitere Kriterien für die Ergebnisqualität sind u.a. die kognitive, motorische und sprachlichen Entwicklung der Kinder, die Entwicklung der sozialen Kompetenzen sowie die Zufriedenheit der »Kunden«, sprich der Familien und der Kinder.

Orientierungsqualität
Orientierungsqualität bezieht sich darauf, wie klar und differenziert die pädagogischen Ziele einer Einrichtung formuliert sind und inwieweit sich diese Ziele im pädagogischen Handeln niederschlagen (Strehmel 2008). Qualitätskriterien sind beispielsweise:

- die aktuelle pädagogische Konzeption,
- Konzeptionen für spezifische Angebote

Kontextqualität
Kontextqualität bezieht sich darauf, wie externe Unterstützungssysteme – beispielsweise Fachberatung, Fortbildung und Unterstützung durch die Trägerorganisation – zur Verfügung gestellt und genutzt werden.

1.2.2 Komplexe Wechselwirkung der Qualitätsdimensionen

Wie bereits erwähnt bedingen die Qualitätsdimensionen als ein komplexes Gefüge gemeinsam die Qualität der Kindertageseinrichtung. Verändert sich etwas in der Struktur- und Orientierungsqualität, so hat das nicht zwingend Auswirkungen auf die Prozessqualität. Erst durch eine gute Management- und Organisationsqualität sowie durch die Inanspruchnahme von Unterstützungssystemen können sich Veränderungen in der Struktur- und Orientierungsqualität auf die Qualität in der alltäglichen Arbeit sowie die Ergebnisse auswirken (12. Kinder und Jugendberichte: 226).

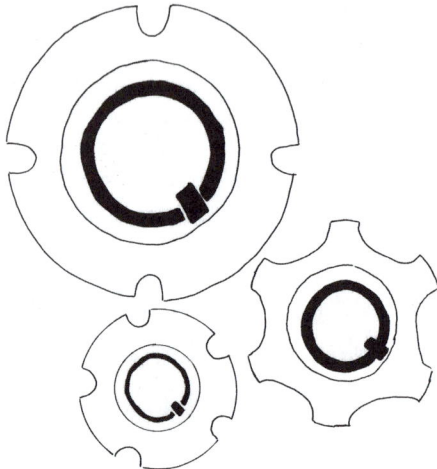

Abbildung 6: Komplexes Gefüge der Qualitätsdimensionen

Über ein oder zwei »Stellschrauben« das Früherziehungssystem grundlegend qualitativ zu verbessern, erscheint wenig aussichtsreich. Verbesserungen müssen, wenn sie bessere Bildungsergebnisse bei Kindern bewirken sollen, an vielen Punkten simultan ansetzen (12. Kinder und Jugendbericht: 349).

Beispiel

In einer Kita im Berliner Norden wurde in der Trägerschaft beschlossen, die Kita-Gruppen zu öffnen und zukünftig anstatt in Stammgruppen in teiloffener Arbeit zu arbeiten (**Orientierungsqualität**).

Im Zuge dieser Entscheidung wurden in der Kindertageseinrichtung räumliche Veränderungen vorgenommen: Bastel- und Malutensilien, Kochecken, Bauecken u.s.w. waren nicht mehr in jedem Gruppenraum vorhanden. Jeder Raum erhielt unterschiedliche Themenecken (**Strukturqualität**).

Das allein brachte zunächst jedoch keine Verbesserung in der pädagogischen Arbeit im Alltag und führte bei den Mitarbeiterinnen eher zu Frust denn zu Freude: Die Absprache zwischen den einzelnen Kleinteams funktionierte nicht, die Aufteilung der Kinder je nach Interesse führte oft zu Unzufriedenheit bei den Kleinen, der gewohnte Arbeitsalltag und die Routinen schienen komplett über den Haufen geworfen. Das hatte zur Folge, dass sich Stück für Stück die Gruppen wieder schlossen.

Erst durch die klare Kommunikation der mit der Konzeptänderung verfolgten Ziele, der Vergabe von Verantwortlichkeiten innerhalb der Teams sowie die Bereitstellung finanzieller Mittel zur internen Optimierung des Konzepts (**Management- und Organisationsqualität**) UND durch die Schulung aller Mitarbeiterinnen im Themenfeld »teiloffene Arbeit« (**Kontextqualität**) konnten eine Verbesserung der Interaktion zwischen den Kindern und den Erzieherinnen, optimierte Abläufe zwischen dem pädagogischen Fachpersonal (**Prozessqualität**) sowie eine Stärkung der sozialen Kompetenzen der Kinder erzielt werden (**Ergebnisqualität**).

1.3   Wie lässt sich Qualität managen?

Der Begriff Qualitätsmanagement umfasst alle Führungs- und Steuerungsaufgaben zur Qualitätssicherung und -verbesserung. »Im Allgemeinen umfasst Qualitätsmanagement die Entwicklung und Fortschreibung von Qualitätsstandards, die Förderung ihrer Umsetzung und die Überprüfung der Ergebnisse« (Bundesarbeitsgemeinschaft der Landesjugendämter). Bevor wir die gängigsten QM-Verfahren skizzieren, möchten wir anhand des PDCA-Zyklus den grundsätzlichen Prozess des Qualitätsmanagements erklären. Hier wird deutlich, welch essentielle Rolle die Evaluation im Prozess des Qualitätsmanagements spielt.

1.3.1   Qualitätsmanagement als kontinuierlicher Verbesserungsprozess

Qualitätsmanagement ist als kontinuierlicher Verbesserungsprozess zu verstehen oder, um es in den Worten von Richard Schmitz (*1937) zu sagen:

»Wer aufhört, besser zu werden, hat aufgehört, gut zu sein.«

Ziel des stetigen Qualitätsmanagements ist es, Prozesse und Abläufe zu verbessern um die Effizienz sowie die Zufriedenheit von Kunden und Mitarbeiterinnen zu steigern. Der kontinuierliche Prozess ermöglicht es den Kitas, den dynamischen Wandel des Qualitätsverständnisses mitzugehen, regelmäßig zu überprüfen, ob die Arbeit in der Kita auch den aktuellen Qualitätsanforderungen genügt und wenn nicht, entsprechende Verbesserungsmaßnahmen einzuleiten.

Die kontinuierliche Weiterentwicklung von Qualität lässt sich leicht anhand der folgenden Grafik erklären:

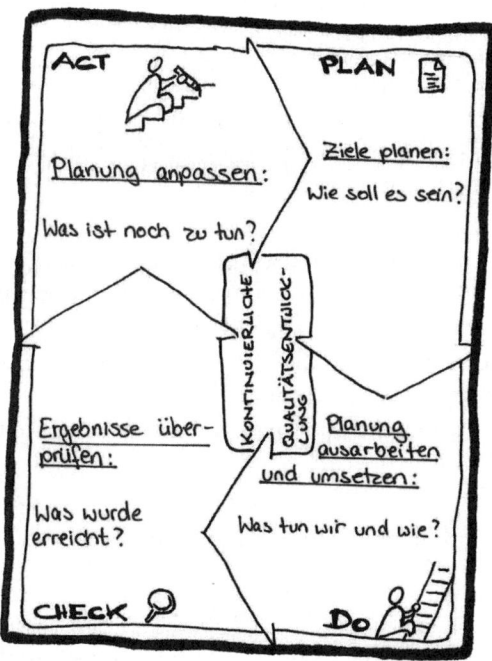

Abbildung 7: PDCA-Zyklus

Der PDCA-Zyklus – auch Deming-Zyklus genannt – geht zurück auf den Qualitätsexperten William Edwards Deming (1900–1993). Seiner Meinung nach sollte sich die kontinuierliche Verbesserung in einem Unternehmen im Rahmen eines sich immer wiederholenden Prozesses vollziehen, der aus den folgenden vier Phasen besteht:

Phase	Beschreibung
1. Phase: Plan	In der Planungsphase werden Maßnahmen zur Qualitätsverbesserung entwickelt.
2. Phase: Do	Die geplanten Maßnahmen werden im gesamten Unternehmen umgesetzt.
3. Phase: Check	Die Maßnahmen werden hinsichtlich ihrer Zielwirksamkeit kontrolliert und bewertet: Sie werden evaluiert.
4. Phase: Act	Auf Grundlage des Ergebnisses aus der dritten Phase (Check) werden eventuelle Korrekturmaßnahmen eingeleitet.

Tabelle 1: Phasen der internen Evaluation

Anschließend wird der Zyklus erneut durchlaufen. Ausgangspunkt für den erneuten Durchlauf bilden die Korrekturmaßnahmen der letzten Phase.

Beispiel: Eine Kita im Hamburger Umland

45 Kinder, 6 Erzieherinnen, 1 Krippengruppe, 1 Elementargruppe, 1 Hort-Gruppe

Vorgeschichte:

Mit dem Wegfall der Hortbetreuung in den Räumlichkeiten einer Kindertagesstätte im Hamburger Umland entsteht für die Mitarbeiterinnen sowie den Träger dieser Einrichtung die Frage: Wie erreichen wir eine tragfähige Auslastung unserer Kita?

Plan:

Nach eingehender Überprüfung der vorhandenen Ressourcen (Räumlichkeiten, Personal, Budget) entsteht der Plan, drei Familiengruppen à 15 Kinder mit je zwei Erzieherinnen zu eröffnen. Die Entscheidung für dieses Konzept basiert unter anderem aus dem Wunsch nach Beständigkeit:

- für die Kinder, die ab dem Alter von einem Jahr bis zum Schuleintritt in ein und derselben Kita-Gruppe bleiben würden,
- für die Familien, die mit den beiden Bezugserzieherinnen eine konstante Kontaktperson hätten.

Do:

Das neue Konzept wird innerhalb kurzer Zeit umgesetzt.

Check:

Im Laufe der folgenden 1,5 Jahre kommt es immer wieder zu Überanstrengung und Unzufriedenheit des Kita-Teams – ein Grund, das Konzept und dessen Umsetzung zu evaluieren um gegebenenfalls Änderungen vorzunehmen.

Mithilfe eines externen Prozessbegleiters werden alle Bereiche in einem ausführlichen Prozess evaluiert, unter anderem mit den folgenden Ergebnissen:

- Die Familiengruppen bleiben oftmals unter sich. Die Absprache für gemeinsame oder auch gruppenübergreifende Aktivitäten fällt den meisten Mitarbeiterinnen schwer. Sie haben oft das Gefühl, dass die Kleinen »untergehen« und die Großen »machen, was sie wollen«. Im Laufe des Evaluationsprozesses wird deutlich, dass mehr altershomogene Aktivitäten notwendig sind, um den Bedürfnissen sowohl der Kleinen als auch der Großen gerecht zu werden.
- Die Räumlichkeiten für jede Familiengruppe sind zu klein: Ess-, Spiel-, Ruhe-, Bastel- und Bewegungsfläche ballen sich auf kleinstem Raum. Die Ausweichmöglichkeit in den großen Bewegungsraum ist nicht an allen Tagen möglich. Die Folge ist die tägliche »Flucht« auf den Spielplatz.
- Sobald eine Mitarbeiterin krank oder im Urlaub ist, bleibt die zweite Mitarbeiterin mit 15 Kindern allein – ein Zusammenschluss mit der Nachbar-Familiengruppe oder die Aufteilung der Gruppe sind meist die einzigen Möglichkeiten. Nicht selten kommt es vor, dass sogar beide Erzieherinnen gleichzeitig fehlen oder kurz aufeinanderfolgend erkranken. Dies hat zur Folge, dass von der anfangs erwünschten Beständigkeit für Kinder und Eltern häufiger nichts zu spüren ist.

Act:

Auf Grundlage der Evaluationsergebnisse werden Verbesserungsideen gesammelt und das Konzept modifiziert:

- Damit sich die Mitarbeiterinnen untereinander besser absprechen können, wird ein Jourfixe eingeführt, bei dem sich wöchentlich je eine Mitarbeiterin aus jeder Gruppe morgens zu einer Absprache und gemeinsamen Planung zusammenfinden. Darüber hinaus sollen Fort- und Weiterbildungen aus den Bereichen »Familiengruppen-Arbeit« und »teiloffene Arbeit« im folgenden Jahr besucht werden.
- Aus drei Familiengruppen entstehen zwei Familiengruppen mit 22 Kindern und je drei Erzieherinnen. Die Räumlichkeiten werden so optimaler ausgenutzt. Eine Beständigkeit kann eher gewährleistet werden.

Abschließend:

Die Kita entscheidet sich dafür, weiterhin mit dem externen Prozessbegleiter zusammenzuarbeiten um in regelmäßigen Abständen die Umsetzung der geplanten Veränderungen zu überprüfen und rechtzeitig zu reagieren, sollte das Ergebnis nicht in die gewünschte Richtung laufen.

1.3.2 Überblick über die gängigsten QM-Verfahren

Wie bereits erwähnt wurden zur Qualitätsentwicklung, -messung und -sicherung in den letzten Jahren zahlreiche Verfahren für Kitas etabliert und Instrumente entwickelt, die gewährleisten sollen, dass die Qualität in Kitas in einem kontinuierlichen Prozess evaluiert und weiterentwickelt wird. So gibt es Qualitätsmanagementkonzepte, die an den Bildungs- bzw. Orientierungsplan des jeweiligen Bundeslandes gekoppelt sind. Andere sind allgemeiner Art, wie die DIN EN ISO 9002, oder aber vom jeweiligen Träger entwickelt und vorgeschrieben.

Es ist nicht leicht, sich einen Überblick über die vorhandenen Qualitätskonzepte und die dahinter stehenden unterschiedlichen Ansätze zu verschaffen. Allgemeingültige Aussagen bzw. Vergleiche sind schwierig und – so Karin Altgeld und Sybille Stöbe-Blossey – »das eine beste Konzept gibt es nicht« (Altgeld/Stöbe-Blossey 2009: 11). Die Entscheidung, welchen Weg der Qualitätsentwicklung er geht, muss jeder Träger für sich selbst entscheiden (Vossen 2013: 71).

»In diesem Entscheidungsprozess können folgende Fragen hilfreich sein:
- Soll ein dauerhafter Prozess in Gang gesetzt werden?
- Will ich meine Einrichtung mit anderen Einrichtungen vergleichen, ausgehend vom aktuellen Stand?
- Will ich meine Wettbewerbsfähigkeit erhöhen und mich deshalb einem europaweit gültigen Qualitätsmanagementsystem unterwerfen?
- Soll eine Zertifizierung erfolgen, die in regelmäßigen Abständen wiederholt werden muss?
- Welche finanziellen Mittel kann und will ich dafür bereitstellen?« (Bundesarbeitsgemeinschaft der Landesjugendämter)

Für einige Einrichtungen kann es angebracht sein, aus den verschiedenen Qualitätsmanagementsystemen Elemente herauszunehmen, um ein individuelles – auf sie zugeschnittenes QM-Verfahren zu erstellen.

Im Folgenden wollen wir einen Überblick über die gängigsten Qualitätsinstrumente geben. Einen Anspruch auf Vollständigkeit stellen wir in Anbetracht der Vielfalt bestehender QM-Systeme hierbei nicht.

Trägerspezifische Qualitätsmanagementverfahren

Viele der großen freien Träger entwickelten im Laufe der letzten Jahre eigene Qualitätsmanagementsysteme. Grundlage dieser QM-Systeme sind gemeinsame Kriterien der Qualitätsentwicklung, auf die sich die Mitglieder der Bundesarbeitsgemeinschaft der freien Wohlfahrtspflege (Arbeiterwohlfahrt, Caritas, das Diakonische Werk, der Paritätische Gesamtverband, das Deutsche Rote Kreuz und die Zentralwohlfahrtsstelle der Juden in Deutschland) geeinigt hatten (Dittrich 2014: 3).

So hat beispielsweise die Bundesvereinigung evangelischer Tageseinrichtungen für Kinder e.V. (BETA) der **Diakonie** ein bundesweites »Bundesrahmenhandbuch. Leitfaden für den Aufbau eines Qualitätsmanagementsystems in Tageseinrichtungen für Kinder« herausgegeben. Auf der Basis dieses Handbuches ist sowohl eine Zertifizierung von Einrichtungen nach dem Diakonie-Siegel KiTa inklusive DIN EN ISO 9001:2008 wie auch die Verleihung des Evangelischen **BETA-Gütesiegels** möglich (http://www.beta-diakonie.de/beta-guetesiegel).

Das Qualitätsmanagementsystem für **katholische Kindertageseinrichtungen** ist das »KTK-Gütesiegel. Bundesrahmenhandbuch«. Ähnlich wie bei der Bundesvereinigung evangelischer Tageseinrichtungen für Kinder e.V. ermöglicht das KTK Gütesiegel Bundesrahmenhandbuch eine Zertifizierung nach der internationalen Norm DIN EN ISO 9001 sowie die Verleihung des **KTK-Qualitätsbiefs** (KTK Gütesiegel Bundesrahmenhandbuch).

Der **Deutsche Paritätische Wohlfahrtsverband** entwickelte das »PQ-Sys. Das Paritätische Qualitätssystem«. Sowohl interne als auch externe Überprüfungen sollen im Rahmen des paritätischen Qualitätssystems durchgeführt werden. Als Nachweis der externen Begutachtung wird das **Paritätische Qualitäts-Siegel**® verliehen (PQ-Sys. Das Paritätische Qualitätssystem: 12).

Die **Arbeiterwohlfahrt** hat bislang kein einheitliches Qualitätsmanagementsystem entwickelt, jedoch geben einzelne Bezirksverbände Handbücher heraus (z.B. »Handbuch zur Qualitätssicherung in Tageseinrichtungen für Kinder« des Bezirksverbandes Ostwestfalen-Lippe e.V., AWO 1999).

Beim **Deutschen Roten Kreuz** haben einige Landesverbände eigene Qualitätshandbücher für Kindertagesstätten entwickelt (z.B. der Landesverband Schleswig-Holstein, DRK 2013) (Dahle).

Trägerunabhängige QM-Verfahren

Die Kindergarten-Einschätz-Skala (KES), das Konzept »Qualität im Dialog« des Kronberger Kreises, das Konzept »IQUE« nach Ziesche/Gebauer-Jorzick und das Qualitätsmanagement-Verfahren nach DIN-ISO 9000 ff. sind vier der wesentlichen trägerunabhängigen Qualitätsmanagement-Verfahren, die sich im Laufe der intensiven Qualitätsdiskussion während der zweiten Hälfte der 1990er Jahre entwickelten.

Kronberger Kreis
Der »Kronberger Kreis für Qualitätsentwicklung in Kindertageseinrichtungen« ist eine interdisziplinäre Arbeitsgruppe von Fachleuten, die es sich zur Aufgabe gemacht hat, Fragen der Reform und Evaluation von Kindertageseinrichtungen zu erörtern und ein Konzept zur dialogischen Qualitätsentwicklung zu erarbeiten. Bekannt ist der Kronberger Kreis vor allem durch seine Methode ›Qualität im Dialog‹. Er setzt sich bewusst von einer durch externe Experten erfolgten Messung, Quantifizierung und Bewertung von Qualität ab und setzt sich für partizipative Verfahren der Qualitätsentwicklung ein.

»*›Dialogische Qualitätsentwicklung‹ initiiert einen gemeinsamen Lernprozess, der mit dem Interesse an Veränderung beginnt, sich im Dialog aller im Feld Beteiligter entwickelt und eine Untersuchung der Fachpraxis beinhaltet.*« (www.dialog-kronberg.de)

Als Qualitätsbereiche werden folgende Bereiche betrachtet:

- Programm- und Prozessqualität,
- Leitungsqualität,
- Personalqualität,
- Einrichtungs- und Raumqualität,
- Trägerqualität,
- Kosten-Nutzen-Qualität und
- Förderung von Qualität

Qualität wird in drei Schritten untersucht:

1. Herausarbeitung allgemeiner Gesichtspunkte einer guten Fachpraxis (Qualitätsstandards),

2. Formulierung von erkenntnisleitenden Fragen, die die Qualitätsuntersuchung in einer Einrichtung leiten könnten und Erteilen von Hinweisen auf konkrete Indikatoren, Merkmale, die gute Fachpraxis beschreiben« (Bundesarbeitsgemeinschaft der Landesjugendämter 2000)

3. Die kommunikativen und kooperativen Prozesse der Förderung und Entfaltung von Qualität, die beim Kronberger Kreis im Vordergrund stehen, werden als sehr positiv bewertet.

Als Herausforderung gilt die Komplexität und Vielschichtigkeit des Konzepts: In Anbetracht der Tatsache, dass über 472 Qualitätsindikatoren auf mehreren Ebenen benannt werden, findet das Konzept in der Praxis nur selten Anwendung (Dahle).

Die KES – Kindergarten-Einschätz-Skala
Die »Kindergarten-Einschätz-Skala (KES)« liegt mittlerweile in mehreren Fortschreibungen vor und geht zurück auf eine Forschungsgruppe um Wolfgang Tietze.

Die KES versteht sich als ein Instrument zur Qualitätsmessung, mit dem vor allem die Prozessqualität in einer Einrichtung gemessen werden kann. Auf dieser Grundlage können dann im Anschluss Verbesserungen eingeleitet werden. Methodisch und inhaltlich greift sie die US-amerikanische Tradition der Qualitätsmessung mithilfe von Kriterien auf, die von Experten empirisch generiert wurden und in einrichtungsbezogenen Erhebungsverfahren eingesetzt werden. Die KES arbeitet mit 37 bzw. 43 Einzelkriterien, die im Messverfahren nach einer siebenstufigen Skala eingeschätzt werden können (Tietze/Viernickel 2003: 20).

Vor allem Träger zeigen vielfach Interesse an der KES, weil sie quantifizierte Messdaten erhalten, die einen Vergleich zwischen Einrichtungen unmittelbar ermöglichen. Als Schwäche des Instrumentes kann festgehalten werden, dass Anstrengungen eines Teams um ein besonderes pädagogisches Profil und um den Anschluss an elementarpädagogische Ansätze nur unspezifisch erfasst werden (ebd.).

IQUE
Bei der »Integrierten Qualitäts- und Personalentwicklung (IQUE)« gilt – ebenso wie beim Kronberger Kreis – der »Austausch und Dialog mit allen im System Handelnden« (Tietze/Viernickel 2003: 20) als charakteristisch. Auch hier wird dem Dialog eine ausschlaggebende Bedeutung für die Qualitätsentwicklung zugesprochen. Im Unterschied zum Kronberger Kreis gibt es allerdings eine klare Identifizierung der verantwortlichen Akteure im kommunikativen Prozess der Erarbeitung von Qualitätsstandards. Die einrichtungsbezogenen Aufgaben der Prozesssteuerung liegen bei den Leitungen, die aber einen umfangreichen Apparat an Vorgaben für die Gestaltung von Arbeitsphasen, Handlungsschritten, Mitarbeiterbefragungen an die Hand bekommen (ebd.).

DIN ISO 9000 ff
Die Normenreihe DIN ISO 9000 ff ist näher an industriellen Qualitätsmanagementsystemen orientiert und setzt vor allem auf Verfahrensstandardisierung: Ziel ist das exakte Festhalten von Verfahrensabläufen in schriftlicher Form, woran sich dann die Praxis orientieren soll (Merchel 2010: 71 ff.).

Dieses Konzept hat seinen Ursprung in der freien Wirtschaft und Industrie. Es handelt sich hierbei um eine internationale sogenannte Normenreihe, die nicht inhaltlich sondern formal Anforderungen eines QM-Systems aufzeigt. Grundsätzlich ist die Umsetzung des Konzeptes der DIN ISO 9000 ff auch im Bereich der Kindertageseinrichtungen möglich. Zu beachten ist dabei, dass die sprachliche Verwendung und Beschreibung der einzelnen Bereiche und Prozesse sehr abstrakt formuliert ist und ein hohes Maß an eigenverantwortlicher Auseinandersetzung verlangt.

Innerhalb der jeweils zurzeit geltenden DIN ISO finden sich Definitionen von Qualitätsstandards, welche das Managen von Organisationsprozessen erleichtern und strukturieren. Eine Selbstbewertung ist durch ein internes Audit gewährleistet, die externe Bewertung findet in Form eines externen Audits statt und mündet in der Regel in einer Zertifizierung, welche 3 Jahre Gültigkeitsdauer sowie eine jährliche Nachprüfung beinhaltet.

2 Qualität und Evaluation – die rechtlichen Rahmenbedingungen

2.1 Bundesgesetzliche Regelungen

Mit dem quantitativen Ausbau der Kindertagesstätten erlangte die Notwendigkeit der Entwicklung, Sicherung und Steuerung der pädagogischen Qualität eine hervorgehobene Bedeutung.

Mit dem Tagesbetreuungsausbaugesetz (TAG – Stand 2004) – dem Gesetz zum qualitätsorientierten und bedarfsgerechten Ausbau der Tagesbetreuung und zur Weiterentwicklung der Kinder und Jugendhilfe – reagierte der Bund auf diese Herausforderung. In §22 a heißt es dort:

Tagesbetreuungsausbaugesetz (TAG), § 22a

Die Träger der öffentlichen Jugendhilfe sollen die Qualität der Förderung in ihren Einrichtungen durch geeignete Maßnahmen sicherstellen und weiterentwickeln. Dazu gehören die Entwicklung und der Einsatz einer pädagogischen Konzeption als Grundlage für die Erfüllung des Förderungsauftrages sowie der Einsatz von Instrumenten und Verfahren zur Evaluation der Arbeit in den Einrichtungen.

Zusätzliche Gewichtung erhielt das Thema Qualitätsentwicklung durch die Neuformulierung des § 79 und den neuen §79a SGB VIII.

Neu ist, dass Trägern der öffentlichen Jugendhilfe nun gesetzlich eine kontinuierliche Qualitätsentwicklung vorgeschrieben wird. Diese Verpflichtung beinhaltet nach § 79a SGB VIII die Weiterentwicklung, Anwendung und regelmäßige Überprüfung von Grundsätzen und Maßstäben für die Bewertung der Qualität sowie von geeigneten Maßnahmen zu ihrer Qualitätssicherung.

---

§ 79, SGB VIII: Gesamtverantwortung, Grundausstattung

(2) Die Träger der öffentlichen Jugendhilfe sollen gewährleisten, dass zur Erfüllung der Aufgaben nach diesem Buch

1. die erforderlichen und geeigneten Einrichtungen, Dienste und Veranstaltungen den verschiedenen Grundrichtungen der Erziehung entsprechend rechtzeitig und ausreichend zur Verfügung stehen; hierzu zählen insbesondere auch Pfleger, Vormünder und Pflegepersonen;

2. eine kontinuierliche Qualitätsentwicklung nach Maßgabe von § 79a erfolgt. Von den für die Jugendhilfe bereitgestellten Mitteln haben sie einen angemessenen Anteil für die Jugendarbeit zu verwenden

---

> ### § 79a, SGB VIII: Qualitätsentwicklung in der Kinder- und Jugendhilfe
>
> Um die Aufgaben der Kinder- und Jugendhilfe nach § 2 zu erfüllen, haben die Träger der öffentlichen Jugendhilfe **Grundsätze und Maßstäbe für die Bewertung der Qualität sowie geeignete Maßnahmen** zu ihrer Gewährleistung für
>
> 1. die Gewährung und Erbringung von Leistungen,
>
> 2. die Erfüllung anderer Aufgaben,
>
> 3. den Prozess der Gefährdungseinschätzung nach § 8a,
>
> 4. die Zusammenarbeit mit anderen Institutionen
>
> **weiterzuentwickeln, anzuwenden und regelmäßig zu überprüfen.** Dazu zählen auch Qualitätsmerkmale für die Sicherung der Rechte von Kindern und Jugendlichen in Einrichtungen und ihren Schutz vor Gewalt. (…)

Auf der Bundesebene wird im Rahmen des SGB VIII dementsprechend nur relativ allgemein die Auseinandersetzung mit dem Thema Qualität gefordert. Qualitätsmerkmale, -ziele und -indikatoren sowie konkrete Vorgaben für die Umsetzung der Regelungen werden im Rahmen des SGB VIII und des TAG nicht gemacht. Die letztendliche Auswahl und Ausgestaltung von Maßnahmen zur Qualitätsentwicklung bleibt somit den Trägern und Einrichtungen überlassen.

Auf Landesebene wurden Gesetze und Verordnungen zur Qualitätsmessung, -entwicklung und -sicherung erlassen sowie Bildungspläne geschrieben. In Anbetracht des Föderalismus ist es uns an dieser Stelle nicht möglich, alle Regelungen zum Thema Qualitätsmanagement in Kindertageseinrichtungen detailliert darzustellen. Daher unternehmen wir im Folgenden den Versuch einer komprimierten Darstellung.

2.2 Evaluation im Landesvergleich

Die Evaluation der pädagogischen Arbeit in den Einrichtungen kann, so der Länderreport Frühkindliche Bildungssysteme 2015, »Transparenz über die Qualität in Kitas herstellen und damit eine kontinuierliche Qualitätsentwicklung anregen.« (Länderreport Frühkindliche Bildungssysteme 2015: 45)

In den Bundesländern sind die Anforderungen an die Evaluation der pädagogischen Arbeit jedoch sehr unterschiedlich. Scannt man den Länderreport Frühkindliche Bildungssysteme 2015 auf gesetzliche Vorgaben zum Thema Evaluation im Landesvergleich, so wird die unterschiedliche Gewichtung des Themas schnell deutlich (ebd.):

- In neun Bundesländern ist die Evaluation der pädagogischen Qualität in Kitas landeseinheitlich geregelt. Die kontinuierliche interne Evaluation ist in Berlin beispielsweise in der seit 2006 geltenden Qualitätsvereinbarung Kindertageseinrichtungen (QVTAG) festgelegt. In Berlin gibt es zudem eine gesetzliche Verpflichtung zur Fremdevaluation.
- In vier Bundesländern liegen Empfehlungen vor.
- Welche Verfahren für die konkrete Durchführung der Evaluation eingesetzt werden sollen, ist nur in vier Bundesländern von Landesseite geregelt.

- Kaum differenzierte Anforderungen gibt es zu der Frage, wie mit den Ergebnissen der Evaluation weiter verfahren werden soll.

Das heißt, es liegt zwar zum Teil eine gesetzliche Regelung zur internen Evaluation vor, jedoch wird die Umsetzung sowie der Umgang mit den Evaluationsergebnissen in den meisten Ländern den Trägern selbst überlassen.

Einen Überblick über die Ergebnisse des Länderreports Frühkindliche Bildungssysteme 2015 bezüglich der gesetzlichen Regelung zum Thema Evaluation in den einzelnen Bundesländern zeigt die folgende Auflistung:

Baden Württemberg

Landesseitig werden keine Verfahren für die Evaluation vorgegeben. Allerding sind im »Orientierungsplan für Bildung und Erziehung in baden-württembergischen Kindergärten und weiterer Kindertageseinrichtungen« Empfehlungen für die Evaluation formuliert.

Für eine Evaluation gelten die im Orientierungsplan angegebenen Zielvorgaben für die Struktur-, Prozess- und Ergebnisqualität und darüber hinaus die trägerspezifischen Leitbilder sowie deren Qualitätssysteme (siehe: http://www.kultusportal-bw.de/site/pbs-bw/get/documents/KULTUS.Dachmandant/KULTUS/import/pb5start/pdf/KM_KIGA_Orientierungsplan_2011.pdf).

Bayern

In Bayern ist eine jährliche Durchführung einer Elternbefragung gesetzlich geregelt. Darüber hinaus bestehen keine Anforderungen an die Evaluation der KiTas. (siehe: Bayerisches Kinderbildungs- und -betreuungsgesetz (BayKiBiG))

Berlin

In Berlin ist Evaluation für Kitas gesetzlich geregelt. Details sind mittels der »Vereinbarung über die Qualitätsentwicklung in Berliner Kindertagesstätten (Qualitätsvereinbarung Tageseinrichtung – QVTAG)« sowie der »Eckpunkte zur Externen Evaluation der Arbeit nach dem Berliner Bildungsprogramm« geregelt. Im Kern müssen Kitas in Berlin sowohl interne als auch externe Evaluation durchführen. Im Auftrag der Senatsverwaltung für Bildung, Jugend und Wissenschaft (SenBJW) ist das Berliner Kita-Institut für Qualitätsentwicklung (BeKi) für die »Begleitung und Evaluation der Qualitätsentwicklung in den Berliner Tageseinrichtungen auf der Grundlage des Berliner Bildungsprogramms« zuständig.

Grundlage der externen Evaluation zum Berliner Bildungsprogramm sind die in den Materialien zur internen Evaluation aufgeführten Qualitätsansprüche und die zugeordneten Qualitätskriterien. Im Rahmen der externen Evaluation wird die erreichte Qualität anhand einer Auswahl der Qualitätsansprüche und Qualitätskriterien ermittelt. Das konkrete Verfahren orientiert sich an allgemeinen fachlichen Standards der Evaluation. Zu den Grundlagen der Vorgehensweise gehört die Berücksichtigung mehrerer Perspektiven: Der Blick auf die gesamte Einrichtung, die Perspektive der Erzieherinnen, die Perspektive der Leiterinnen, die Perspektive des Trägers sowie die Perspektive der Eltern.

Brandenburg

In Brandenburg können die Kitas nach §3 Abs. 4 KitaG durch die örtlichen Träger der öffentlichen Jugendhilfe verpflichtet werden, ihre Arbeit durch Qualitätsfeststellungen überprüfen zu lassen. Es werden von Seiten des Landes keine Verfahren für die externe Evaluation vorgegeben. Für die Selbstevaluation werden bestimmte Verfahren empfohlen (siehe: Evaluation der Bildungsgrundsätze: http://www.mbjs.brandenburg.de/sixcms/detail.php/bb1.c.244228.de)

Bremen

Im ›Länderreport Frühkindliche Bildungssysteme 2015‹ gab das zuständige Landesministerium der Hansestadt Bremen an, dass auf Landesebene keine Vorgaben bestehen, die pädagogische Arbeit in den Kitas zu evaluieren.

Hamburg

Im bestehenden Landesrahmenvertrag »Kinderbetreuung in Tageseinrichtungen« (Stand September 2014) ist die Durchführung von interner Evaluation festgeschrieben. Die Qualität der Leistungserbringung ist in einem mindestens zweijährigen Rhythmus nach einem fachlich anerkannten Verfahren zu überprüfen. Dabei bestehen keine Vorgaben für die zu nutzenden Instrumentarien. Zum Umgang mit den Ergebnissen der Evaluation sieht der Landesrahmenvertrag vor, dass Träger bei Bedarf ihre pädagogischen Konzepte an die veränderten Anforderungen anpassen (siehe: § 16 Absatz 1 Landesrahmenvertrag: http://www.hamburg.de/contentblob/1830150/data/landesrahmenvertrag-neu.pdf).

Hessen

Mit dem Bildungs- und Erziehungsplan macht das Land Hessen auf die Notwendigkeit der Evaluation aufmerksam und formuliert für Kinder von 0 bis 10 Jahren Empfehlungen für regelmäßige Evaluation. Verfahren für die Evaluation werden von Seiten des Landes nicht vorgegeben. Die Kitas können sich nach Absprache mit dem Träger für ein Verfahren ihrer Wahl entscheiden.

Das Land Hessen nahm an der Nationalen Qualitätsoffensive des Bundes teil. In diesem Kontext wurden externe und interne Evaluatoren/Evaluatorinnen ausgebildet, die der Praxis zur Verfügung stehen. Die Informationen und Materialien aus diesem Projekt werden der Fachpraxis zugänglich gemacht (siehe: Hessischer Bildungs- und Erziehungsplan für Kinder von 0 bis 10 Jahren, Hrsg.: Hessisches Ministerium für Soziales und Integration und Hessisches Kultusministerium, Erstausgabe 2007).

Mecklenburg-Vorpommern

In Mecklenburg-Vorpommern ist die Evaluation landesgesetzlich verpflichtend festgeschrieben. Genaue Bestimmungen zur Ausgestaltung sind laut des Ländermonitorings in Bearbeitung.

Niedersachsen

Landesseitig bestehen in Niedersachsen keine Vorgaben für die Evaluation der pädagogischen Arbeit der Kitas. Im Orientierungsplan für Bildung und Erziehung gibt es Empfehlungen sowie ergänzende Handlungsempfehlungen »Arbeit mit Kindern unter drei Jahren« und »Sprachbildung und Sprachförderung«.

Nordrhein-Westfalen
In Nordrhein-Westfalen ist die Durchführung von interner und externer Evaluation festgeschrieben. Für die einzusetzenden Verfahren bestehen keine Vorgaben.

Rheinland-Pfalz
Auf Landesebene wird sowohl im Kindertagesstättengesetz als auch in den Empfehlungen zur Qualität der Erziehung, Bildung und Betreuung in KiTas in Rheinland-Pfalz (QuE) die Durchführung von Evaluation näher bestimmt. Landeseinheitliche Vorhaben für die Evaluationsverfahren bestehen nicht (siehe: §9a Kindertagesstättengesetz : https://kita.rlp.de/fileadmin/dateiablage/Service/Downloads/Kita-Gesetz_RP__Stand_2013.pdf).

Saarland
Im Saarland ist die Durchführung von Evaluation nicht landeseinheitlich verpflichtend geregelt. Allerdings liegen Empfehlungen zur internen Evaluation und entsprechende Materialien im saarländischen Bildungsprogramm vor (siehe: Bildungsprogramm für saarländische Kindergärten: Materialien für die interne Evaluation. Hrsg.: Ministerium für Bildung, Familie, Frauen und Kultur. 2008.).

Sachsen
Landesseitig bestehen keine Verpflichtungen, Evaluationen durchzuführen. Zum Qualitätsmanagement in Kitas gibt es aber Empfehlungen des Sächsischen Staatsministeriums für Soziales (siehe: Empfehlung des Sächsischen Staatsministeriums für Soziales zum Qualitätsmanagement in KiTas im Freistaat Sachsen vom 5. Februar 2007, Sächsisches Amtsblatt Nr. 10 vom 8. März 2007).

Sachsen-Anhalt
Da sich das zuständige Landesministerium nicht an der durchgeführten Befragung beteiligte, liegen dem Länderreport keine Angaben zu Evaluation der pädagogischen Qualität in Kitas vor.

Schleswig-Holstein
In Schleswig-Holstein ist gesetzlich festgelegt, dass die Umsetzung des Bildungsauftrages unter Einbeziehung der Erziehungsberechtigten mit geeigneten Verfahren zu evaluieren ist. Ebenfalls ist von Seiten des Landes festgelegt, dass eine interne Evaluation durchzuführen ist. Verfahren hierfür werden jedoch nicht vorgegeben (siehe: §5 Abs. 3 im Kindertagesstättengesetz des Landes Schleswig-Holstein).

Thüringen
Kitas sind gesetzlich sowie nach dem Thüringer Bildungsplan für Kinder bis zehn Jahre verpflichtet, externe und interne Evaluation durchzuführen. Die Kitas können dafür landesseitig empfohlene, aber auch andere Verfahren nutzen. Ziel ist eine kontinuierliche Selbstevaluation, die unter Einbeziehung der Eltern und in Verbindung

mit internen Zielvereinbarungen dafür genutzt werden soll, die Qualität systematisch weiterzuentwickeln (siehe: §6 Abs. 4 ThürKiTaG und Thüringer Bildungsplan für Kinder bis zehn Jahre, Kapitel 3.4 Evaluation).

3 Evaluation – Wieso, Weshalb, Warum?

3.1 Was ist Evaluation?

In den vorherigen Kapiteln wurde schon viel über Qualität in Kindertageseinrichtungen geschrieben. Am PDCA–Zyklus wird deutlich, wie Evaluation untrennbar mit Qualitätssicherung und -entwicklung verbunden ist.

In der Fachliteratur wird der Begriff Evaluation unterschiedlich gebraucht. Nach Rindermann (2003: 223) wird »unter Evaluation (…) die systematische Analyse und empirische Untersuchung von Konzepten, Bedingungen, Prozessen und Wirkungen zielgerichteter Aktivitäten zum Zwecke ihrer Bewertung und Modifikation verstanden«. Die Deutsche Gesellschaft für Evaluation definiert Evaluation als »die systematische Untersuchung des Nutzens oder Wertes eines Gegenstandes (…). Die erzielten Ergebnisse, Schlussfolgerungen und Empfehlungen müssen nachvollziehbar auf empirisch gewonnenen qualitativen und/oder quantitativen Daten beruhen« (DeGEval, 2008: 15).

Es geht aber dabei stets um die Feststellung und Beschreibung eines Ist-Standes sowie um seine Auswertung. Die Bewertung bzw. Einschätzung der im Rahmen einer Evaluation gewonnenen Informationen ist deshalb ebenfalls Teil des Evaluationsprozesses. Vereinfacht gesagt, geht es also um drei Aspekte:

1. Es geht zum einen darum, (systematisch) Informationen zu sammeln bzw. Wissen zu generieren,
2. diese Daten dann zu analysieren und anhand von Kriterien zu bewerten und
3. auf Grundlage der Analyse und Bewertung zielgerichtete Entscheidungen zu treffen und Maßnahmen zu ergreifen.

Merke

Evaluation bedeutet:

- Informationen sammeln
- Informationen bewerten
- Entscheidungen treffen

Im Bereich der Kindertagesstätten bedeutet das, dass Informationen über Kinder, ihre Eltern und Familien, die pädagogische Arbeit in der Einrichtung, die Tätigkeit des pädagogischen Personals und des Trägers oder auch die Zufriedenheit der Mitarbeiterinnen und der Familien gesammelt werden. An dieser Stelle können noch alle anderen Bereiche, die zu einer Kindertageseinrichtung gehören, aufgelistet werden. Diese Informationen werden dann analysiert und interpretiert, um auf Basis der gewonnenen Informationen Entscheidungen für die Weiterentwicklung/Qualitätsentwicklung der Einrichtung zu treffen.

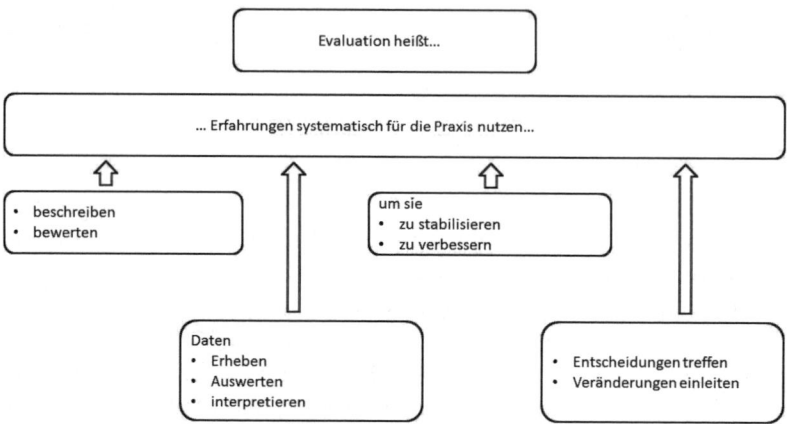

Abbildung 8: Was ist Evaluation? (Beywl/Bestvater 1998: 33)

Jede Evaluation beschäftigt sich, wenn sie professionell ausgeführt wird, mit folgenden Fragen (Stockmann/Meyer, 2010: 66):

1. Was (welcher Gegenstand) wird evaluiert?
2. Wozu, also zu welchem Zweck, wird evaluiert?
3. Von wem wird die Evaluation durchgeführt?
4. Anhand welcher Kriterien wird evaluiert?
5. Wie, also mit welchen Methoden, wird evaluiert?

3.2   Was wird evaluiert?

Im Prinzip kann so gut wie alles evaluiert werden. Evaluationsgegenstände können Personen, Prozesse, Produkte, Organisationen oder auch Dienstleistungen sein.

Personen
Im Bereich von Kindertagesstätten sind dies insbesondere Kinder, die die Einrichtung besuchen, ihre Eltern, die pädagogischen Fachkräfte und die Leitung der Kita. Aber auch alle anderen Personen, die irgendetwas mit der Kita zu tun haben wie Kooperationspartner oder Trägervertreter.

Prozesse
»Von Prozessevaluation spricht man, wenn bei der Evaluation Aspekte des Planungs- und/oder Entwicklungsprozesses bzw. Vorgehensweisen bei der konkreten Anwendung eines Bildungsangebotes bzw. einzelner Komponenten des betreffenden Angebotes im Vordergrund stehen« (Tergan 2000). Evaluiert werden demnach Prozesse innerhalb der Einrichtung wie z.B. die Einführung von Gesundheitsförderungsprojekten oder die Etablierung von Sprachförderprogrammen. Bei dieser Prozessevaluation (auch formative Evaluation genannt) werden regelmäßig Zwischenergebnisse erstellt mit dem Ziel, die laufende Intervention bzw. das laufende Bildungsangebot zu modifizieren oder zu verbessern (Bortz/Döring 2006: 110).

Produkte ✗

Bei der Produktevaluation (summative Evaluation) hingegen wird zusammenfassend die Effizienz, der Nutzen oder die Wirksamkeit einer Maßnahme beurteilt.

PROZESSEVALUATION
Formative Evaluation

PRODUKTEVALUATION
Summative Evaluation

Abbildung 9: Prozess- und Produktevaluation

Merken kann man sich den Unterschied zwischen formativer und summativer Evaluation anhand eines einfachen Beispiels: »*When the cook tastes the soup, that's formative; when the guests taste the soup, that's summative.*« (Bob Stake)

3.3 Wozu und warum wird evaluiert?

Warum bzw. wozu soll Evaluation überhaupt in Kindertageseinrichtungen durchgeführt werden?

Im Kindergarten geht es vor allem darum, die Qualität der Arbeit sowie die Zufriedenheit der verschiedenen Stakeholder wie Eltern, Kinder und Mitarbeiter zu erfassen. Das übergeordnete Ziel dabei ist die nachhaltige Qualitätssicherung und -steigerung. Die Evaluation hilft dabei, den aktuellen IST-Zustand der bereits erreichten Qualität zu erfassen.

Die Anforderungen an das Qualitätsmanagement in Kindertageseinrichtungen werden vom Gesetzgeber immer verbindlicher geregelt. Dies zeigen die Bildungspläne der Länder sowie die Kita-Gesetze und -verordnungen.

Die Arbeit in den Kindergärten soll sich an festgelegten fachlichen Standards orientieren und die Qualität der geleisteten Arbeit soll transparent und nach außen hin sichtbar gemacht werden. Innerhalb des Bereichs des Qualitätsmanagement ist deshalb die Evaluation in einigen Bundesländern sogar gesetzlich vorgeschrieben.

Neben den gesetzlichen Regelungen gibt es einige Funktionen, die Evaluation generell verfolgt. Die wichtigsten vier Funktionen sind die Gewinnung von Erkenntnissen, die Ausübung von Kontrolle, die Auslösung von Entwicklungs- und Lernprozessen und die Legitimation von durchgeführten Maßnahmen, Programmen oder Projekten (Stockmann/Meyer 2010).

Merke

Die wichtigsten vier Funktionen von Evaluation
- Gewinnung von Erkenntnissen
- Ausübung von Kontrolle
- Auslösung von Entwicklungs- und Lernprozessen
- Legitimation von durchgeführten Maßnahmen, Programmen oder Projekten

---

Mit Hilfe der Evaluation werden Arbeitsprozesse und die dabei erzielten Ergebnisse verbessert. Evaluation liefert Anregungen zur Weiterentwicklung und Verbesserung einer Organisation bzw. einer Einrichtung. Sie liefert Aussagen zur mittelbaren wie unmittelbaren Arbeit mit den Kindern, der Ausstattung der Einrichtung, zur Zusammenarbeit im Team und zur Gestaltung der partnerschaftlichen Zusammenarbeit mit den Eltern. In diesem Fall dient Evaluation vorrangig der Optimierung und dazu, zu einer verlässlichen Basis für die Planung des weiteren Vorgehens zu gelangen.

Meist fällt in diesem Zusammenhang der Begriff »formative Evaluation«, denn es werden Informationen dazu erhoben, inwieweit man in seinem Vorgehen bereits »auf dem richtigen Weg« ist und was noch nicht ganz wie geplant verläuft.

Merke

Evaluation soll…
- Wertschätzung für die erreichte Qualität vermitteln,
- realistische Entwicklungsmöglichkeiten entsprechend der jeweiligen Rahmenbedingungen einschätzen,
- Transparenz gegenüber Eltern, Träger und der Öffentlichkeit herstellen.

3.4 Wer evaluiert? – Interne und externe Evaluation

Bei der Frage nach dem »Wer?« lässt sich nach der Herkunft der bewertenden Akteure unterscheiden, das heißt, ob die Bewertung durch einen einrichtungsunabhängigen Experten erfolgt oder ob sie von Leitung und Team selbst durchgeführt wird. Kommt jemand von außerhalb, so handelt es sich um eine externe Evaluation. Eine externe Evaluation ist auch immer gleichzeitig eine Fremdevaluation. Bei einer internen Evaluation kann man zudem unterscheiden, ob es sich um eine Selbstevaluation oder um eine interne Fremdevaluation handelt. Bei einer Selbstevaluation überprüfen die Mitarbeiter ihre eigene Tätigkeit, während bei einer internen Fremdevaluation ein fremdes Projekt oder eine andere Person bzw. deren Handeln bewertet wird. Dies ist zum

Beispiel der Fall, wenn eine Einrichtung über eine eigene Qualitätsabteilung verfügt, die die Evaluation durchführt.

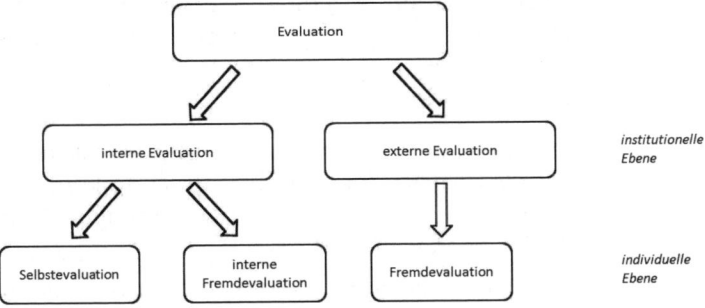

Abbildung 10: Evaluationsformen nach König (2000: 37)

Die externe Evaluation soll eine stärkenorientierte, fachlich fundierte Einschätzung der erreichten Qualität sowie von Entwicklungsbedarfen ermitteln, konkrete Empfehlungen für die Planung und Umsetzung weiterer Entwicklungsschritte und Maßnahmen sowie eine Grundlage für eine landesweite Qualitätsberichterstattung schaffen. Dieser unabhängige Expertenblick von außen hilft, im alltäglichen Agieren übersehene »blinde Flecken« wahrzunehmen und neue Qualitätsaspekte in den Blick zu nehmen.

> **Merke**
>
> **Externe Evaluation** ergänzt die Innensicht um einen neutralen Blick von außen und liefert Empfehlungen für die Weiterentwicklung der Arbeit.

Bei der internen Evaluation handelt es sich um eine Form der Selbstevaluation, in der über die eigene berufliche Praxis systematisch nachgedacht und diese dann bewertet wird. Im Unterschied zur ständigen Reflexion im Kitaalltag ist die Selbstevaluation stärker regel- und kriteriengeleitet, stellt Fragen zum Zusammenhang von Prozess und Ziel und gibt damit der Reflexion und Auswertung eine Richtung vor (Spiegel 1994). Ziele der Qualitätsverbesserung, die z.B. durch Fremdeinschätzung entstanden sind, lassen sich durch wiederholte Selbsteinschätzung überprüfen. »Eine Selbstevaluation bietet die Chance, sich ohne einen Kontrollblick von außen mit der Qualität der eigenen Arbeit auseinanderzusetzen, Erfolge messbar und Probleme sichtbar zu machen und so eine fundierte Basis für eine fortwährende Verbesserung der eigenen Arbeit zu schaffen« (Karliczek/Bergert 2014: 10).

> **Merke**
>
> Die **interne Evaluation** dient der Reflexion und Einschätzung der eigenen Arbeit durch das Kita-Team.

Beide Formen der Evaluation haben ihre Vor- und Nachteile, wie der nachfolgenden Tabelle zu entnehmen ist.

	interne Evaluation	externe Evaluation
Vorteile	• schnell durchführbar, geringer Aufwand • große Sachkenntnis • unmittelbare Umsetzung	• hohe Unabhängigkeit • große Methodenkompetenz • hohe Glaubwürdigkeit
Nachteile	• geringe Methodenkompetenz • fehlende Unabhängigkeit und Distanz • »Betriebsblindheit«	• geringe Sachkenntnisse • Abwehrreaktionen • Umsetzungsprobleme

Tabelle 2: Vor und Nachteile von externer und interner Evaluation (nach Stockmann/Meyer 2010: 81)

Um die Vorteile beider Verfahren zu nutzen und die Sichtweisen miteinander zu verbinden, empfiehlt sich eine Kombination aus externer und interner Evaluation. Beide Ansätze sind wichtig für einen nachhaltigen Qualitätsentwicklungsprozess und sollten aufeinander abgestimmt werden. Die interne Evaluation im Zusammenhang mit externer Evaluation dient

• der Vorbereitung der externen Evaluation,
• der Überprüfung von Maßnahmen, die in Ziel- und Handlungsvereinbarungen im Anschluss an eine externe Evaluation festgelegt wurden und
• der Analyse von Detailbereichen.

Insofern sollten interne und externe Evaluationsmaßnahmen im Wechsel durchgeführt werden. In Berlin wird die selbstständige Qualitätsentwicklung und -sicherung der Kindertageseinrichtungen bereits durch diese externe Evaluation ergänzt, in Hamburg ist solch ein Verfahren ebenfalls geplant.

Merke

Interne und externe Evaluation gehören – wie zwei Seiten einer Medaille – grundsätzlich zusammen. Sie sind nicht Alternativen, sondern sie ergänzen sich gegenseitig

3.5 Anhand welcher Kriterien wird evaluiert?

Will man Personen, Produkte oder Prozesse von einer oder mehreren Personen bewerten lassen, so muss vorher festgelegt werden, nach welchen Kriterien die Bewertung erfolgen soll (Stockmann/Meyer 2010).

Bei einer externen Evaluation sind die Qualitätskriterien, die Ziele, der Ablauf und die Instrumente von außen vorgeben. In Berlin orientieren sich die Anbieter für die externe Evaluation zum Beispiel an den Qualitätsanforderungen des Berliner Bildungsprogrammes. Die der Einschätzung zugrundeliegenden Qualitätsvorgaben (Standards) können dabei je nach Anbieter sehr unterschiedlich sein.

Bei einer internen Evaluation bestimmt die Kita selbst die Vorgehensweise. Sie bewertet und reflektiert ihre eigene Praxis anhand selbst ausgewählter Qualitätskriterien mit dem Ziel, diese in der Praxis zu verbessern und weiterzuentwickeln (Leitner 2010). Es gibt eine Auswahl an Checklisten und Qualitätsprofilen, die dabei helfen sollen eine Einschätzung der Qualität der eigenen Arbeit zu treffen. Der »Nationale Kriterienkatalog« (Tietze/Viernickel 2007) beispielsweise benennt zahlreiche Kriterien für »beste« frühpädagogische Fachpraxis.

Es empfiehlt sich jedoch, die Qualitätsbereiche der externen Evaluation auch als Bezugsrahmen für kitainterne Evaluationsmaßnahmen zu nehmen, da dies der Qualitätsentwicklung eine zuverlässige und sichere Orientierung gibt. Allerdings kann sich eine interne Evaluation auch auf die Analyse von einzelnen Teilbereichen konzentrieren.

Tipp

Wird der Kindergarten auch extern evaluiert, empfiehlt es sich, sich auch bei einer internen Evaluation ebenfalls an den Qualitätskriterien der externen Evaluation zu orientieren.

3.6   Wie wird evaluiert?

Es gibt eine Fülle von Qualitätsmanagement- und Zertifizierungsverfahren, Qualitätserfassungsinstrumenten, Qualitätssicherungs- und Entwicklungsinstrumentarien unterschiedlichster Anbieter mit unterschiedlichen Zielstellungen, Verfahrensweisen, Möglichkeiten zur Selbst- oder Fremdevaluation. Die Messung der Qualität kann demnach sehr verschieden sein und reicht von qualitativen Verfahren bis hin zu quantitativ ausgerichtete Verfahren mit standardisierten Instrumenten wie etwa die Krippen-Skala (KRIPS-R). Als weitere standardisierte Instrumente und Verfahren können beispielsweise das Kieler Instrumentarium für Elementarpädagogik und Leistungsqualität K.I.E.L. sowie die die Kindergarten-Einschätz-Skala KES-R genannt werden.

Im Kitabereich bieten sich die folgenden Methoden an:

1. **Befragung:** Diese kann entweder schriftlich oder mündlich stattfinden, d.h. anhand von Fragebogenerhebungen oder durch Interviews. Auch kann die Befragung entweder mithilfe offener oder geschlossener Fragen durchgeführt werden. Befragt werden können pädagogische Fachkräfte, die Kitaleitung, die Kinder, der Träger und die Eltern.
2. **Gruppendiskussion**
3. **Dokumentenanalyse**, z.B. die Analyse des pädagogischen Kita-Konzeptes ✗
4. **Beobachtung** unterschiedlichster Interaktionen im Kita-Alltag.
5. Für die interne Evaluation bieten sich zudem noch **kreative, kommunikative Methoden** an.

Meisten kommt eine Kombination verschiedenster Methoden zur Anwendung.

Alle diese Methoden haben ihre Vor- und Nachteile, die es bei der Wahl der Methode zu berücksichtigen gilt. Entscheidend bei der Auswahl ist das Qualitätskriterium, das erfasst werden soll. Bei der Auswahl von geeigneten Methoden und Instrumenten hilft es außerdem, wenn Sie sich an folgenden Kriterien orientieren:

- Ziel und Zweck der Evaluation, d.h. will ich zum Beispiel ein schnelles Feedback oder eine genaue Analyse?
- Praktikabilität der Methoden
- Personelle und zeitliche Ressourcen, die zur Verfügung stehen
- Angemessenheit in Bezug auf das Thema: Will ich z.B. tiefe Informationen haben oder lieber viele?
- Angemessenheit in Bezug auf die Beteiligten
- Nebeneffekte
- Akzeptanz

Im Verlauf dieses Buches werden die oben genannten Methoden der Selbstevaluation vorgestellt und im Hinblick auf die verschiedenen Kriterien beleuchtet.

3.7 Was sind Standards einer guten Evaluation?

Inwieweit eine Evaluation nützlich ist, hängt in hohem Maße von der Qualität der Evaluation ab. Es gibt Gütekriterien, die eine gute Evaluation kennzeichnen. Diese sind

- Objektivität (Beobachterübereinstimmung; Unabhängigkeit der Ergebnisse vom Evaluator),
- Validität (Es wird auch wirklich das gemessen, was gemessen werden soll) und
- Reliabilität (Reproduzierbarkeit, gleiche Ergebnisse zum Beispiel bei Wiederholungsmessungen).

Die Gütekriterien bauen aufeinander auf: ohne Objektivität keine Reliabilität, ohne Reliabilität keine Validität (Kontokollias/Reinke/Wierwille/von Saldern 2010). Diese Gütekriterien können jedoch nur bedingt als Qualitätsmaßstab für Selbstevaluationen und interne Evaluationen gelten. Die Schwierigkeit besteht darin, dass eine interne Evaluation zwischen den – teilweise konträren – Anforderungen der Wissenschaft und der Praxis angesiedelt ist. Deshalb ist eine strikte Orientierung an diesen Gütekriterien eher hinderlich und würde die pädagogischen Fachkräfte überfordern.

Die bei der internen Evaluation eingesetzten Instrumente der Datenerhebung und -auswertung müssen in ihrer Entwicklung, Anwendung und Auswertung mit wenig Aufwand durchführbar sein sowie möglichst wenig Grundwissen über empirische Forschung bei den Durchführenden voraussetzen. Darüber hinaus ist eine interne Evaluation in der Regel nur praktikabel, wenn sie in die Alltagsroutine integriert werden kann. Auch ist die Zielsetzung der internen Evaluation eine andere als die der externen. Während eine externe Evaluation meist summativ die Qualität einer Einrichtung erhebt, sollen die Ergebnisse der internen Evaluation in erster Linie formativ für den weiteren Entwicklungsprozess der Kita nutzbar sein. Verwenden Sie deshalb nicht zu viele Energie und Zeit für ein perfektes methodisches Vorgehen. Der pragmatische Umgang mit Evaluation darf im Umkehrschluss aber auch nicht dazu führen, dass ihre Ergebnisse einen völlig willkürlichen, zufälligen oder subjektiven Eindruck darstellen.

Die interne Evaluation muss sich daher trotz einer wünschenswerten Praktikabilität an gewissen Standards orientieren. Dazu haben sich Theoretiker und Praktiker auf internationaler und nationaler Ebene verständigt. Von der Deutschen Gesellschaft für Evaluation e.V. (DEGEvaL) wurden 2001 die Standards »Nützlichkeit«, »Durchführbarkeit«, »Fairness« und »Genauigkeit« als die vier grundlegenden Eigenschaften von Evaluationen beschlossen. Diese Standards gelten für alle Verfahren der Evaluation. Bei der Wahl von externen Anbietern sollten Sie darauf achten, dass auch diese sich an diesen Standards orientieren.

Nützlichkeit: Die Evaluation muss für die Kindertageseinrichtung nützlich sein. Diese Nützlichkeit begründet sich aus den spezifischen Bedürfnissen, die die Kita hat und den mit ihr verfolgten Interessen. Auch sollten die Evaluationsergebnisse zu Veränderungen im praktischen Handeln führen und der weiteren Qualifizierung der pädagogischen Fachkräfte dienen.

Durchführbarkeit: Die Evaluation muss vorhandene personelle und sächliche Ressourcen berücksichtigen. Der Gesamtprozess von der Initiierung bis zur Auswertung verlangt eine realistische Zeitplanung.

Fairness: Es sollte eine unparteiische, sachliche und objektive Durchführung und Berichterstattung erfolgen. Die Kita sollte im Vorfeld klären, in welcher Weise die Evaluationsergebnisse den Beteiligten, den Eltern oder auch der Öffentlichkeit zugänglich gemacht werden.

Genauigkeit: Die Genauigkeitsstandards sollen sicherstellen, dass eine Evaluation gültige Informationen und Ergebnisse zu dem jeweiligen Evaluationsgegenstand und den Evaluationsfragestellungen hervorbringt und vermittelt.

4 Interne Evaluation: Warum und wie?

4.1 Interne Evaluation – um was geht es?

Im vorherigen Kapitel wurde auf Evaluation im Allgemeinen eingegangen. In diesem Kapitel soll dagegen ein genauerer Blick auf die **interne** Evaluation geworfen werden. Unterscheiden muss man dabei zwischen Selbstevaluation und interner Fremdevaluation. Interne Fremdevaluation bedeutet, dass die evaluierende Person zwar Mitglied in der Organisation, jedoch nicht an der zu evaluierenden Handlung beteiligt ist. »Selbstevaluation ist ein Evaluationsansatz, bei dem die Praktiker, die für Konzeption und/oder Durchführung des Evaluationsgegenstandes verantwortlich sind, weitgehend eigenständig über Ziele, Vorgehen und Verwendung der Evaluationsergebnisse entscheiden und wesentliche Schritte im Evaluationsprozess selbstverantwortlich durchführen« (Hense 2006: 90). Bei einer internen (Selbst-)Evaluation wird der gesamte Evaluationsprozess selbstständig von der Kita durchgeführt und gesteuert. Die Kita entscheidet eigenverantwortlich über die Fragestellungen, Ziele, Kriterien und die Auswertung der Evaluation und führt diese ohne Einwirkung von außen durch.

Die interne Evaluation kann verschieden angelegt sein. Nach Heiner (1996: 35) werden dabei vier verschiedene Formen unterschieden:

- **Zentrale Programmevaluation**, bei der eine mit Kompetenzen der Sozialwissenschaft ausgestattete Fachkraft Programme im Kontext mit allen Punkten der Einrichtung betrachtet. Unter Programmen versteht man meist Interventions- bzw. Präventionsprogramme, die in der Kita eingeführt werden. Beispielhafte Programme im Kitakontext sind zum Beispiel: »«Opstapje – Schritt für Schritt«, »Faustlos«, »Kindergarten *plus*« »Tigerkids« »FörMig« oder »Papilo«. Diese Programme werden entweder extern durch den Projektträger und/oder intern durch die Kita selbst evaluiert.
- **Teamselbstevaluation**: Hier evaluiert ein gesamtes Team die eigene Arbeit, gleichberechtigt und aus der Nähe.
- **Individuelle Selbstevaluation**: Bei dieser evaluieren sich die Personen selbst und tauschen sich mit anderen Fachkräften der eigenen oder einer externen Organisation aus. Diese Form stellt eine Vorstufe der kollegialen Evaluation dar.
- **Kollegiale Evaluation**, bei der sich Kolleginnen gegenseitig in Form einer Selbst- oder Fremdevaluation evaluieren. Kollegiale Fremdevaluation bedeutet, dass Evaluationen von Fachkräften aus demselben Handlungsfeld durchgeführt werden, die jedoch für den jeweiligen Gegenstand der Bewertung nicht verantwortlich sind.

⌐ Merke ─────────────────────────────

Formen interner Evaluation im Kindergarten

- Programmevaluation
- Teamselbstevaluation
- individuelle Selbstevaluation
- Kollegiale Evaluation

Im Normalfall geht es bei der Selbstevaluation im Kindergarten weniger um eine abschließende Bewertung oder Überprüfung der eigenen Arbeit (summative Evaluation) sondern darum, die andauernde alltägliche Arbeit möglichst unmittelbar zu optimieren (formative Evaluation). Für den Bereich der Kindertageseinrichtungen heißt das, dass die Arbeit für Mitarbeiterinnen, Kinder, ihre Familien und das soziale Umfeld ständig verbessert werden soll.

Merke

Bei einer Selbstevaluation im Kindergarten handelt es sich meistens um eine **formative Evaluation**, da die Qualität der Arbeit kontinuierlich verbessert werden soll.

4.2 Vorteile, Nutzen und Wirkungen der internen Evaluation

Es stellt sich die Frage nach dem Nutzen einer Selbstevaluation. Diesbezüglich gibt es verschiedene Vorteile, die mit einer Selbstevaluation verbunden sind. Zunächst ist eine Selbstevaluation für Fachkräfte oftmals angenehmer als eine Fremdevaluation, da sie sich selbst nach festgelegten Kriterien beurteilen. Dies verringert die Angst vor der Bewertung und sorgt für eine höhere Akzeptanz. Zudem hat eine interne Evaluation den Vorteil, dass sie rasch und mit geringem Aufwand durchgeführt werden kann und dass die Evaluatoren in der Regel über eine hohe Sachkenntnis verfügen. Sie sind naturgemäß Experten für den Gegenstand der evaluiert wird, da sie täglich damit umgehen. Ein weiterer Vorteil ist, dass die Ergebnisse unmittelbar umgesetzt werden können und es in der Regel eine hohe Identifikation mit den Ergebnissen gibt. Daraus resultiert wiederum eine höhere Bereitschaft, Handlungskonsequenzen aus den Ergebnissen zu ziehen (Liebald 1998: 19).

Im Rahmen von Selbstevaluationen findet häufig eine Entwicklung und Verbesserung der professionellen Arbeit statt. Selbstevaluation führt zu Veränderungen im Verhalten der Erzieherinnen. Auch das Lernen und die Reflexion spielen eine wichtige Rolle, da Selbstevaluation zu einer vertieften Reflexion der pädagogischen Praxis führt und so erweiterte Sichtweisen ermöglicht. Zudem qualifiziert sich das Team durch Selbstevaluation im Bereich der Evaluation und Arbeitsplanung weiter (Braun 2005). Durch die Auseinandersetzung mit den Ergebnissen wird der fachliche Diskurs zwischen den Fachkräften angeregt.

Gegenüber einer externen Evaluation bietet die interne Evaluation nicht zuletzt den Vorteil, dass sie einen deutlich geringeren organisatorischen und oft auch finanziellen Aufwand verlangt (Braun 2005).

Schwächen der internen Evaluation werden vor allem darin gesehen, dass die Evaluierenden zumeist nicht über eine ausreichende Methodenkompetenz verfügen und es ihnen an Unabhängigkeit und Distanz mangelt. Zudem erfordert eine Selbstevaluation ein hohes Maß an Ehrlichkeit und Selbstkritik. Für die interne Evaluation ist es Vorraussetzung, dass die beteiligten Fachkräfte bereit sind, ihr Handeln selbstkritisch zu betrachten. Auch die Bereitschaft, an einer internen Evaluation teilzunehmen, ist häufig nicht von Anfang an gegeben und muss zunächst angeregt und gefördert werden. Oftmals kommt es durch Meinungsäußerungen oder auch durch den in Gang gesetzten Teamprozess zu Konflikten, die bearbeitet werden müssen. Auch hat jede Organisation »blinde Flecken«, die sie bzw. die in ihr tätigen Mitarbeiterinnen selbst nicht wahrnehmen. Dieser Betriebsblindheit kann Abhilfe geschaffen werden, indem die interne Evaluation durch einen externen Blick von außen ergänzt wird. So können die »Kunden« mit ins Boot geholt, Kinder und Eltern befragt oder Unterstützung durch externe Berater eingeholt werden, die das Team durch die interne Evaluation führen. Eine weitere Herausforderung der internen Evaluation liegt darin, dass Ergebnisse so aufbereitet werden müssen, dass das Team in der Lage ist, selbstständig Schlussfolgerungen daraus zu ziehen und Maßnahmen zur Qualitätsentwicklung festzulegen. Auch die Dokumentation des ganzen Evaluationsprozesses liegt in den Händen der Erzieherinnen.

Zusammenfassung

Vorteile interner Evaluation

- Interne Evaluation führt zu einer höheren Selbstreflexion der Fachkräfte.
- Die Selbstbeteiligung der Fachkräfte führt zu einer höheren Akzeptanz des Verfahrens und zu einer höheren Bereitschaft, die Maßnahmen umzusetzen.
- Veränderungsmaßnahmen werden im Team beschlossen und nicht über die Köpfe der Erzieherinnen hinweg.
- Man erreicht einen Kompetenzzuwachs in verschiedenen Bereichen.
- Es kommt zu Veränderungen im Verhalten der Erzieherinnen.
- Strukturierte Gespräche über die pädagogische Arbeit werden geführt.
- Eine Selbstevaluation kann die Motivation im Team steigern (»Das, was wir machen, ist gut.«).

Herausforderungen interner Evaluation

- Selbstevaluation erfordert ein hohes Maß an Selbstkritik.
- Auftauchende Konflikte müssen bearbeitet werden.
- Gefahr von »blinden Flecken«

4.3   Ziele der internen Evaluation oder »Was will ich herausfinden«?

Bei der internen Evaluation bestimmt jede Einrichtung selbst die Kriterien nach denen sie die Qualität ihrer pädagogischen Arbeit bewertet.

Im Mittelpunkt der internen Evaluation steht die Klärung folgender Fragen:

- Wo liegen unsere Stärken?
- Was gelingt uns gut?
- Was müssen wir neu durchdenken?
- Wo gibt es Veränderungsbedarf?
- Was ist konkret zur weiteren Qualitätsentwicklung zu tun?
- Welche Ziele können wir unter den konkreten Umständen erreichen?

Es geht darum, die Ausgangslage genau herauszuarbeiten, also auch die Dinge zu benennen, die in der Einrichtung bereits gut laufen. Diese Stärken sollen erkannt und wertgeschätzt werden. Ziel ist es aber auch herauszufiltern, was bisher noch nicht so gut läuft und noch verbessert werden sollte. Mit Hilfe der Selbstevaluation können außerdem Veränderungen sichtbar gemacht werden und Entscheidungshilfen erarbeitet werden.

Teil 2: Die Phasen der Evaluation – Schritt für Schritt erklärt

Bei der internen Evaluation handelt es sich um einen formativen Prozess. Das heißt, die Evaluation ist keine einmalige Angelegenheit, sondern stellt einen fortlaufenden Zyklus mit verschiedenen Phasen dar, die sich immer wieder wiederholen.

Unser Ziel ist es, die Phasen der internen Evaluation so darzustellen, dass der Praktiker sie auch durchführen kann. Deshalb führen wir Sie in diesem zweiten Teil des Buches Schritt für Schritt durch die einzelnen Phasen. Wir geben Hinweise und Anleitungen, die sich in der Praxis bewährt haben und verweisen auf Methoden, deren Beschreibung Sie im Methodenkasten, dem dritten Teil des Buches, finden. Ergänzt werden die Erläuterungen durch praktische Beispiele.

Im Folgenden wird der Evaluationszyklus im Überblick dargestellt. Der Ablauf einer Evaluation wird in den folgenden Kapiteln genauer erläutert und mit Methodenbeispielen ergänzt. Die Einteilung in verschiedene Phasen soll Ihnen dabei helfen, eine interne Evaluation Schritt für Schritt zu planen und durchzuführen.

Phase A: Bevor es losgeht

Bevor es mit der internen Evaluation losgeht, gibt es einige Entscheidungen, die eine Kitaleitung fällen muss. Soll ein externer Moderator als Unterstützung hinzugezogen werden? Welche internen Ressourcen stehen für die Durchführung zur Verfügung? Wer soll evaluieren? Wie oft soll evaluiert werden? Auch muss geklärt werden, welcher Zweck mit der Evaluation verfolgt werden soll. Evaluieren Sie z.B. nur, weil es gesetzlich vorgeschrieben ist oder können Sie auch noch einen anderen Nutzen für die Kita aus der Evaluation ziehen?

Phase B: Wie fangen wir an?

In Phase B geht es darum aufzuzeigen, wie das Team in die Thematik der »internen Evaluation« eingeführt werden kann. Viele haben davon vielleicht noch gar nichts gehört. Auch müssen alle Beteiligten dazu motiviert werden mitzumachen und mit dem Team der Evaluationsgegenstand ausgewählt werden, mit dem man sich im weiteren Verlauf der Evaluation zunächst beschäftigen möchte.

Phase C: Wie bearbeiten wir einen Aufgabenbereich?

In Phase C wird dargestellt wie der ausgewählte Evaluationsgegenstand (Aufgabenbereich) bearbeitet werden soll. Diese Phase ist die aufwendigste. Sie wiederholt sich im Evaluationsprozess kontinuierlich, da immer wieder ein anderer Evaluationsgegenstand bearbeitet wird. Im Endeffekt handelt es sich dabei um einen nicht mehr endenden Zyklus.

In diesem Zyklus geht es zunächst darum, ein gemeinsames Qualitätsverständnis für den zu evaluierenden Bereich zu entwickeln. Gemeinsam im Team sollen zu diesem Zweck Qualitätsleitfragen bestimmt sowie Ziele geklärt und definiert werden. Stehen diese fest, können Qualitätskriterien abgeleitet und Indikatoren festgelegt werden.

Nur wenn bereits vorab definiert wurde, woran die Zielerreichung überprüft wird und ggf. welche »Mindestergebnisse« als Erfolg gewertet werden, kann man auf der Basis von Fakten davon sprechen, dass Maßnahmen erfolgreich gewesen sind. Stehen die Qualitätskriterien fest, wird die Methode ausgewählt, mit der die Daten erhoben werden sollen. Am Schluss von Phase C steht die Durchführung der Evaluation mithilfe der gewählten Methodik, die Auswertung der Ergebnisse und eine entsprechende Maßnahmenplanung. Anschließend wird ein neuer Evaluationsbereich für die Bearbeitung ausgewählt.

Und dann?
Wurden sämtliche Bereiche evaluiert, stellt sich irgendwann die Frage, ob der Evaluationsprozess denn überhaupt jemals ein Ende nimmt. Vorweggenommen kann diese Frage mit NEIN beantwortet werden. Es handelt sich um einen kontinuierlichen Prozess, der sich stetig wiederholt. Auch wenn alle Bereiche einmal evaluiert wurden, heißt das nicht, dass der Prozess damit abgeschlossen werden kann, denn durch die Bearbeitung der einzelnen Bereiche ergaben sich mit Sicherheit Verbesserungsmaßnahmen, die man auch wieder evaluieren muss, um zu überprüfen, ob und wie sich etwas verändert hat. Und auch aus der erneuten Evaluation des Bereiches mitsamt den Veränderungen, die angestrebt wurden, wird sich wieder neuer Veränderungsbedarf ergeben.

5 Phase A: Bevor es losgeht

Abbildung 11: Wichtige Fragen vor Reiseantritt: Wo soll die Reise eigentlich hingehen? Was packe ich in meinen Koffer? Wann geht es los?

Im Vergleich zu einer externen Evaluation, die Sie nicht oder nur geringfügig beeinflussen können, haben Sie im Rahmen einer internen Evaluation große Entscheidungsspielräume – und damit einhergehend auch eine Entscheidungspflicht.

Bevor Sie mit der Evaluation Ihrer Einrichtung starten, gilt es, sich über einige Fragen im Klaren zu sein und wesentliche Entscheidungen zu treffen:

- **Ziel und Zweck**: Weshalb möchten Sie Ihre Kita evaluieren? Was soll mit den Ergebnissen passieren? Worüber möchten Sie Erkenntnisse erhalten?
- **Aufgabenklärung und Rollenverteilung:** Wer evaluiert hier eigentlich wen? Wer hat welche Rolle im Prozess der internen Evaluation? Sollen auch Eltern, Träger und Kinder befragt werden? Evaluieren die Mitarbeiterinnen sich selbst oder wird die Einschätzung durch Kolleginnen vorgenommen? Wie können Verantwortlichkeiten und Verbindlichkeiten hergestellt werden?
- **Interne oder externe Prozessbegleitung**: Möchten Sie den Evaluationsprozess durch eine externe Fachberatung begleiten lassen oder haben Sie innerhalb Ihrer Einrichtung die Ressourcen, um die Prozessbegleitung gewährleisten zu können?
- **Zeitpunkt, Umfang und Form**: Wie viel Zeit können Sie für die interne Evaluation bereitstellen? Welchen Rahmen wählen Sie?

Als minimale Grundlage für einen guten Start in den Prozess der internen Evaluation gilt ein ausdrücklich formuliertes Ziel (Was möchten wir mit der Evaluation erreichen?), klar definierte Zuständigkeiten (Wer macht was bis wann mit wem?) sowie einen groben Fahrplan (über das Wie und das Wann).

5.1   Ziel und Zweck der internen Evaluation

Klären Sie vor Beginn der Evaluation, warum Sie überhaupt evaluieren möchten. Sich das Ziel und den Zweck einer internen Evaluation bewusst zu machen, dient zum einen dazu, dass Sie sich selbst und Ihre Kolleginnen leichter motivieren können. Zum anderen hilft eine Klarheit über das Ziel der internen Evaluation dabei, deren Ergebnisse zielgerichtet zu verwerten.

Abbildung 12: Machen Sie sich Ziel und Zweck der Internen Evaluation bewusst.

Wie in Kapitel 3.3 (Evaluation: Wozu und warum wird evaluiert?) bereits beschrieben, soll Evaluation

1. Wertschätzung für die bereits erreichte Qualität vermitteln,
2. Entwicklungsnotwendigkeiten aufzeigen,
3. realistische Entwicklungsmöglichkeiten einschätzen und
4. Transparenz gegenüber den Eltern, dem Träger und der Öffentlichkeit herstellen.

Interne Evaluation kann als Anregung zur Weiterentwicklung und Verbesserung der Einrichtung dienen. Sie kann zum Ziel haben, die Arbeitsabläufe und die dabei erzielten Ergebnisse zu überarbeiten, eingespielte Fehler zu erkennen, die interne und externe Kommunikation zu optimieren, Kosten einzusparen oder die Arbeitsbedingungen zu verbessern.

Welches sind aber Ihre persönlichen Beweggründe, die Prozesse und Personen in der Kita zu evaluieren?

• Sind es gesetzliche Vorgaben, die Ihnen eine kontinuierliche interne Evaluation vorschreiben – wie beispielsweise in der Berliner Qualitätsvereinbarung Kindertageseinrichtungen? – Interne Evaluation quasi als Pflichtprogramm.

- Oder ist es der Wunsch, die Kita auf Basis der Evaluationsergebnisse weiterzuentwickeln und zu verbessern? So kann sich Ihre Kita in den letzten Jahren immer weiterentwickelt haben, die Räumlichkeiten wurden erweitert, eine neue Krippengruppe eröffnet, mehr Personal eingestellt. Die Verfahren sind aber die alten geblieben.
- Müssen Sie Ihr Konzept mit neuen Zielen und Maßnahmen überarbeiten und im Zuge dessen Grundsätze und Verfahren gemeinsam neu festlegen?
- Dient die Evaluation der Standortsicherung? Im Umkreis Ihrer Kita befinden sich viele weitere Kindertageseinrichtungen und Sie möchten Ihr Profil schärfen, um Kunden anzuwerben und zu halten?
- Wollen Sie die Personalzufriedenheit steigern? Sie haben eine vergleichsweise hohe Personalfluktuation, die Mitarbeiterinnen reden lieber übereinander anstatt miteinander oder die Leistung des Personals ist steigerungsfähig? Sie wollen herausfinden, woran das liegt, um entsprechende Gegenmaßnahmen einzuleiten.
- Sie befinden sich gerade in einem Veränderungsprozess und möchten parallel hierzu Informationen erheben, inwieweit Sie mit Ihrem Vorgehen bereits »auf dem richtigen Weg« sind und was noch nicht ganz wie geplant verläuft?
- Oder ist es eine Mischung aus all den genannten Gründen oder etwas gänzlich anderes?

Tipp

Je klarer Sie Ihre Ziele eingrenzen und benennen können, desto geringer ist die Wahrscheinlichkeit, dass Sie im Laufe der Evaluation Ihr Ziel aus den Augen verlieren

---

Leitfragen

Motivation: Warum ist für Sie interne Evaluation von Interesse oder könnte von Interesse sein?

Hürden und Erfordernisse: Mit welchen Herausforderungen sehen Sie sich konfrontiert? Welche Befürchtungen haben Sie?

Ressourcen: Welche Ressourcen und Potenziale sehen Sie in Ihrer Einrichtung, um eine interne Evaluation durchzuführen?

5.2   Aufgabenklärung und Rollenverteilung

Abbildung 13: Der Interne Evaluationsprozess als Gemeinschaftsaufgabe

Grundsätzlich ist der Prozess der internen Evaluation als Gemeinschaftsaufgabe zu verstehen: Involviert sind der Träger, die Leitung, die Mitarbeitenden sowie die Kunden (Eltern und die Kinder). Der Träger und die Kitaleitung und ggf. der Prozessberater spielen allerdings eine besondere Rolle und bilden gewissermaßen das »erste Team«. Denn sie initiieren als Steuerungsgruppe den Prozess, steuern dessen Verlauf, fassen zusammen und beraten bei Herausforderungen.

In Anlehnung an die Erläuterungen zu den Materialien für die interne Evaluation zum Berliner Bildungsprogramm können die Funktionen der Akteure des internen Evaluationsprozesses wie folgt beschrieben werden (siehe hierzu auch: Erläuterungen zu den Materialien für die interne Evaluation zum Berliner Bildungsprogramm 2006):

Erzieherinnen und Erzieher
Die Erzieherinnen und Erzieher stehen im Mittelpunkt der internen Evaluation und sind die eigentlichen Akteure:

• Sie entscheiden im Team, mit welchem Aufgabenbereich sie den Prozess der internen Evaluation beginnen und mit welchen Qualitätsansprüchen sie sich besonders intensiv auseinandersetzen wollen.
• Sie verständigen sich über die zusammenfassende Einschätzung des erreichten Qualitätsniveaus.
• Sie beraten Perspektiven für die Weiterentwicklung der Arbeit.
• Sie vereinbaren hierfür konkrete Schritte.

Kitaleitung

- Die Kitaleitung trägt vor Ort die Verantwortung für den Gesamtprozess der internen Evaluation.
- Sie sorgt dafür, dass das Team qualifiziert in die Ziele der internen Evaluation eingeführt und es über die geplanten Vorgehensweisen und mögliche Veränderungen informiert wird.
- Sie erkennt Widerstände in ihrem Team und bemüht sich darum, möglichst alle »mit ins Boot« zu nehmen. Hierfür bezieht sie z.B. das Team nach Möglichkeit bei Entscheidungen über die Vorgehensweise und die Durchführbarkeit einzelner Evaluationsschritte mit ein (siehe hierzu auch: Kapitel 6.4.1 Widerstände im Team).
- Sie organisiert den Ablauf, sichert die gemeinsamen Besprechungstermine und sorgt für die Bereitstellung der benötigten Materialien.
- Sofern kein Prozessberater anwesend ist, moderiert sie die interne Evaluation. In dieser Rolle hat sie die Aufgabe, das Team in seinem Selbstreflexionsprozess durch gezielte Fragen zu begleiten und zu unterstützen. Ebenso ist es in diesem Zusammenhang ihre Aufgabe, dass die Perspektiven aller Teammitglieder gehört werden.
- Sie ist im Informationsaustausch mit dem externen Prozessbegleiter oder eignet sich entsprechende Kompetenzen und notwendiges Wissen an, um den Prozess selbst zu steuern.
- Die Kitaleitung beteiligt sich an den Gruppendiskussionen und bringt ihre Sichtweise – sowohl über den Ist-Stand als auch über mögliche Perspektiven – mit ein.
- Ergebnisse der Evaluation, die beschlossenen Perspektiven sowie die verabredeten Maßnahmen werden durch die Kitaleitung an den Träger und die Eltern kommuniziert.

Eltern

Eltern zeigen viel Bereitschaft, den Prozess der internen Evaluation zu unterstützen sofern sie sowohl über das Vorhaben als auch über die Ergebnisse der Evaluation (insbesondere die beschlossenen Maßnahmen sowie die Perspektiven für die fachliche Weiterentwicklung) ausreichend informiert werden.

- Eltern können direkt in den Prozess der Evaluation involviert werden, beispielsweise durch einen Elternfragebogen.
- Möglich ist es auch, dass sich Elternvertreter und/oder interessierte Eltern an Diskussionen um die Ziele und Maßnahmen für die fachliche Weiterentwicklung beteiligen. Allerdings setzt diese Entscheidung voraus, dass dadurch nicht die Offenheit der Diskussion im Team behindert wird. Das könnte z.B. dann der Fall sein, wenn innerhalb des Teams kontroverse Positionen zu klären sind. Deshalb sollte eine derartige Entscheidung vom Team getragen werden.

Träger

Der Träger hat die Gesamtverantwortung für die fachliche Entwicklung der Kita.

- Er trägt die Entscheidung darüber, welches Qualitätsmanagementsystem in der Kita Anwendung findet.
- Für den Evaluationsprozess hält er ausreichend Ressourcen (finanziell, personell, zeitlich) bereit.

- Sofern der Träger für die Fortbildungsplanung zuständig ist, hat er dabei die Ergebnisse der internen Evaluation und die daraus resultierenden Weiterbildungsbedarfe zu berücksichtigen.
- Trägervertreter können zu der Diskussion um Ziele und Maßnahmen für die fachliche Weiterentwicklung der Kita eingeladen werden. Allerdings gilt auch hier – ebenso wie bei der Einladung von Eltern zu Diskussionen –, dass eine derartige Entscheidung von dem Team getragen werden sollte.

Kinder

Gerade in Anbetracht der Tatsache, dass das Recht der Kinder, sich zu beschweren und sich an der Gestaltung ihres Alltags zu beteiligen im § 45 SGB VIII 2012 gesetzlich verankert wurde, sollten Kinder als aktive Akteure der internen Evaluation nicht ausgeschlossen werden. Möglichkeiten, Kinder bei der Evaluation zu beteiligen, sind u.a.:

- regelmäßige Kindersprechstunden mit der Kitaleitung oder einer der frühpädagogischen Fachkräfte,
- die Ernennung eines Kinderrats, der regelmäßig mit Unterstützung einer Fachkraft tagt und die Kinder und deren Belange vertritt,
- die Einrichtung eines Beschwerdekastens: Haben Kinder eine Beschwerde, klemmen sie ihr Foto an einen Gegenstand, den sie mit ihrem Unmut in Verbindung bringen und werfen beides in den Kasten. Landet ein Gegenstand im Beschwerdekasten, wird die Beschwerde mit allen in einem Gesprächskreis besprochen und gemeinsam nach Lösungen gesucht.

5.3   Interne oder externe Prozessbegleitung?

Fragen Sie sich zunächst, ob Sie sich von einer externen Fachberatung begleiten lassen können/möchten oder ob Sie innerhalb Ihrer Einrichtung die Ressourcen bereitstellen können, um die Prozessbegleitung zu gewährleisten. Möglich ist auch eine Kombination beider Optionen: Sie lassen sich nur über Teilabschnitte durch eine externe Prozessbegleitung beraten und begleiten und regeln die weitere Begleitung intern.

Abbildung 14: Wer schaut mit drauf? – Interne Evaluation mit oder ohne Prozessbegleitung von außen?

Externe Begleitung von interner Evaluation

Das Aufgabenspektrum von Prozessbegleitern bei der internen Evaluation ist vielfältig (InES. Interne Evaluation in Schulen). Ob bei der Planung, der Durchführung und/ oder der Auswertung der internen Evaluation: Prozessbegleiter können Sie auf unterschiedlichste Weise unterstützen. So können sich Kitaleitungen in Einzelgesprächen beraten und coachen lassen, Teamsitzungen können geleitet und moderiert, Studientage und Workshops mitgestaltet werden.

Merke

Prozessbegleiter…

- unterstützen Sie dabei, das Team mit ins Boot zu holen und in die Thematik der internen Evaluation einzuführen,
- unterstützen Sie beim Umgang mit Widerstand,
- helfen Ihnen bei der Planung, Durchführung und Auswertung der internen Evaluation (z.B. Auswahl der Instrumente und Verfahren, Zielformulierung, Maßnahmenplanung),
- unterstützen Sie bei der Planung und Durchführung von Workshops oder Studientagen zu den Themen interne Evaluation, Feedbackgespräch, kollegiale Hospitation, u.a.,
- helfen Ihnen durch einen umfassenden Blick von außen, blinde Flecke der Selbstevaluation aufzudecken.

Wie im vorherigen Kapitel beschrieben, bilden Träger, Kitaleitung und Prozessberater das »erste Team«, welches als Steuergruppe den Prozess initiiert, dessen Verlauf steuert und zusammenfasst sowie bei Herausforderung beratend zur Seite steht. Um in der Steuergruppe auch wirklich gemeinsam das Ruder in dieselbe Richtung zu drehen, sind regelmäßige Absprachen und ein kontinuierlicher Austausch ein wesentliches Qualitätsmerkmal eines guten »ersten Teams«. Dieser Aspekt ist in der Zeitplanung zu berücksichtigen.

Interne Evaluation ohne externe Begleitung: So kann es funktionieren

Um den Evaluationsprozess intern zu organisieren und zu begleiten ist es wichtig und notwendig, klare Aufgaben und Verantwortungen zu verteilen und ausreichend Ressourcen bereitzustellen. In der Regel übernimmt die Kitaleitung die Funktion der Prozessbegleiterin. Sie kann diese Rolle aber auch einer ihrer Mitarbeiterinnen übertragen.

Die Doppel- bzw. Mehrfachrolle als Leitung/Erzieherin, Teil des Teams UND Prozessbegleitung ist nicht unproblematisch. Als Teil des »Systems Kita« steht eine interne Prozessbegleiterin vor der Schwierigkeit, sich über »blinde Flecke« bewusst zu sein und das Gesamtinteresse über das eigene Interesse zu stellen, um professionell begleiten und beraten zu können.

Evaluation braucht Zeit für Vor- und Nachbereitung. Diese muss dem Prozessbegleiter zugesprochen werden. Wichtig ist, dass Sie sich bei Ihrem Träger absichern, dass dem Prozessbegleiter nach Bedarf ausreichend Ressourcen zur Verfügung gestellt werden um die Doppel-/Mehrfachrolle als Leitung bzw. Erzieher/in, Teil des Teams und Prozessbegleitung erfolgreich ausführen zu können.

> ### Tipp
>
> Eine externe Beratung hilft bei den ersten Schritten, bei Unsicherheiten und Motivationslosigkeit sowie bei der Entwicklung von Handlungsplänen auf Basis der Evaluationsergebnisse.
>
> Ob als konstante Begleitung oder nur für Teilabschnitte: Wir möchten uns FÜR das Hinzuziehen einer externen Prozessbegleitung aussprechen. Laut Jeremy Hellmann erzielen »interne Bemühungen, die mit Fachberatung verknüpft und von periodischen externen Überprüfungen ergänzt werden, die nachhaltigsten Wirkungen« (Hellmann 2004: 252).

5.4   Zeitpunkt, Umfang und Format

»Wie lange dauert so was?«, »Wieviel Zeit nimmt der Prozess der internen Evaluation in Anspruch?«, »Wieviel Zeit können und wollen wir überhaupt dafür ›freischaufeln‹?« – Das sind einige der Fragen, mit denen wir oft bei der Einführung eines internen Evaluationsprozesses konfrontiert werden.

Grundsätzlich gilt: Evaluation ist keine einmalige Angelegenheit sondern vielmehr eine »Denkhaltung für alle im Unternehmen« (Fleig) und als kontinuierlicher Verbesserungsprozess zu verstehen. Auf Basis dieser Grundannahme lässt sich die Frage, wie lange eine interne Evaluation dauern kann, leicht beantworten: Im Grunde endet ein interner Evaluationsprozess nie.

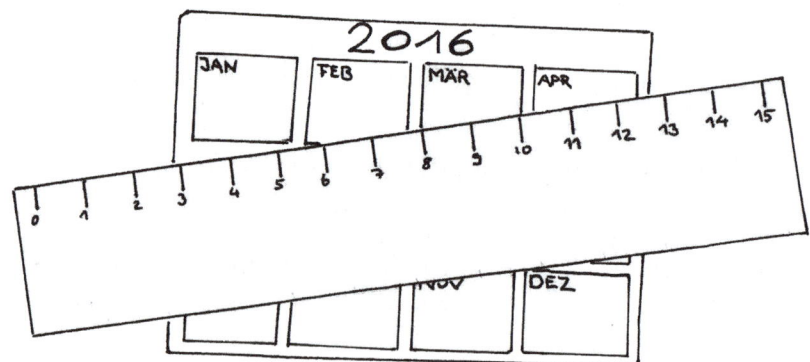

Abbildung 15: Wieviel Zeit nimmt der Prozess der internen Evaluation in Anspruch?

Mit der ständigen Veränderung der gesellschaftlichen Ansprüche an Kindertageseinrichtungen, dem sich wandelnden Klientel, den unterschiedlichen Ansprüchen des Personals u.s.w. verändert sich auch die einzelne Kita ständig. Die Qualität kann im Hinblick auf diese kontinuierliche Veränderungsprozesse nur gewährleistet werden, indem die Kita ebenso kontinuierlich evaluiert wird und die Ergebnisse der Evaluation wiederum in die Weiterentwicklung mit einfließen.

Wie lange ein Evaluations-Zyklus, das heißt ein Zyklus, bei dem alle Aufgabenbereiche und Qualitätskriterien einmal evaluiert wurden, andauert, ist nicht pauschal zu beantworten.

In den Materialien zur internen Evaluation zum Berliner Bildungsprogramm wird empfohlen, nicht mehr als zwei Aufgabengebiete pro Jahr zu bearbeiten, da »mit dem Evaluationsprozess generell Vorhaben für die fachliche Weiterentwicklung verbunden sind, deren Realisierung Zeit und die Aufmerksamkeit aller Beteiligten benötigt« (vgl. BeKi). Hier wird ebenfalls empfohlen, die Prozesse der internen Evaluation nicht innerhalb der Dienstbesprechung an einem Nachmittag zu vollziehen, sondern für die inhaltliche Reflexion und Auseinandersetzung mit einem Aufgabenbereich die Kita für ein bis zwei Tage zu schließen. Die Vorteile von Ganztagesseminaren liegen auf der Hand: Neben einer intensiven Auseinandersetzung mit einem Thema sind die teilnehmenden Mitarbeiterinnen nicht bereits müde vom Arbeitsalltag.

Unserer Meinung nach ist dieses Vorgehen aber wenig alltagstauglich. Bedenkt man die Tatsache, dass viele Kindertageseinrichtungen ein bis zwei Schließtage im Jahr haben, ergeben sich zwei wesentliche Nachteile:

- Wenn pro Schließtag maximal ein Aufgabenbereich bearbeitet werden kann und soll, so kann sich ein Evaluationszyklus, d.h. der Zeitraum, bis alle Aufgabenbereiche einmal behandelt wurden, durchaus über mehrere Jahre ziehen.
- Werden ausschließlich die Schließtage zur Evaluation der eigenen Einrichtung genutzt, stellt sich keinerlei Routine ein. Mitarbeiterinnen müssen immer wieder aufs Neue in die Idee, den Prozess und das Ziel der Evaluation eingewiesen werden.

Unsere Empfehlung ist daher, im Sinne eines kontinuierlichen Verbesserungsprozesses Evaluationstage, an denen die Kita geschlossen hat, mit Evaluationsbausteinen zu kombinieren, die in den normalen Kita-Alltag integriert sind. Das heißt, es ist für einen erfolgreichen und nachhaltigen internen Evaluationsprozess wichtig, im normalen Kita-Alltag Zeitfenster zu etablieren, in denen Sie sich gemeinsam mit einem bestimmten Aufgabengebiet auseinandersetzen. So bleibt Evaluation kein Fremdwort sondern wird zum festen Bestandteil der Qualitätsentwicklung und -sicherung in der Kita.

Möglich sind beispielsweise folgende Evaluationsbausteine, die Sie beliebig miteinander verbinden können:

Workshop
Ein Workshop umfasst in der Regel 4 Stunden und kann an einem Nachmittag nach der Betreuungszeit stattfinden: Als Vorbereitung und Einstimmung auf die interne Evaluation, als Reihe mehrerer Workshops zu einem bestimmten Aufgabengebiet oder als Element, dass Sie 4 bis 6 Wochen nach einem gemeinsamen Schließtag zur Planung weiterer Schritte benutzen.

Evaluations-Dienstbesprechung
Ersetzen Sie alle 6 bis 8 Wochen eine reguläre Dienstbesprechung (DB) durch eine Evaluations-DB. Wichtig ist, dass inhaltlich aufgrund der geringen Zeit nur ein Teilbereich bearbeitet werden kann. Eine gute Vor- und Nachbereitung und eine für alle Beteiligten transparente Darstellung der Ergebnisse sind hier besonders wichtig.

(Leitungs-)Coaching

Coaching hilft Ihnen, zielgerecht und konzentriert Ihre eigenen Fragen zu formulieren und Veränderungen sowie Lösungsprozesse selbst in die Hand zu nehmen.

Ein- oder mehrtägige Schulungen

Sie arbeiten gemeinsam mit Ihren Kollegen und Kolleginnen einen oder auch zwei Tage lang intensiv an einem Thema, reflektieren Ihr Handeln und erarbeiten neue Wege und Ideen. Auch hier gilt: Weniger ist mehr. Die intensive Auseinandersetzung mit einem Aufgabengebiet kostet Zeit. Beschäftigen Sie sich daher nicht mit mehr als einem Thema pro Schließtag.

Ein möglicher Ablauf von vielen: Wie Evaluation ein Teil Ihres Arbeitsalltags werden kann		
29.08.2016	Workshop	Einführung in Ziel und Zweck der internen Evaluation • Vorstellung der Qualitätskriterien / Aufgabenbereiche • Vorstellen des Rahmens und der Zuständigkeiten • Bedenken klären und erste Fragen beantworten • ersten Aufgabenbereich auswählen
13.-14. 10. 2016	Schließtage	Intensive Bearbeitung des Aufgabenbereiches z.B. *Bildungs- und Erziehungspartnerschaft* • Was verstehen wir unter Qualität in diesem Bereich? • Welche Ziele haben wir in der Zusammenarbeit mit den Eltern? • Wen befragen wir? • Wie befragen / evaluieren wir?
Zwischen dem Schließtag und der nächsten Sitzung	Durchführung und Auswertung der Evaluation	z.B. durch die Befragung der Eltern in Form eines Fragebogens
22.11.2016	Evaluations-DB	Besprechung der Ergebnisse aus dem Elternfragebogen und Vereinbarung konkreter Schritte auf Basis der Qualitätskriterien, die am Schließtag festgelegt wurden sowie des Fragebogens

Jan. – Juni 2017	Evaluations-DBs, Workshops und oder Team-Tage	Bearbeitung des nächsten Aufgabenbereichs im Zeitintervall von 6 bis8 Wochen
Juli 2017		Erneute Elternbefragung zum Thema »Bildungs- und Erziehungspartnerschaft« mit dem Ziel, die Zielvereinbarungen zu überprüfen: Was konnten wir in der Zwischenzeit verbessern? Sind wir auf dem richtigen Weg?
Juli 2017	Evaluations-DB	Auswertung der Elternbefragung

Tabelle 3: Beispielhafter Ablaufplan für eine interne Evaluation

5.5   Die Phase A Am Beispiel des Kinderhaus Xylophon

Hintergrund

Das Kinderhaus Xylophon hat eine Krippengruppe, drei Elementargruppen sowie eine Hortgruppe.

Der Träger der Kita Xylophon hatte ein neues Qualitätsmanagementverfahren eingeführt, welches vorsieht, dass pro Halbjahr ein Aufgabenbereich in der Kita evaluiert wird. Die Evaluationsbereiche sowie die Qualitätskriterien werden durch das Qualitätsmanagementverfahren vorgegeben. Die Ergebnisse müssen dem Träger vorgestellt werden.

Ziel und Zweck

Das QM-Verfahren schreibt die interne Evaluation mit folgendem Ziel vor:

»Die interne Evaluation dient der kontinuierlichen Weiterentwicklung der Kindertageseinrichtung von innen heraus. Mitarbeiter und Mitarbeiterinnen der Einrichtung sollen sich in einem ständigen Prozess mit der eigenen Arbeit, den Strukturen und Abläufen kritisch auseinandersetzen mit dem Ziel, Arbeitsabläufe zu optimieren und auf neue Anforderungen von außen passende Veränderungen einleiten zu können. Letztendlich zielt die interne Evaluation natürlich immer auch darauf, die Arbeitszufriedenheit im Team zu erhöhen.«

Gemeinsam mit der stellvertretenden Leitung überlegt sich die Leitung der Kindertageseinrichtung eigene Ziele und Motivationsgründe: Was sind die eigenen Beweggründe – abgesehen von dem von außen vorgegebenen Ziel, die durch das QM-Verfahren vorgegebenen Vorgaben fristgerecht einzuhalten?

Schnell sind sich beide einig: Da es im Team eine sehr hohe Personalfluktuation gibt, wird als persönliches Ziel der internen Evaluation formuliert, die Personalzufriedenheit zu steigern um die Mitarbeiterinnen im Haus zu ›halten‹.

Aufgabenklärung und Rollenverteilung

Im Laufe der Gesamtevaluation sollen alle Parteien involviert werden: Kinder, Eltern, Leitung und Träger.

Die Leitung bildet zusammen mit der stellvertretenden Leitung und dem externen Prozessbegleiter die Steuerungsgruppe, die es sich zu Aufgabe macht, den Evaluationsverlauf zu steuern, Zwischen- und Abschlussberichte zu verfassen sowie bei Schwierigkeiten zu beraten.

Interne oder externe Prozessbegleitung?

Der Träger stellt der Kita eine externe Prozessbegleitung zur Seite und gibt der stellvertretenden Leitung mehr Leitungsstunden, damit sie die Leitung in ihrer Tätigkeit unterstützen kann. Mit Hilfe des Prozessbegleiters erstellt das Leitungsteam zunächst einen groben Fahrplan mit dem Ziel, die Evaluation möglichst gut in den normalen Kita-Ablauf einzuplanen. Darüber hinaus wird die Einführung in die Evaluation (Phase B) vorbereitet.

Zeitpunkt, Umfang und Form

Mit der Vorgabe, ein halbes Jahr pro Evaluationsbereich zur Verfügung zu haben, wird ein grober Fahrplan erstellt:

Zeitraum	Inhalte
07/2016 Workshop	• Allgemeine Einführung in den Evaluationsprozess: transparente Darstellung der Ziele; Aufgabenklärung und Verantwortungsübergabe • Einigung im Team: welchen Aufgabenbereich wählen wir?
09/2016 Schließtag	• Einführung in den Aufgabenbereich und die dazugehörigen Teilbereiche. • Vorstellung der Qualitätskriterien für diesen Bereich, die durch das QM-Verfahren vorgegeben werden; Ergänzung durch eigenes Qualitätsverständnis • Klärung der Informationsquelle und der Methoden • Erstellung eines Handlungsplans: Wer macht was bis wann? • Evaluation im Team: Wo liegen unsere Stärken und Schwächen in diesem Aufgabenbereich?
09–10/2016	• Durchführung und Auswertung der Methoden, falls Eltern und Kinder involviert werden.
10/2016 DB	• Zwischenbericht • Erarbeitung möglicher weiterer Handlungsschritte
11/2016 Workshop	• Vorstellung und Interpretation der Evaluationsergebnisse • Planung nötiger Maßnahmen und Konsequenzen
11–12/2016	• Verfassen des Abschlussberichts für den Träger

Tabelle 4: Beispielhafter Ablaufplan einer internen Evaluation am Beispiel der Kita Xylophon

5.6 Die Phase A am Beispiel der Kita Knallerbse

Hintergrund

In der Kita Knallerbse wurde im September 2015 das Projekt »Gesunde Kindertagesstätte« eingeführt: Die Kita wechselte zu einem Bio-Essensanbieter, wollte einmal in der Woche gemeinsam mit den Kindern selbst kochen und zur Snackzeit am Nachmittag Obst und Gemüse anbieten. Die Eltern sollten sich an dem Projekt beteiligen, indem sie den Kindern – mit Ausnahme vom »süßen Freitag« – ein gesundes Frühstück in die Brotbox packten und der Kita regelmäßig eine größere Menge an Obst und Gemüse für die Nachmittags-Snacks »spendeten«.

Nach einem halben Jahr soll nun die Einführung des Projektes evaluiert werden.

Ziel und Zweck

Erklärtes Ziel der Evaluation ist zum einen die Legitimation des Projektes. Es besteht aber auch das allgemeine Gefühl im Team, dass das Projekt nicht so klappt, wie die Mitarbeiterinnen es sich vorgestellt und auch gewünscht hatten. Ein weiteres Ziel ist es demnach auch, Fehlerquellen aufzudecken, um die Maßnahme anhand konkreter Handlungshinweise zu optimieren und weiterzuentwickeln.

Aufgabenklärung und Rollenverteilung

In die konkrete Evaluation des Prozesses involviert werden sollen vor allem die Mitarbeiterinnen sowie die Eltern. Der Leitung kommt die Verantwortung zu, einen Überblick über den Gesamtprozess zu behalten. Sie soll den Ablauf organisieren, Besprechungstermine sichern und moderieren sowie Ergebnisse und Teilergebnisse mit allen Beteiligten kommunizieren.

Interne oder externe Prozessbegleitung

In Absprache mit dem Träger wird sichergestellt, dass ausreichend Ressourcen zur Verfügung gestellt werden, um den Evaluationsprozess intern zu organisieren und zu begleiten. Die Kitaleitung kann bei Bedarf Bürotätigkeiten an den Träger abgeben, um die für die Begleitung des Evaluationsprozesses anfallenden Aufgaben in ihrer Arbeitszeit erledigen zu können.

Zeitpunkt, Umfang und Form

Als Start für die Evaluation wird März 2016 festgelegt, d.h. sechs Monate nach Projektbeginn. Ein Großteil der Evaluation soll im Rahmen der wöchentlich stattfinden Dienstbesprechungen (DBs) stattfinden. Der grobe Fahrplan sieht folgendes vor:

Zeitraum	Inhalte
03/2016 DB Anfang	• Allgemeine Einführung in den Evaluationsprozess: transparente Darstellung der Ziele; Aufgabenklärung und Verantwortungsübergabe • Einigung auf Qualitätskriterien für das Projekt: Was verstehen wir unter »Gesunde Kindertagesstätte«? • Stärken-Schwächen-Analyse: Was läuft gut und was nicht so gut? Welche Bereiche wollen wir überhaupt evaluieren? • Klärung der Informationsquellen und Methoden
03–04/2016	• Durchführung der Methode zur Elternbefragung • Teamevaluation in der DB Ende April
Ende 05/2016 DB	• Vorstellung und Interpretation der Evaluationsergebnisse • Planung weiterer Maßnahmen und Konsequenzen

Tabelle 5: Beispielhafter Ablaufplan einer internen Evaluation am Beispiel der Kita Knallerbse

6 Phase B: Wie fange ich an? – Erfolgreiche Einführung von Evaluation

Haben Sie die Fragen aus der Phase A geklärt? Sind Sie sich klar darüber geworden, was Sie mit der Evaluation erreichen möchten, wer in diesem Prozess welche Aufgabe hat und haben Sie einen groben Fahrplan für die Evaluation im Kopf?

Dann stehen Sie vor einem weiteren wichtigen Schritt der internen Evaluation. Nämlich vor folgender Herausforderung: Wie bekommen Sie möglichst alle Mitarbeiter und Mitarbeiterinnen mit ins Boot?

Ob mit oder ohne Unterstützung eines externen Prozessbegleiters:

Ihre Aufgabe ist es,

- den Mitarbeiterinnen das Ziel bzw. die Ziele der Evaluation vor Augen zu führen,
- Zuständigkeiten und Rollen im Prozess zu erklären,
- den »Fahrplan« vorzustellen (d.h. wann macht wer was?) und vor allem
- Unsicherheiten zu verringern.

Vor allem zu Beginn eines Evaluationsprozesses stehen viele Fragen unbeantwortet im Raum (siehe Widerstände). Bereiten Sie sich auf mögliche Fragen vor, damit Sie präzise und umfassend darauf eine Antwort haben. Besser noch: Lassen Sie die Fragen gar nicht erst entstehen, indem Sie die Antworten in die Einführung mit einfließen lassen.

Führen Sie den Mitarbeiterinnen vor Augen, welche Chance Sie durch die Evaluation erhalten:

- Interne Evaluation bietet die Möglichkeit, den eigenen Arbeitsplatz mitzugestalten.
- Interne Evaluation bietet nicht nur die Möglichkeit, Frustrationspunkte und Fehlerquellen frühzeitig zu erkennen sondern
- interne Evaluation macht auch transparent, welche Bereiche in der Kita bereits gut laufen: Sie eröffnet die Chance, sich mal wieder selbst auf die Schulter zu klopfen/sich selbst zu loben.

Wir haben für Sie einige Beispiele zusammengestellt, wie Sie in den Prozess der Evaluation einführen können und wie Sie Ihr Team ›mit ins Boot‹ holen. Um adäquat auf alle Fragen vorbereitet zu sein ist es zuvor jedoch wichtig zu verstehen, woher Widerstände und auch Unsicherheiten rühren und wie diese in Erscheinung treten.

6.1 Da mach ich nicht mit... Widerständen im Team begegnen

Trotz einer Vielzahl von positiven Aspekten stoßen Evaluationsvorhaben in der Praxis durchaus auch auf Widerstand. Die Chance des Wandels und der Verbesserung, die sich aus den Evaluationsprozessen ergibt, wird zunächst oftmals eher als Bedrohung oder Gefahr angesehen: Abzug der Kapazitäten und Kräfte vom Wesentlichen – nämlich den Kindern, die Möglichkeit, dass eigene Fehler bzw. eigenes fehlerhaftes Handeln aufgedeckt werden, die Gefahr, dass Dinge »verschlimmbessert« werden. Die Motivation für eine Selbstevaluation wird geweckt, wenn pädagogische Fachkräfte den Sinn und die Ziele der Selbstevaluation für den Entwicklungsprozess in ihrer Einrichtung kennen. Es ist deshalb notwendig, sich im Kita-Team zu einigen, welches Ziel mit der Selbstevaluation verfolgt wird.

Abbildung 15: Widerstände bei der Einführung und Durchführung einer internen Evaluation

Ursachen von Widerstand

Evaluation bedeutet, die eigene Arbeit transparent werden zu lassen, gewohnte Handlungsroutinen kritisch zu reflektieren, zu hinterfragen und teilweise auch zu verändern. Die konkreten Konsequenzen, Aus- und Nebenwirkungen, die aus Evaluationen resultieren, sind dabei nie gänzlich abschätzbar.

Mit anderen Worten: Evaluation initiiert Veränderungsprozesse, die nur zu einem gewissen Teil vorhersehbar und planbar sind. Widerstände können zum einen aus negativen Erfahrungen resultieren, die in der Vergangenheit mit Veränderungsprozessen gemacht wurden. Da im Laufe der Evaluationsprozesse auch mehr oder weniger lieb gewonnene Verhaltensmuster durch Neues und bis dato Unbekanntes ersetzt werden können, wird Evaluation auch von vielen als Verlust von Stabilität empfunden, der wiederum zu Unsicherheit, Hilflosigkeit und Ängsten bei den Mitarbeiterinnen führen kann – und dadurch zu Widerstand.

Einige Fragen, die zu Beginn der Evaluation unbeantwortet im Raum stehen sind:

- Hat die Evaluation Auswirkungen auf meine Arbeitsroutine?
- Muss ich vielleicht eine lieb gewonnene Gewohnheit aufgeben?
- Ändert sich etwas an unserer Teamzusammenstellung?
- Werden im Laufe des Evaluationsprozesses neue Anforderungen an mich gestellt werden und werde ich diesen gerecht werden können?
- Muss ich jetzt noch mehr Papierkram machen und kann ich mich im Zuge dessen weniger auf die Kinder konzentrieren?

Erscheinungsformen von Widerstand

Das Auftreten von Widerständen bei Veränderungen ist völlig normal. Grund zur Besorgnis gibt es erst dann, wenn es keinen (erkennbaren) Widerstand gibt. Mitarbeiterinnen können sehr unterschiedlich und zum Teil auch widersprüchlich auf den geplanten internen Evaluationsprozess reagieren (Schulinterne Evaluation 2002: 10f.).

In einer Studie von Camilla Krebsbach-Gnath in einer schwedischen Versicherungsgesellschaft kristallierten sich sieben Schlüsselgruppen von Mitarbeiterinnen in Veränderungsprozessen heraus: die Missionare, die Gläubigen, die Lippenbekenner, die Abwartenden, die Gleichgültigen, die Untergrundkämpfer, die aufrechten Gegner und schließlich die Emigranten.

Missionare sind von der Notwendigkeit der Änderungen überzeugt. Sie schwärmen aus, um den Rest der Belegschaft davon zu überzeugen. Das gelingt ihnen am schnellsten und am vorbehaltlosesten bei den Gläubigen, die – sobald sie überzeugt sind – ebenfalls keine Anstrengung scheuen, die Innovation zu verbreiten und durchzusetzen (ebd.). Lippenbekenner schauen zunächst nach ihren persönlichen Vor- und Nachteilen. Gegenüber Vorgesetzten zeigen sie eine positive Haltung hinsichtlich des Wandels, gegenüber Mitarbeitern äußern sie verhaltene Kritik. Abwartende und Gleichgültige zeigen nur geringe Bereitschaft, sich an den notwendigen Prozessen zu beteiligen. Sie sind nur durch spürbare Verbesserungen ihrer individuellen Situation zur Mitarbeit anzuregen. Untergrundkämpfer sind aktive Gegner, gehen aber in ihrer Aktivität verdeckt vor. Offene Gegner sind ebenso wie die Untergrundkämpfer aktive Gegner von Veränderungen, bringen diese Haltung aber offen zum Ausdruck. Sie sind von ihrer Haltung überzeugt und handeln aus sachlichen und nicht aus persönlichen Motiven. Ihre Argumente und Einwände können den Veränderungsprozess positiv beeinflussen. Als Emigranten werden diejenigen bezeichnet, die das drastischste Mittel wählen: die Flucht aus dem Unternehmen. Haben sich Mitarbeiter entschlossen, die Prozesse nicht mitzutragen, verlassen sie die Organisation (Albert/Wissing 2002: 5ff.).

Kommt Ihnen das bekannt vor? Zwei Beispiele:

Frau M. ist seit kurzem die neue Leitung der Einrichtung. Sie hat das Gefühl, dass bei ihrer Vorgängerin vieles im Laufe der letzten Jahre liegengeblieben ist, sich bei den Erzieherinnen Gewohnheiten eingeschlichen haben, die in ihrer Sinnhaftigkeit oder auch ›Unsinnhaftigkeit‹ schon lange nicht mehr hinterfragt werden, u.v.m. Frau M. erhofft sich durch den Evaluationsprozess, einmal »gründlich aufzuräumen« und sie ist Feuer und Flamme für die neuen Ideen und Ansätze.

Frau P. hingegen ist schon seit zwanzig Jahren in der Kita beschäftigt. Sie ist noch ›vom alten Schlag‹ und überzeugt davon, dass das, was sie tut und wie sie es tut, richtig ist. Sie hält an den gewohnten Abläufen fest und äußert sich offen gegen jegliche Form der Veränderung. Nach dem Motto: »Wieso sollen wir jetzt alles hinterfragen was wir machen? Das kann doch nicht alles falsch gewesen sein!«

Frau Krebsbach-Gnath stellte in Ihrer Studie in der schwedischen Versicherungsgesellschaft folgende Verteilung der Erscheinungsformen von Winderstand innerhalb der Belegschaft fest:

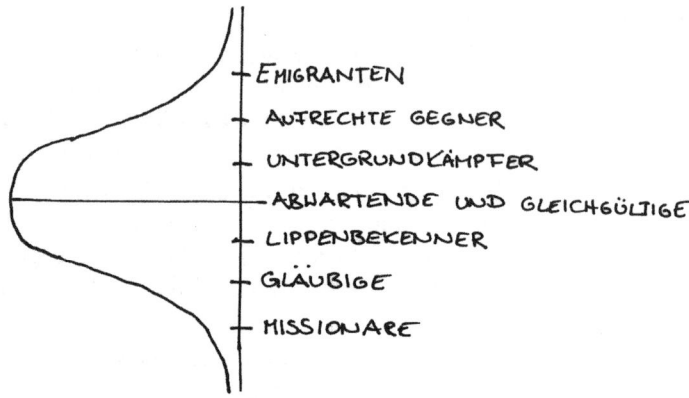

Abbildung 16: Gruppierungen bei Veränderungsprozessen (nach Krebsbach-Gnath)

Wie sähe diese Kurve in Ihrer Kita-Einrichtung aus?

All diese Formen des Widerstandes gilt es sowohl in der Vorbereitung auf den Evaluationsprozess als auch während des Prozesses im Blick zu behalten. Die beschriebenen Typen von Gegnern und Befürwortern bedürfen jeweils einer individuellen Ansprache.

6.2   Einführung in die interne Evaluation

Beginnen Sie zunächst damit herauszufinden, was das Team bereits zum Thema Evaluation weiß. Manche wissen vielleicht schon, was es damit auf sich hat, andere haben dagegen noch nie etwas davon gehört. Dies können Sie mit Hilfe einer einfachen »Mindmap« machen, aber auch andere Übungen wie »Buchstaben ergänzen« bieten sich dazu an. Dabei geht es zum einen darum, einen Überblick darüber zu erhalten, was das Team bereits weiß. Zum anderen bringen Sie in Erfahrung, welche Einstellungen und Meinungsbilder es im Team zum Thema Evaluation gibt. Greifen Sie das vorhandene Wissen des Teams auf und ergänzen Sie wichtige Inhalte.

Abbildung 17: Mögliche Methoden zur Einführung in die Evaluation: »Buchstaben ergänzen« und »Mindmap«

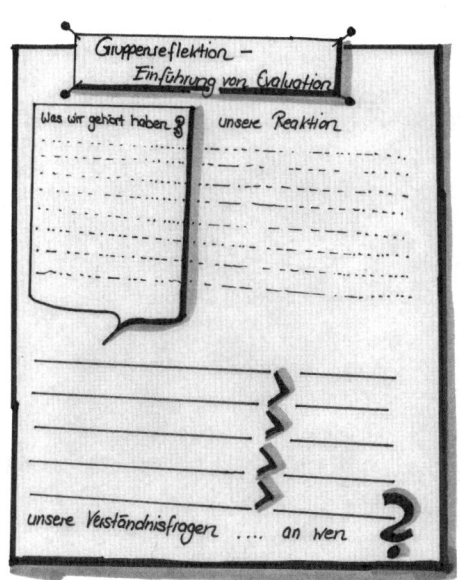

Abbildung 18: Gruppenreflexion – Einführung in die Evaluation

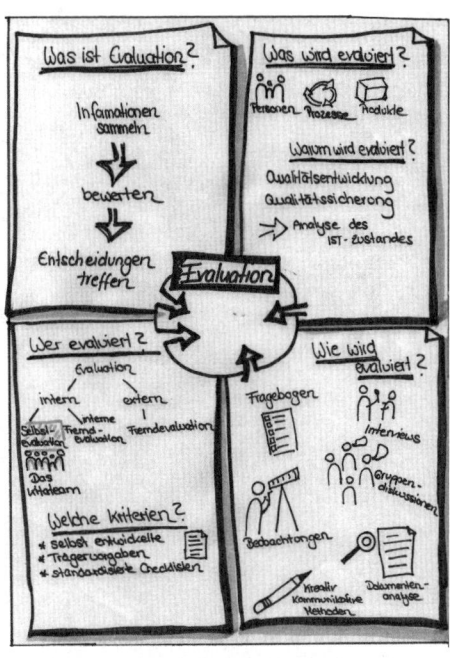

Abbildung 19: Was ist Evaluation? Mögliche Visualisierung

Reflektieren Sie anschließend in der Gruppe. Dadurch erkennen Sie, ob das Team alles richtig verstanden hat und können herausarbeiten welche Fragen und Unklarheiten es noch gibt.

Wichtig ist es, dem Team im Anschluss zu erklären, was in der nächsten Zeit auf es zukommt, welche Rollen und Aufgabenbereiche es im Evaluationsprozess gibt und welche Ziele Sie mit der Evaluation verfolgen. Beugen Sie wenn möglich den Fragen aus Kapitel 6.1 vor, indem Sie möglichst genau erklären, wie der Prozess den alltäglichen Arbeitsablauf beeinflussen kann und wird, welche Erwartungen Sie an das Team haben und welchen Mehrwert Sie sich durch den Evaluationsprozess für das Team erhoffen.

Folgende Flipchart-Formate können Ihnen bei der Verbildlichung des Handlungsplanes, der Ziele, Rollenverteilung, Gefahren und Lösungsansätzen helfen:

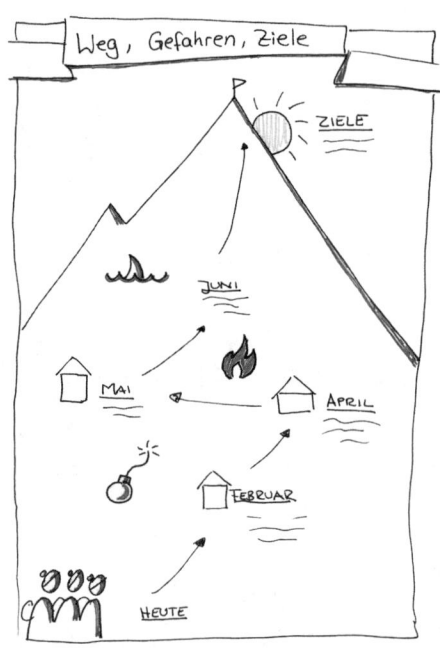

Abbildung 20: Weg, Gefahren und Ziele

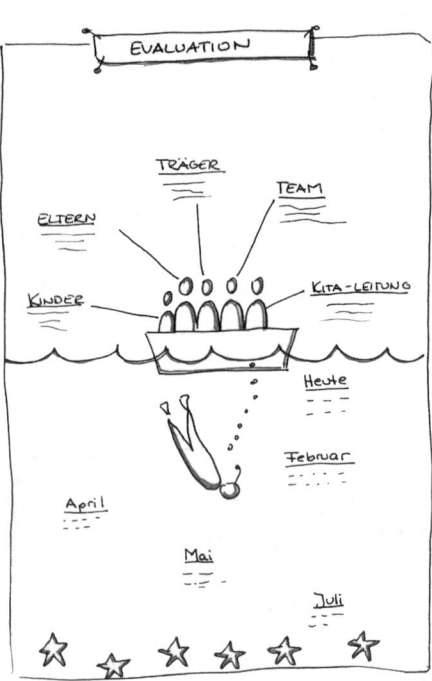

Abbildung 21: Evaluation- Zeitplan

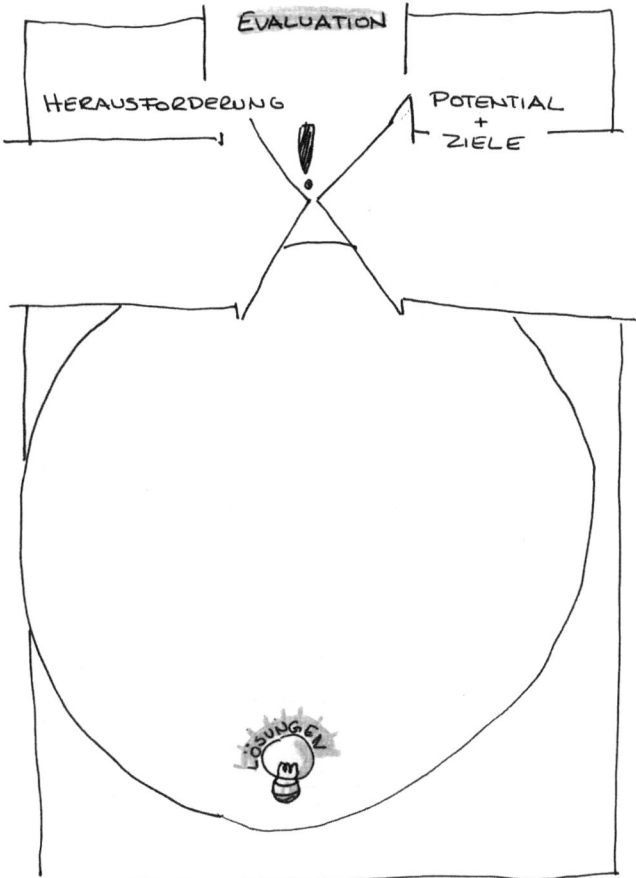

Abbildung 22: Herausforderungen und Potenziale der Evaluation

6.3 Die Phase B am Beispiel des Kinderhaus Xylophon

Widerstände im Team

Um möglichst wenig Grund für Widerstand im Team zu geben wurde in der Vorbereitung viel Wert auf die Frage gelegt: Wie können wir bei der Einführung verhindern, dass sich die Mitarbeiterinnen gegen »noch eine zusätzliche Aufgabe« wehren? Wie können wir das Team motivieren?

Vor dem Hintergrund der hohen Personalfluktuation sollte das Team dazu motiviert werden, den eigenen Arbeitsplatz verbessern zu können, indem Sie gemeinsam als Team auf die Suche nach möglichen Ursachen gingen um dann – ebenfalls gemeinsam – Verbesserungsideen zu entwickeln.

Bei der Einführung sollte ebenfalls klar formuliert werden, welche Auswirkungen der Evaluationsprozess auf die tägliche Arbeit der Mitarbeiterinnen haben wird, um möglichen Fragen und Ängsten aus dem Team sofort begegnen zu können.

Erfolgreiche Einführung

Ohne eine vorherige Erklärung wurde zunächst gemeinsam im Team eine Mindmap hinsichtlich der folgenden Fragen erstellt: Was verstehe ich unter Evaluation? Was weiß ich davon? Was erwarte ich von einer Evaluation? Wie ist meine Einstellung?

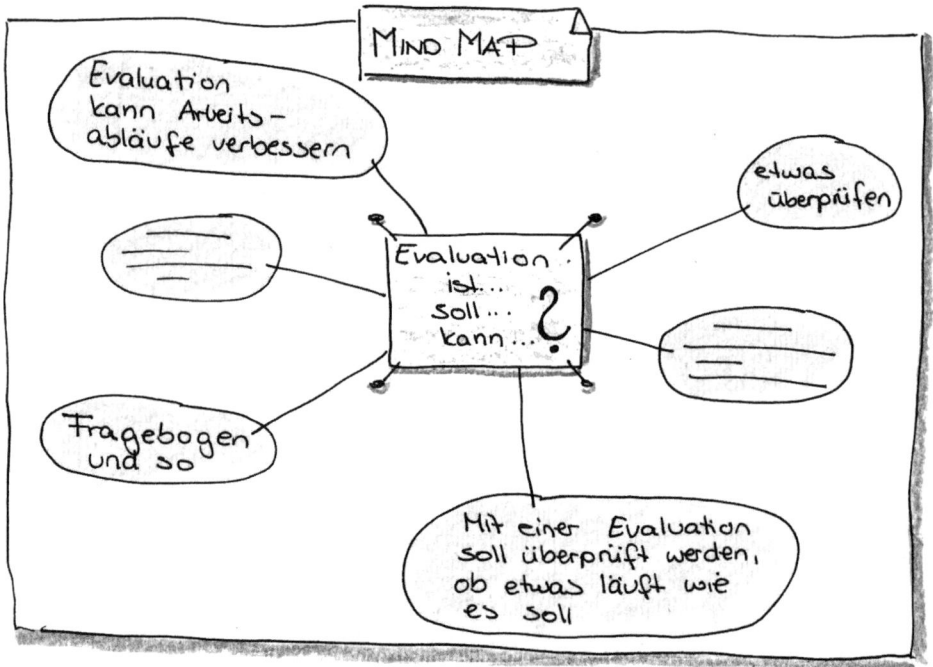

Abbildung 22: Mindmap – Was ist Evaluation?

Um ein gemeinsames Verständnis von Evaluation zu bekommen, beantwortete die Kita-Leitung mithilfe eines Flipchartbogens (siehe Abbildung 19, S. 80) folgende Fragen: Was ist Evaluation? Wie wird evaluiert? Was wird evaluiert und wer evaluiert?

An zwei weiteren Flipchart-Bogen wurden anschließend der grobe »Fahrplan«, Verantwortlichkeiten und Ziele der Evaluation vorgestellt. Während der Vorstellung wurde immer wieder erklärt, welche Auswirkung die Evaluation auf den normalen Arbeitsalltag der Mitarbeiterinnen haben kann und wird.

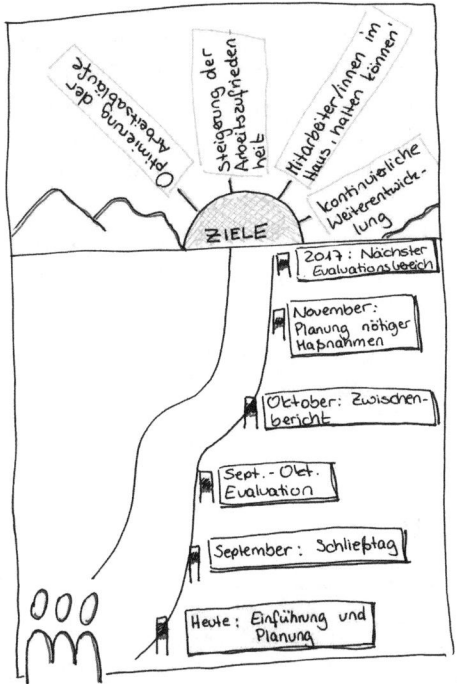

Abbildung 23: Fahrplan Evaluationsvorhaben

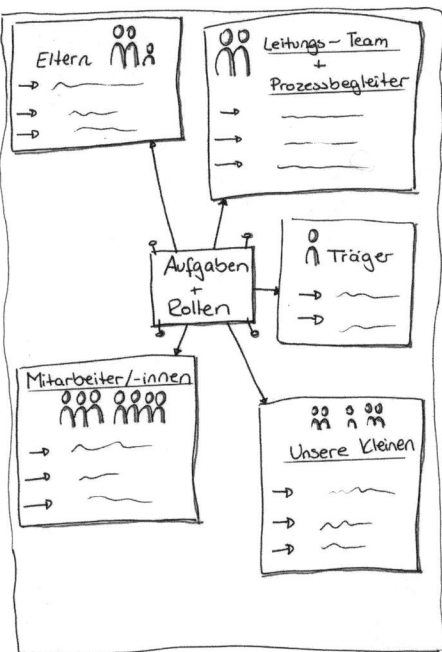

Abbildung 24: Aufgabenverteilung

6.4 Die Phase B am Beispiel der Kita Knallerbse

Widerstände im Team

Die Leitung kennt ihre »Pappenheimer« und kann sich so zumindest auf einige Widerstände vorbereiten:

Carola die Missionarin: Sie hatte sich im Sommer 2015 stark dafür eingesetzt, das Projekt in der Kita zu starten. »Gesunde Kindertagesstätte« war sozusagen »ihr Baby«. Dass es nicht so lief wie anfangs geplant, frustrierte sie. Sie würde mit genau dem gleichen Elan an die Evaluation und den Optimierungsprozess gehen wie damals an die Etablierung des Projektes in der Kita.

Martina die Untergrundkämpferin: Martina hatte sich von Anfang an sehr verhalten und skeptisch bei der Einführung des Konzepts »Gesunde Kindertagesstätte« gezeigt. Nicht, weil sie gegen gesunde Ernährung ist, sondern weil sie müde war von den – ihrer Meinung nach – immer neuen Projekten und Schwerpunkten. »Können wir nicht einfach nur unsere Arbeit machen?« war ihre Frage. Die Leitung wusste, dass Martina sich zwar nicht offen dagegen aussprechen würde, nun noch mehr Zeit, Mühe und Kraft in die Evaluation des Projektes zu stecken. Sie würde sich aber in ihrer Mitarbeit sehr zurückhalten.

Die Leitung nimmt sich vor, Martinas zu erwartende Abwehr in der Einführung anonymisiert anzusprechen und verstärkt den Mehrwert, der durch die Evaluation des Projektes für alle Mitarbeiterinnen entstehen würde, zu unterstreichen.

Erfolgreiche Einführung

Ebenso wie das Kinderhaus Xylophon leitet die Kita-Leitung die Dienstbesprechung zur Einführung in den Evaluationsprozess mit dem Flipchart-Bogen aus Abbildung 19 (S. 80) ein, um zunächst ein gemeinsames Verständnis von Evaluation aufzubauen. Die Fragen »Was ist überhaupt Evaluation?«, »Was wollen wir evaluieren?«, »Welche Möglichkeiten und Methoden gibt es, um unser Projekt zu evaluieren und wer ist dabei involviert?« werden intensiv besprochen.

Anschließend wird der Handlungsplan, wie auf der folgenden Grafik dargestellt, dem Team präsentiert. Die Leitung lässt Raum für Verständnisfragen, Bedenken und Ängste der Mitarbeiterinnen.

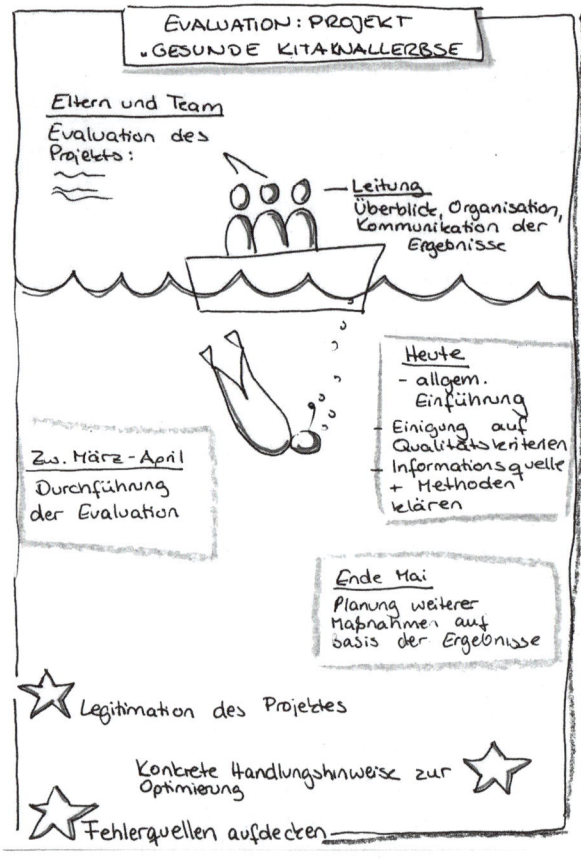

Abbildung 25: Evaluationsvorhaben »Gesunde Kitaknallerbse«

7 Phase C: Wie bearbeite ich einen Bereich?

Diese Phase ist je nach Vorgaben mehr oder weniger zeitaufwändig. Je weniger Vorgaben die Kita hat, umso mehr wird sie erarbeiten müssen und desto aufwendiger gestaltet sie sich. Phase C ist in neun Schritte unterteilt, die aufeinander aufbauen. Gliedern Sie das Evaluationsvorhaben in Ihrer Kita in überschaubare Elemente, um die Beteiligten nicht zu überfordern.

Das folgende Flipchart stellt die einzelnen Schritte der Phase dar und kann auch verwendet werden, um dem Team eine Übersicht der einzelnen Schritte zu geben.

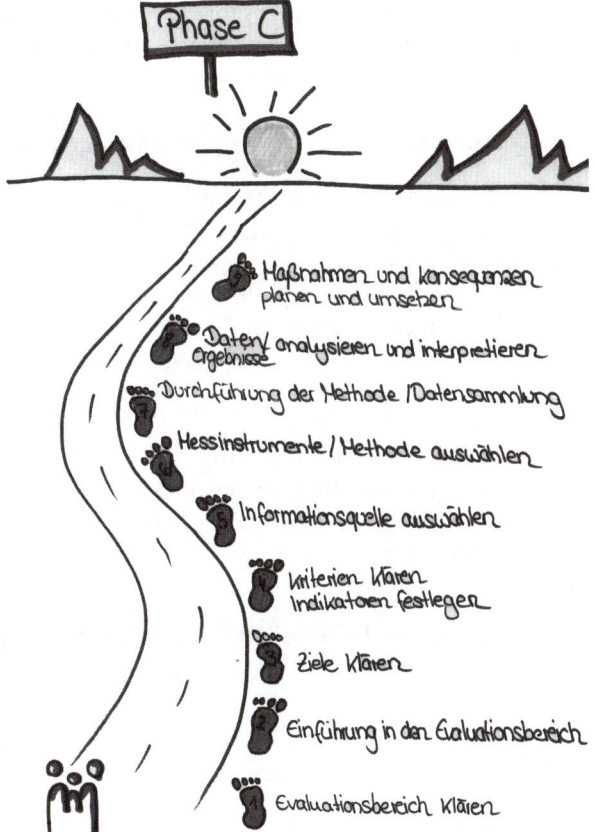

Abbildung 26: Die Schritte der Phase C

7.1 Schritt 1: Evaluationsbereich klären

Mit der Klärung des Evaluationsbereiches beginnt die eigentliche Evaluation. Der Evaluationsbereich umfasst das zentrale Thema der Evaluation. Wurde in Phase A bereits geklärt, warum evaluiert werden soll, muss nun gemeinsam im Team erarbeitet werden, was evaluiert werden soll, in welchem Bereich des beruflichen Alltags mit der Evaluation begonnen werden soll und welche Schwerpunkte dabei gesetzt werden (Miethner 2005).

Leitfrage

»Was soll evaluiert werden?«

Die Festlegung auf einen Evaluationsbereich dient auch der Eingrenzung der Fragestellung und schließt somit andere mögliche Gegenstände aus. Diese Eingrenzung ist wichtig, damit die Datenerhebung nicht unübersichtlich wird. Zur Abgrenzung der Evaluationsbereiche existiert keine allgemeingültige Systematik. Zur Orientierung lohnt sich aber ein Blick in die QM-Systeme größerer Träger oder Kommunen. Die folgende Tabelle zeigt exemplarisch, welche Qualitätsbereiche das PQ-System des Paritätischen bzw. das Berliner Bildungsprogramm benennt.

Beispielhafte Qualitätsbereiche, die zur Orientierung dienen können:
QUALITÄTSBEREICHE DER PARITÄTISCHE
QB 01: Vielfalt ist für uns gelebte Wirklichkeit
QB 02: Wir bauen mit am Netzwerk in unserem Stadtteil
QB 03: In unseren Kindertageseinrichtungen hat der Kinderschutz höchste Priorität
QB 04: Bei uns wird Gesundheit groß geschrieben
QB 05: Wir bieten Kindern Erfahrungs- und Erlebnisräume und regen Bildungsprozesse an
QB 06: Wir gestalten Übergänge
QB 07: Die Meinung Ihrer Kinder ist uns wichtig
QB 08: Wir legen Wert auf gut ausgebildetes Personal
QB 09: Wir bieten Ihnen eine Erziehungspartnerschaft an
QB 10: Wir nehmen Kritik ernst
QB 11: Verantwortung der Entscheidungsträger
AUFGABENBEREICHE NACH DEM BERLINER BILDUNGSPROGRAMM
1. Alltag gestalten
2. Spiel anregen
3. Projekte gestalten
4. Räume gestalten
5. Beobachten und Dokumentieren
6. Erziehungspartnerschaft gestalten
7. Übergang gestalten
8. Demokratische Grundprinzipien leben

Tabelle 6: Beispielhafte Qualitätsbereiche, die zur Orientierung dienen können

Je nach Bundesland und Träger gibt es weitere Auflistungen. Oftmals orientieren sich diese auch an den Bildungs- und Erziehungsplänen der verschiedenen Bundesländer.

Um den partizipativen Charakter des Verfahrens der internen Evaluation zu unterstreichen geben sie den Erzieherinnen die Möglichkeit den Evaluationsbereich mit auszuwählen. Dazu muss das Team zunächst die verschiedenen Evaluationsbereiche kennenlernen. Stellen Sie als Leitung daher dem Team zunächst die verschiedenen Evaluationsbereiche vor. Daraus muss nun ein Evaluationsbereich gewählt werden. Hierbei sollten vor allem auch die Interessen des Teams berücksichtigt werden. Aufgrund der Fairness den beteiligten Personen gegenüber sollten keine Bereiche evaluiert werden, in denen es nicht möglich ist, Konsequenzen zu ziehen oder keine Bereitschaft dazu vorhanden ist. Wählen Sie den Evaluationsgegenstand so, dass der Arbeitsaufwand überschaubar bleibt. Um die Motivation des Teams zu steigern, wählen sie einen Bereich aus, in dem mit einer hohen Chance auf Erfolg Erfahrungen gesammelt werden können. Auch bietet es sich an, einen Bereich zu wählen, mit dem sich das Team schon länger beschäftigt.

Tipp

Mit kleinen Schritten anfangen

Beginnen Sie zunächst mit einem überschaubaren Evaluationsvorhaben (z.B. mit einer oder zwei Evaluationsfragen). Wenn Sie dann einige Erfahrung gesammelt haben, können Sie größere Projekte in Angriff nehmen.

Die Entscheidung für einen Evaluationsbereich fällt im Team. Dazu bieten sich verschieden Methoden an, wie zum Beispiel eine Punkteabfrage, eine Zettelabfrage oder eine Mindmap. Auch eine Prioritätenliste kann dabei helfen, Evaluationsbereiche hinsichtlich ihrer Priorität zu ordnen. Im Methodenkasten finden Sie eine Vielzahl von Methoden, die für die Auswahl eines Themas hilfreich sind.

Bitte ordnen Sie die folgenden Evaluationsbereiche nach der Wichtigkeit für Ihre Kita. (1= hohe Priorität/ 5=niedrige Priorität)					
Priorität	1	2	3	4	5
Zusammenarbeit mit Eltern					
Übergänge gestalten					
Zusammenarbeit im Team					
Alltag gestalten					
Räume gestalten					

Abbildung 27: Prioritätenliste einer Beispielkita

Wurde ein Evaluationsbereich ausgewählt, ist es die nächste Aufgabe, den Bereich genauer zu beschreiben. Der letztendliche Evaluationsgegenstand darf nicht zu weit gefasst werden, denn je enger er gefasst ist, desto leichter können alle involvierten Aspekte gemessen werden. Je geringer die Ressourcen, die dem Team zur Verfügung stehen, desto kleiner sollte zunächst der Ausschnitt aus dem Alltagsgeschäft gewählt werden. Vor allem wenn das Team bisher keine oder nur wenig Erfahrungen mit Selbstevaluationsvorhaben gesammelt hat, empfiehlt es sich zunächst einmal ›kleine Brötchen zu backen‹.

Merke

Der Evaluationsbereich beschreibt das, was untersucht und bewertet werden soll. Er legt fest, welche Handlungs- und Tätigkeitsbereiche konkret überprüft werden sollen.

7.2   Schritt 2: Einführung in den Evaluationsbereich

Hat sich das Team für einen Bereich entschieden, der zunächst bearbeitet werden soll, muss es als nächstes thematisch in den Evaluationsbereich eingeführt werden. Wichtig ist hier, dass Sie ein gemeinsames Verständnis für die Inhalte des Evaluationsbereiches und die dazugehörigen Qualitätsansprüche entwickeln. Dies ist die Basis für die weitere Bearbeitung.

Zunächst geht es also darum, in den Qualitätsbereich einzuführen und Qualitätsleitsätze zu bestimmen. Im Mittelpunkt steht dabei die Frage, was Sie als Team unter guter Qualität in diesem Bereich verstehen. Das Grundverständnis, das erarbeitet wird, bildet auch die Leit- und Orientierungsmarke bei der anschließenden Evaluation des Bereiches und sollte deshalb gründlich erarbeitet werden.

Leitfrage

»Was verstehen wir unter Qualität im Bereich X?«

Die Erarbeitung gemeinsamer Qualitätsleitsätze kann auf unterschiedliche Art und Weise erfolgen und hängt mitunter davon ab, wie viel Zeit dem Team zur Verfügung steht und ob bereits ausformulierte Qualitätsansprüche durch den Träger zur Verfügung stehen.

Variante 1: Es gibt vorhandene Qualitätsansprüche
Eine Möglichkeit ist, dass die Moderatorin, die Prozessbegleiterin oder die Kitaleitung anhand eines Impulsreferats in die Qualitätsanforderungen des Aufgabenbereiches einführt – z.B. in Form eines Kurzvortrags über die Qualität von Elternarbeit in der Kita. Dabei werden sowohl die Qualitätsansprüche wie auch die Qualitätskriterien vorgestellt.

Tipp

Um das Meinungsbild der Erzieherinnen einzuholen und/oder um weitere Qualitätsansprüche zu entwickeln, die dem Team wichtig erscheinen, kann auch vor der Vorstellung der Qualitätsansprüche des Trägers ein Brainstorming im Team stattfinden. Dazu bieten sich die Methoden von Variante 2 an.

Im Anschluss an den Impulsvortrag kann wieder eine Gruppenreflektion wie in Phase A stattfinden.

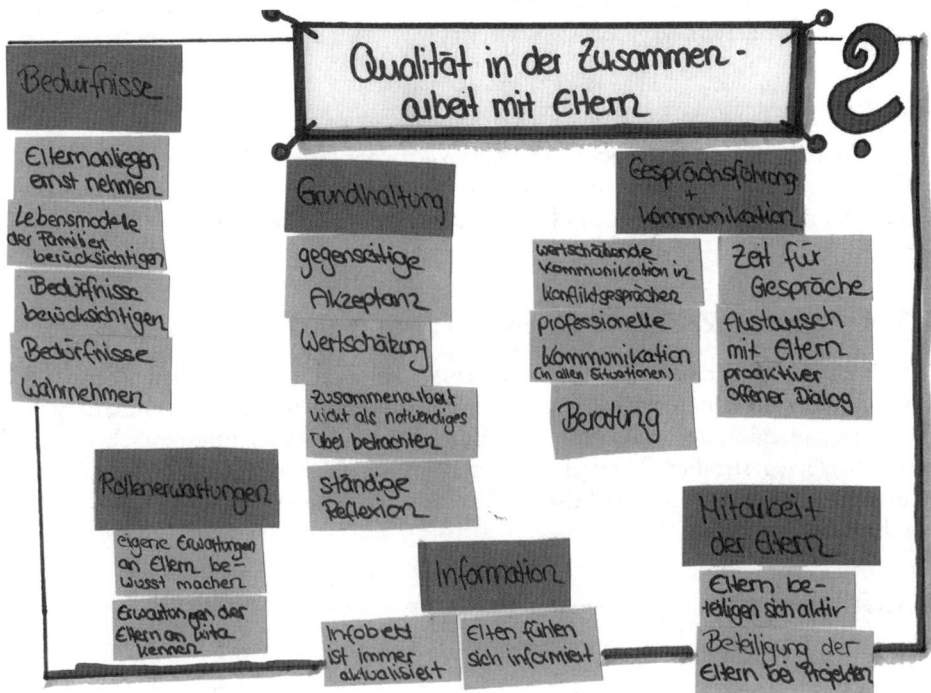

Abbildung 28: Mindmap zur Qualität im Bereich Zusammenarbeit mit Eltern

Variante 2: Es gibt noch keine Qualitätsansprüche

Mittels einer Kartenabfrage können die vorhandenen Vorkenntnisse und Meinungen der Erzieherinnen aktiviert und eingeholt werden. Dazu beschriftet jedes Teammitglied in Einzelarbeit eine Karte, auf der stichpunktartig notiert wird, was als das wichtigste Qualitätskriterium des Evaluationsbereiches angesehen wird. Die Karten werden an einer Stellwand geclustert und mit Überschriften versehen. So sind diese von den Mitarbeiterinnen benannten Kriterien für alle sichtbar und können anschließend inhaltlich in der Gruppe ergänzt werden.

Eine weitere Möglichkeit besteht darin, dass die Erzieherinnen die Aufgabe haben, sich im Vorfeld aktiv mit dem Evaluationsbereich auseinanderzusetzen, z.B. anhand ausgewählter Literatur. Die Aussagen, die sie daraus erarbeiten, können sie stichpunktartig auf Karten notieren und in die Sitzung mitbringen. Diese können dann in der Sitzung vorgestellt werden. Ähnlich wie bei der Kartenabfrage werden die Karten gesammelt, an einer Pinnwand geclustert und mit Oberbegriffen versehen.

Weitere Methoden zur Sammlung von Qualitätsansprüchen finden sich im Methodenkasten.

Die Ergebnisse können anschließend als gemeinsame Diskussionsgrundlage genutzt werden. Die Auseinandersetzung mit den gesammelten Qualitätsansprüchen und

-kriterien dient als Ausgangslage für die Verständigung auf vom gesamten Team getragene Qualitätskriterien. Die hier gemeinsam entwickelten Kriterien können zum Teil in Schritt 4 wieder verwendet werden, in dem es darum geht, Merkmale für Qualitätsziele zu definieren.

Tipp

Falls die Kita sich an (externen) Qualitätsansprüchen orientiert, die z.B. durch den Träger bereits vorgegeben wurden, können Schritt 3 und 4 übersprungen werden, denn dann sind bereits ausformulierte Qualitätskriterien vorhanden.

7.3 Schritt 3: Ziele bestimmen

Wurden gemeinsame Qualitätsansprüche entwickelt, geht es im nächsten Schritt darum, daraus klare Qualitätsziele abzuleiten und zu definieren. Die Formulierung von Zielen ist zu Beginn der Evaluation eines Bereiches einer der wichtigsten Schritte. Erst wenn die Ziele feststehen, können Sie überlegen, wie das Erreichen der einzelnen Ziele überprüft werden kann. Wichtig ist, dass die Ziele einen optimalen (Soll-)Zustand beschreiben und keine Aktivität.

Leitfrage

»Was möchten wir erreichen?«

In diesem Schritt wird festgelegt und präzisiert, welche Qualitätsziele der Kindergarten mit dem ausgewählten Evaluationsbereich verbindet, z.B. welche Ziele werden mit dem Evaluationsbereich »*Qualität in der Zusammenarbeit mit Eltern*« verbunden? Mögliche Qualitätsziele könnten z.B. sein:

• Die pädagogischen Fachkräfte in den Kitas kennen und berücksichtigen die Lebenssituationen und Bedürfnisse der Familien.
• Die pädagogischen Fachkräfte kommunizieren mit den Eltern aktiv, wertschätzend und respektvoll.
• Regelmäßige und professionell stattfindende Elterngespräche dienen dem Austausch zwischen pädagogischen Fachkräften und Eltern.
• Wünsche, Anregungen und Kritik der Eltern werden aufgegriffen. Diese werden bei der Weiterentwicklung der Konzeption berücksichtigt.
• Die Erziehungskompetenz der Eltern wird durch unterschiedliche Angebote gestärkt.
• Eltern und pädagogische Fachkräfte nehmen sich gegenseitig als Experten für die Entwicklung des Kindes wahr.
• Eltern erhalten bei Bedarf Hilfestellung, Begleitung und Unterstützung bei Erziehungsfragen.
• Die Erzieherinnen befinden sich kontinuierlich im Dialog mit den Eltern und bieten ihnen einen kompetenten Austausch über die Entwicklung ihres Kindes an
• Die Eltern erhalten vielseitige Einblicke in die Arbeit und verständliche Informationen.

Alle möglichen Qualitätsziele werden zunächst gesammelt. Zur Ableitung von Zielen hilft es oftmals auch, sich die aktuelle Situation vor Augen zu führen und ggf. Einigkeit darüber herzustellen, welche Bereiche als veränderungsbedürftig angesehen werden.

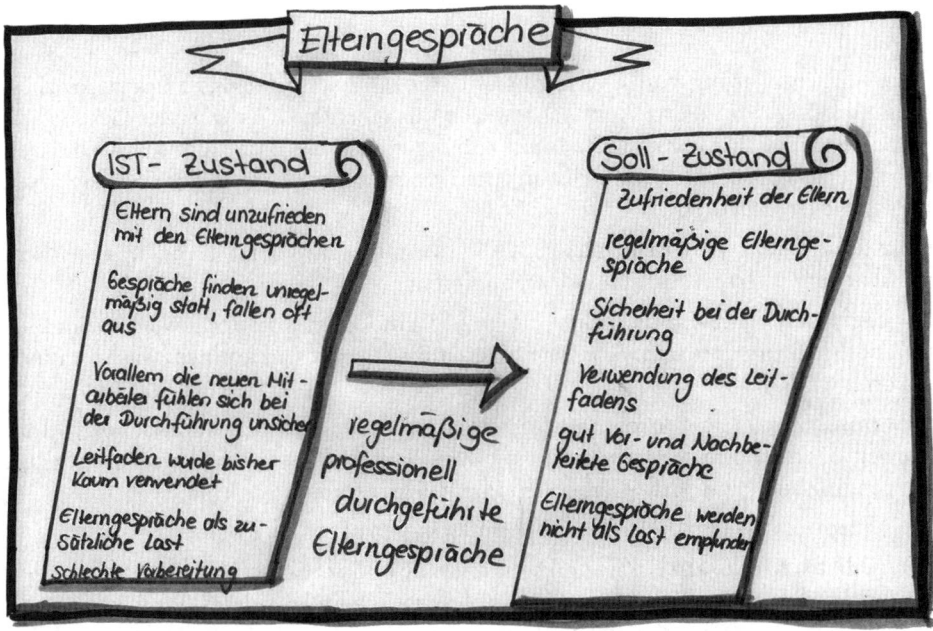

Abbildung 29: Flipchart-Vergleich des IST- und SOLL-Zustandes im Bereich Elterngespräche

Dies kann zum Beispiel mit Hilfe einer Stärken-Schwächen- Analyse erfolgen, die die verschiedenen Sichtweisen des Teams zum Vorschein bringt. Aus dieser Analyse kann man dann Ziele ableiten.

Tipp

Zur Erarbeitung der Ziele hilft es oftmals sich die Frage zu stellen:

Wo sind wir und wo wollen wir hin?

Aus den gesammelten Zielen werden dann die wichtigsten und dringlichsten Ziele ausgewählt und die endgültigen Evaluationsziele werden formuliert.

Eine Methode, die dabei helfen kann Ziele zu finden und zu formulieren, ist » Das Zielkreuz« (siehe Methodenkoffer, Kapitel 10.2).

Unter Umständen verbergen sich hinter einem Ziel mehrere Teilziele, die dann gesondert formuliert werden sollten. Bei mehreren Zielen empfiehlt es sich, Prioritäten zu setzen und ggf. zwischen MUSS- und KANN-Zielen zu unterscheiden.

Tipp

Bei sehr großen Evaluationsbereichen ist es schwierig, eine präzise Beschreibung der Evaluationsziele vorzunehmen. In diesem Falle kann es hilfreich sein, sich zunächst mit dem Ist-Zustand der Einrichtung zu beschäftigen oder sogar einen Soll-Ist-Vergleich vorzunehmen.

Bei der Formulierung von Zielen gibt es darüber hinaus einiges zu beachten. Ziele sind eindeutig formulierte Aussagen, welche nur einen Sachverhalt oder Gegenstand betreffen. Möglichst konkrete Zielbeschreibungen sind die Voraussetzung für die weitere Operationalisierung, das heißt für die Erfassung durch meß- oder beobachtbare Merkmale (Indikatoren).

Gute Ziele sind nach Möglichkeit SMART formuliert. SMART steht für **s**pezifisch, **m**essbar, **a**kzeptiert, **r**ealistisch und **t**erminierbar.

S = spezifisch = Ziele müssen klar erkennbar, eindeutig, konkret sowie verständlich und positiv formuliert sein. Alle Beteiligten müssen erkennen können, was von ihnen erwartet wird.

M = messbar = Ziele müssen messbar sein. Man muss erkennen können, ob und inwieweit das Ziel erreicht wurde. Für die Messbarkeit müssen Indikatoren festgelegt werden, die auch von Außenstehenden überprüfbar sind.

A = akzeptiert = Ziele müssen von allen Beteiligten akzeptiert werden.

R = realistisch/relevant = Ziele müssen relevant und realistisch, d.h. erreichbar sein. Nur mit realistischen Zielen kann die Erfolgswahrscheinlichkeit erhöht werden.

T = terminierbar = Sind die Ziele in einem überschaubaren Zeitraum erreichbar?

Abbildung 30: Visualisierung – SMART-Ziele

Bei den SMART-Zielen geht es darum, sehr allgemein formulierte und oftmals sehr hochgesteckte Ziele herunterzubrechen. Weit ausgelegte Ziele konkret zu machen fällt vielen Personen schwer. Die Orientierung an den Vorgaben der SMART-Regel zwingt nun dazu, die Dinge konkret zu benennen und anzugeben, wann was erreicht werden kann und auch, wie denn nun festzustellen ist, ob das angestrebte Ziel tatsächlich realisiert wurde.

Beispiele für SMART formulierte Ziele im Bereich »*Zusammenarbeit mit Eltern*« sind zum Beispiel:

- Die Entwicklungsgespräche sollen ab dem neuen Kindergartenjahr professioneller und regelmäßiger durchgeführt werden.
- Die Eltern sollen sich zukünftig besser über die Geschehnisse in der Kindertageseinrichtung informiert fühlen.
- Die Mitarbeit der Eltern an in der Kindertageseinrichtung stattfindenden Projekten soll gesteigert werden.
- Die Beschwerden der Eltern sollen zukünftig besser aufgegriffen werden, dazu wird bis September 2016 ein Beschwerdemanagement installiert.
- Es gibt ab April 2016 zweimal im Monat eine Sprechstunde für Eltern.
- Ab Mai 2016 findet alle drei Monate ein Elternabend zu einem von den Eltern präferierten Thema statt.

Nicht nur die Formulierung der Qualitätsziele ist wichtig. Bevor Sie mit dem nächsten Schritt weitermachen, sollte sich das Team auch noch einmal den Grund für die interne Evaluation vor Augen führen. Also: Was ist das Ziel der Evaluation? Warum machen wir diese? Was möchten wir überhaupt mit Hilfe der Evaluation herausfinden?

In der Kita geht es vorrangig darum, die Qualität der pädagogischen Arbeit mit Hilfe der Selbstevaluation kontinuierlich zu verbessern (vgl. Kapitel 3: Interne Evaluation: Warum und Wie?).

Im Mittelpunkt stehen die Fragen:

- Wie sieht der aktuelle IST-Zustand aus?
- Was gelingt uns gut und was weniger gut?
- Warum gelingt manches weniger gut?
- Was müssen wir tun, um unseren Zielen näher zu kommen?

Tipp

Reflektieren Sie gemeinsam im Team noch einmal darüber, was der Grund und das Ziel der Evaluation sind!

7.4   Schritt 4: Kriterien klären und Indikatoren festlegen

Nach der Formulierung der Qualitätsziele, müssen mögliche Kriterien – in gewissem Sinne beobachtbare Sachverhalte – gefunden werden, die in der Lage sind, Auskunft darüber zu geben, inwieweit und in welchem Ausmaß die definierten Ziele erreicht wurden.

Leitfragen

- »Welche Merkmale haben unsere Ziele?«
- »Woran erkennen wir, dass wir das Ziel erreicht haben?«

Das Bilden von Kriterien ist in der Regel der erste Schritt zur Konkretisierung von Zielen und beschreibt wichtige Eigenschaften von Zielen. Die Kriterien können aus der Fachliteratur stammen, Vorgaben des Trägers oder anerkannte Standards sein. Sie können aber auch gemeinsam im Team erarbeitet werden.

Nachdem Kriterien benannt sind, gilt es diese – im weitesten Sinne – messbar zu machen, sie zu »operationalisieren«. Wie die Länge eines Körpers mit einem Maßband in Zentimetern oder die Temperatur einer Oberfläche mit einem Thermometer in Grad Celsius gemessen wird, so gilt es, auch die Evaluationskriterien erfassbar zu machen. Das Problem: Die Kriterien sind meist nicht direkt beobachtbar, die »Qualität eines Gegenstandes« lässt sich nur schwerlich erfassen. Es geht deshalb darum, messbare Anzeichen dafür zu finden, inwiefern das Ziel erreicht wurde. Ein Indikator zeigt an, ob und in welcher Ausprägung die angestrebte Entwicklung stattgefunden hat.

Merke

Um Ziele messbar zu machen, ist es erforderlich, geeignete Indikatoren, also Messgrößen, für die Zielerreichung zu finden. Indikatoren geben Auskunft darüber, anhand welcher Kriterien eine Zielerreichung beurteilt und gemessen werden soll. Je besser man weiß, durch welche Kriterien (Merkmale) ein Ziel bestimmt ist und welche messbaren Indikatoren (Merkmalsanzeiger) darüber Auskunft geben, wann ein Merkmal erfüllt ist, desto leichter und zielführender gestaltet sich die Suche nach geeigneten Messverfahren.

Erst wenn die Indikatoren feststehen, kann überlegt werden, mit welcher Methode diese Indikatoren möglicherweise gemessen werden könnten. Die Indikatoren müssen für jedes einzelne Teilziel gefunden werden. Der ausgewählte Evaluationsbereich, die in diesem Bereich gesetzten Ziele sowie die Indikatoren werden schriftlich festgehalten. Diese Dokumentation ist wichtig, damit das Team einen klaren Arbeitsauftrag verfolgen kann.

Tipp

Für die Praxis bietet es sich an, Ziele, Kriterien und Indikatoren auf einem Flipchart zu sammeln und in den nächsten Schritten Informationsquellen und Methoden zu ergänzen.

Ziel: Was möchten wir erreichen? Wo wollen wir hin?	Qualitätskriterien: Welche Merkmale hat mein Ziel? Wodurch sehen wir die Qualität repräsentiert?	Indikator: Woran erkennen wir, dass wir das Ziel erreicht haben?
Ziele müssen eindeutig und konkret formuliert werden, am besten SMART. Je besser die Ziele formuliert sind, desto einfacher lassen sich anschließend zugehörige Indikatoren ableiten, die mithilfe der Evaluation überprüft werden können.	Aus den Zielen werden Kriterien abgeleitet. Sie beschreiben Merkmale der Ziele.	Für die Kriterien werden Indikatoren gesucht, die beobachtbare Merkmale der Zielerreichung festlegen (Aktivitäten, Zustände, Verhalten, Ereignisse, Ergebnisse).
Elterngespräche werden zukünftig professioneller und regelmäßiger durchgeführt.	• Die Erzieherinnen verwenden den neu entwickelten Leitfaden für die Durchführung von (Entwicklungs-) Gesprächen • Vor- und Nachbereitung der Gespräche • Strukturierter Gesprächsverlauf • Angenehme Gesprächsatmosphäre • Es finden mit allen Eltern mindestens zwei Gespräche pro Jahr und pro Kind statt	• Anzahl der Gespräche die mit dem Leitfaden geführt wurden • Grad der Zufriedenheit der pädagogischen Fachkräfte mit dem Leitfaden (Fragebogen zur Selbstevaluation) • Die pädagogischen Fachkräfte wirken gut vorbereitet und haben sich schriftlich Notizen gemacht. • Die Nachbereitung erfolgt nach jedem Gespräch schriftlich. • Grad der Zufriedenheit der Eltern mit den Gesprächen • Sicherheit der pädagogischen Fachkräfte bei der Durchführung von Gesprächen • Die Erzieher haben einen respektvollen, wertschätzenden Umgang mit den Eltern. • Pädagogische Fachkräfte sorgen für eine offene, vertrauensvolle Gesprächsatmosphäre • Die Eltern fühlen sich wohl. • Die Eltern fühlen sich mit ihren Anliegen ernst genommen. • Anzahl der tatsächlich durchgeführten Gespräche pro Kind

Ziel: Was möchten wir erreichen? Wo wollen wir hin?	Qualitätskriterien: Welche Merkmale hat mein Ziel? Wodurch sehen wir die Qualität repräsentiert?	Indikator: Woran erkennen wir, dass wir das Ziel erreicht haben?
Es findet regelmäßig ein gut besuchter Elternabend statt.	• Die Wunschthemen der Eltern werden berücksichtigt. • Wunschtermine werden berücksichtigt. • Elternabende sind gut vorbereitet. • Es werden kompetente Dozierende eingeladen. • Einladung erfolgt rechtzeitig • Elternabende finden alle 3 Monate statt	• Wunschthemen werden abgefragt • Es stehen verschiedene Termine zur Auswahl. • Zufriedenheit der Eltern mit dem Elternabend • Anzahl der Elternabende mit Wunschthema der Eltern • Anzahl der Eltern die den Elternabend besuchen • Anzahl der tatsächlich stattgefunden Elternabende • Zufriedenheit der Erzieherinnen mit dem Elternabend

Tabelle 7: Mögliche Ziele, Merkmale und Indikatoren im Bereich »Zusammenarbeit mit Eltern«

Merke

Ziele gehen der Frage nach: Was will ich erreichen? (Konzeptebene)

Kriterien präzisieren die Ziele: Wie und womit will ich dies erreichen? (Handlungsebene)

Indikatoren untersuchen die Praxis: Woran kann ich erkennen, dass die Ziele erreicht werden? (Transferebene)

An dieser Stelle soll noch einmal auf bereits vorhandene standardisierte Instrumente zur Qualitätsmessung hingewiesen werden. So sind zum Beispiel im Instrument KES (Kindergarteneinschätzskala) bereits konkrete Qualitätskriterien festgelegt. Auch im K.I.E.L finden sich 15 Qualitätsbereiche und ca. 425 Qualitätskriterien, um die Qualität der Einrichtung zu analysieren. Diese Instrumente werden oftmals für die externe Evaluation von Experten verwendet. Für die Selbstevaluation empfehlen wir als Orientierung und Inspirationsquelle den Nationalen Kritierienkatalog. Dieser liefert Checklisten zu 21 Qualitätsbereichen. Überlegen Sie, ob Sie sich die Arbeit machen möchte, eigene Qualitätskriterien für die Einrichtung zu entwickeln, oder ob Sie sich an bereits vorhandenen Instrumenten orientieren können. Der Nachteil, der bereits vorhanden Instrumente ist, dass diese nicht für alle Kitas passen, insbesondere für solche, die mit einer spezifischen Pädagogik (z.B. Waldorfpädagogik) arbeiten. Diese Einrichtungen müssen die Instrumente zunächst abändern und anpassen.

Zu Bedenken ist auch, dass einige Kindertagesstätten durch ihre Träger an ein bestimmtes Konzept zur Qualitätsentwicklung gebunden sind.

Links:

KES (Kindergarteneinschätzskala): http://www.paedquis.de/index.php/ueber-paedquis/publikationen

K.I.E.L (»Kieler Instrumentarium für Elementarpädagogik und Leistungsqualität« (K.I.E.L.): http://www.ifap-kiel.de/qualitaets-management

Nationaler Kriterienkatalog: http://www.paedquis.de/index.php/ueber-paedquis/publikationen

7.5 Schritt 5: Informationsquelle auswählen

Nachdem Sie die Ziele, Kriterien und Indikatoren für Ihre Evaluation geklärt haben, geht es um die Planung, aus welchen Quellen (Datengebern), zu welchen Zeitpunkten, mit welchen Instrumenten Sie die Daten erheben können, die eine Antwort auf Ihre Fragestellungen (Ziele) geben.

Leitfragen

- »Wen will ich evaluieren?«
- »Woher sollen die Informationen stammen?«

Wichtig ist, dass Sie alle möglichen Informationsquellen in Erwägung ziehen. Informationsquellen können zum einen Personen sein, also z.B. die Eltern der Kinder, die Kinder selbst oder natürlich auch das Team. Aber auch Objekte wie Dokumente können als Informationsquelle herangezogen werden – etwa die Entwicklungsportfolios der Kinder oder Anwesenheitslisten. Zusammen mit dem Team können die verschiedenen Datenquellen diskutiert werden, um eine Entscheidung über die »ergiebigste(n)« herbeizuführen. Beachten sie bei der Auswahl der Informationsquelle auch mögliche Realisierungsprobleme wie Zugänglichkeit, Störfaktoren und Rücklaufquoten.

Tipp

- Achten Sie bei der Auswahl der Datenquelle darauf, nur ergiebige Quellen zu nutzen, um den Arbeitsaufwand nicht unnötig zu steigern
- Überprüfen Sie, ob die benötigten Informationen nicht schon auf irgendeine andere Art und Weise erfasst wurden und deshalb bereits vorliegen.
- Nutzen Sie verschiedene Informationsquellen, um eine einseitige Sichtweise zu vermeiden

---

7.6 Schritt 6: Methoden und Instrumente auswählen/entwickeln

Wenn die Informationsquellen ausgewählt wurden, muss das Team überlegen, auf welche Weise die Daten gewonnen werden können. Die Auswahl der Erhebungsmethode hängt ab von der zu beantwortenden Fragestellung, von den verfügbaren Zeitressourcen und muss soziale und kulturelle Besonderheiten der beteiligten Menschen berücksichtigen. Es gibt unterschiedliche Evaluationsmethoden um den aktuellen IST-Zustand zu erfassen. Diese reichen von schriftlichen oder mündlichen Befragungen über Beobachtungsverfahren bis hin zu kreativ-kommunikativen Methoden in unterschiedlichen Formaten. Es stehen Methoden mit unterschiedlichen Graden der Strukturierung und Standardisierung zur Wahl. Bei der internen Evaluation können z.B. folgende Methoden konkret zur Anwendung kommen: Selbstbewertung, Teamreflexion, kollegiale/teilnehmende Beobachtung, Mitarbeiterbefragung/Mitarbeitergespräch, Interviews, Selbstbeobachtungen, Gruppendiskussionen, Rollenspiele, Dokumentenanalysen. Für jedes Qualitätskriterium wird geprüft, welche Methode und welcher Umfang der Evaluation geeignet sind.

Oftmals können Sie auch anhand einer Methode mehrere Qualitätskriterien messen.

Leitfragen

- »Wie will ich evaluieren?«
- »Mit welcher Methode sollen die Informationen erhoben werden?«

Ausgangspunkt für die Wahl eines passenden Evaluationsinstruments zur Datenerhebung sind die Indikatoren.

Die Auswahl eines geeigneten Erhebungsinstrumentes hängt unter anderem von den Zielen und Fragen der Evaluation ab. Auch sollte bei der Wahl der Methode abgeschätzt werden, wie die Personen, die als Informationsquellen dienen sollen, auf eine Methode reagieren. Ein langer Fragebogen ist z.B. für Kindergartenkinder ungeeignet. Hier braucht es kreativere Methoden. Leitfragen, die Ihnen bei der Auswahl einer geeigneten Methode helfen könnten, sind in der folgenden Tabelle aufgelistet.

Folgende Leitfragen[1] können bei der Wahl des Evaluationsinstrumentes hilfreich sein:

Aspekt	Leitfrage
Ziel und Zweck der Evaluation	Möchte ich ein schnelles Feedback oder eine genaue Analyse?
Praktikabilität der Methode	Lässt sich die Methode gut im Kitaalltag einsetzen?
Personelle/zeitliche Ressourcen zur Vorbereitung, Durchführung, Auswertung der Daten	Wie viel Zeit und personellen Arbeitskraft kann ich zur Verfügung stellen
Angemessenheit in Bezug auf das Thema	Wie tief möchte ich das Thema erforschen? Von wie vielen Personen benötige ich Informationen?

---

1. vgl. z.B. auch Schratz/Jacobsen/MacBeath/Meuret 2002: 142 oder Burkard/Eikenbusch 2000: 112

Aspekt	Leitfrage
Angemessenheit in Bezug auf die beteiligten Personen	Passen die Methoden zum Alter der Befragten. Hat die durchführende Person genügend Kompetenz um die Methode durchzuführen?
Akzeptanz der Methode	Wird die Methode von den beteiligten Personen akzeptiert?
Nebeneffekte	Kann es durch die Methode zu unbeabsichtigten Folgen kommen?
Motivation	Fördert die Methode die Motivation der Beteiligten, an der Evaluation teilzunehmen?
Instrumente	Gibt es zum zu evaluierenden Gegenstand bereits Instrumente, die genutzt werden könnten?

Tabelle 8: Leitfragen für die Auswahl von Evaluationsinstrumenten

In der folgenden Tabelle (Kallbach/Stumpp-Marx 2009: 24–28) werden Methoden und Instrumente vorgestellt, die sich für die interne Evaluation und die Selbstevaluation in einer Kita anbieten. Eine Auflistung sowie eine ausführliche Beschreibung der einzelnen Methoden und Instrumente finden Sie im Methodenkasten. Wie die Auflistung zeigt, bietet jede Methode bzw. jedes Instrument gewisse Vorteile, ist jedoch auch mit Nachteilen verbunden.

Methode	Instrumente	Vorteile	Nachteile
schriftliche Befragung	• Fragebogen • Tests	• Anonymität möglich • Erzeugung großer • Datenmengen • Vergleichbarkeit der Ergebnisse schnelle Auswertung	• Zahl der Antwortmöglichkeiten begrenzt • Datenmanagement erforderlich • Daten sind zu interpretieren
mündliche Befragung	• Interviews mit Einzelpersonen • (Leitfadengestütztes Interview) • Expertenbefragungen)	• Motivierende Einstimmung möglich • flexibles Reagieren des Befragenden lässt Nachfragen zu • intensive Auseinandersetzung über ein spezielles Thema möglich	• Problem der Datendokumentation • Auswertungsaufwand • geringe Anzahl von Befragten • Anonymität nicht gewährleistet

Methode	Instrumente	Vorteile	Nachteile
	• Gruppendiskussionen	• mehr »Stimmen« als im Einzelgespräch	• Auswertung komplex • Problem der Datendokumentation • Gruppensituation hemmt Äußerung abweichender Meinung
Beobachtungen	• Standardisierte Beobachtungen • Teilnehmende Beobachtung	• unmittelbarer Informationsgewinn • komplexes Erfassen der Situation • Erfassen von Prozessabläufen	• komplex und zeitaufwendig • unstrukturierte Wiedergabe von Eindrücken • Kriterien für Beobachtung dürfen nicht subjektiv sein • hoher Zeitaufwand beim Protokollieren der Beobachtungen
expressive kreative Verfahren – Bildmaterial	• Foto-/Bildevaluation • Videoaufnahmen • Rollenspiele	• Situationen werden »wiederholbar« festgehalten	• komplexe Auswertung • Zeit- und Materialaufwand
Dokumentenanalyse	• Analyse bereits vorhandener Dokumente, Berichte, Materialien nach bestimmten Bewertungskriterien	• Daten sind bereits vorhanden	• Aussagekraft der Daten begrenzt
Kommunikative ad hoc Verfahren	• Kurzevaluation • Kurzfeedback, z.B.: – Blitzlicht – Thermometer – Evaluationszielscheibe – Vier-Felder-Tafel	• schnelle, unmittelbare Rückmeldungen • anschauliche Darstellung	• Die Einzelmeinungen werden evtl. durch Gruppenprozesse beeinflusst • Aussagekraft der Daten begrenzt • umfassende Interpretation erforderlich • Vorsicht vor beschönigenden Darstellungen

Tabelle 9: Übersicht Evaluationsinstrumente

Meist ergeben sich die Methoden schon aus der Informationsquelle heraus. *In unserem Beispiel hat das Team vor, die Zufriedenheit der Eltern mit Hilfe eines Kurzfragebogens zu überprüfen. Das Team hofft, dass die Eltern bei einem anonymen Fragebogen offen und ehrlich ihre Meinung mitteilen. Zusätzlich will das Team die Zufriedenheit der Erzieherinnen mit dem Leitfaden überprüfen. Dies soll mit Hilfe einer Evaluationszielscheibe geschehen. Auch sollen die Teammitglieder mit Hilfe eines Selbstreflexionsbogens einschätzen, ob sie das Gefühl haben, dass ihre Gespräche sich verbessert haben, wie sie mit dem Leitfaden zurechtkamen und wie oft sie diesen verwendet haben. Im Team wird zudem beschlossen, dass gegenseitige Hospitationen bei Elterngesprächen stattfinden sollen. Dies ermöglicht eine gegenseitige Rückmeldung zu den durchgeführten Gesprächen.*

Tipp

Gerade für den Kindergartenbereich eignen sich kreative Verfahren. Es muss nicht immer ein Fragebogen sein. Auch durch Kurzevaluationen bekommen Sie oft die Informationen, die Sie benötigen. Die Auswertung gestaltet sich bei solchen Verfahren leichter, sodass Sie schnell eine Rückmeldung erhalten.

Sind die Instrumente/Methoden ausgewählt, müssen sie in einem nächsten Schritt entwickelt werden. Dies ist je nach Methode/Instrument mehr oder weniger aufwändig. Aber egal, für welche Methode Sie sich entscheiden, das Wichtigste ist immer, dass sich das Team im Klaren darüber ist, was es eigentlich wissen will. Nach einem Brainstorming im Gesamtteam zu den einzelnen Methoden, sollten Sie als Leitung klare Verantwortlichkeiten verteilen, also **Wer entwickelt was bis wann?**

Tipp

Geben Sie dem Team zum einen ausreichend Zeit zur Recherche und Erstellung der Instrumente. Beachten Sie aber auch, dass der Durchführungstermin nicht zu weit in der Zukunft liegen sollte, denn dies erhöht die Gefahr, dass die zu erledigenden Aufgaben aufgeschoben werden.

Um Verbindlichkeit zu schaffen sollten Sie die Verantwortlichkeiten und vereinbarten Termine schriftlich festhalten.

Abbildung 31: Mögliche Übersicht: Aufgabenverteilung und Zeitrahmen

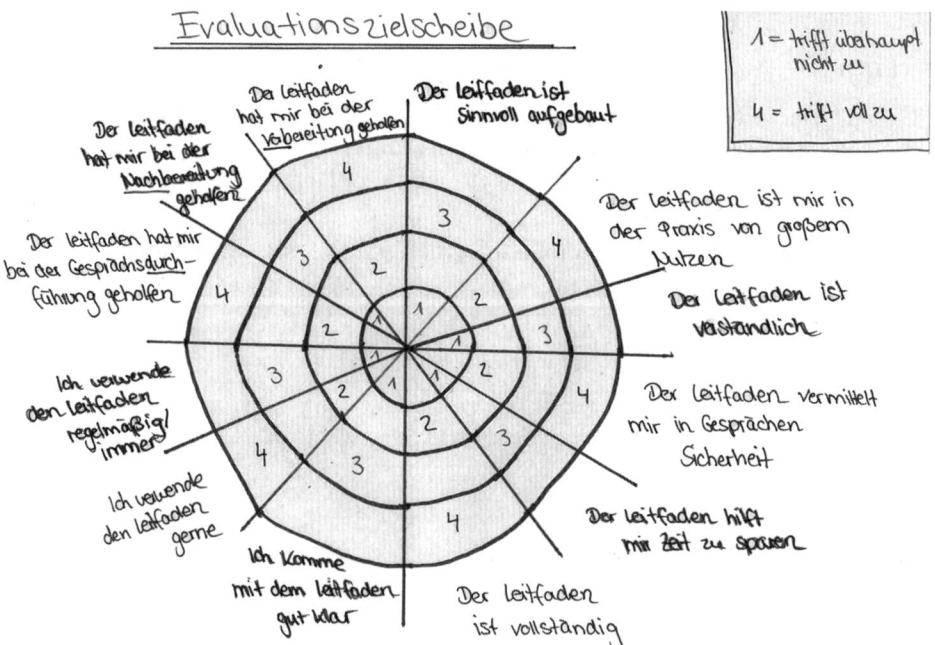

Abbildung 32: Beispiel für eine Evaluationszielscheibe zum Thema »Gesprächsleitfaden«

Beispielitems für einen Fragebogen zum Thema Elterngespräche
Wie wichtig sind Ihnen ausführliche Elterngespräche?
Wurden Sie frühzeitig über den Termin, die einzuplanende Zeit und den Anlass für das Gespräch informiert?
Fand das Gespräch zum vereinbarten Termin statt?
Wenn nein, warum nicht?
Wie zufrieden sind Sie mit dem Ergebnis des letzten Elterngesprächs?
Empfanden Sie die Atmosphäre als angenehm?
Wie ernst genommen haben Sie sich durch die Art der Gesprächsführung gefühlt?
Wie gut fühlen Sie sich in Ihren persönlichen Anliegen und Fragen beraten?
Haben Sie alle Informationen erhalten, die Sie erfahren wollten?
Wenn nein? Welche Themen hätten Sie gern ausführlicher oder zusätzlich besprochen?
Wie klar ist Ihnen, wo Ihr Kind in seiner Entwicklung steht bzw. welche Probleme Anlass für das Gespräch waren?
Wie zufrieden sind Sie mit den vereinbarten Zielen für Ihr Kind bzw. die gemeinsam erarbeiteten Lösungsmöglichkeiten?
Hatten Sie das Gefühl, dass die Erzieher/in sich gut auf das Gespräch vorbereitet hat?
Wie haben Sie den Gesprächsverlauf empfunden?
Was hat Ihnen im Gespräch gut gefallen?
Was hat Ihnen im Gespräch nicht so gut gefallen?
Was können wir Ihrer Meinung nach noch an den Gesprächen verbessern?
Gibt es sonst noch etwas, das Sie uns mitteilen oder über das Sie einmal gern sprechen möchten? Wenn ja, was?

Tabelle 10: Beispielitems für einen Fragebogen zum Thema Elterngespräche

Tipp

Haben Sie mehrere Qualitätskriterien/Indikatoren formuliert, die sie mit einem Fragebogen abfragen wollen, dann können sie diese in einem Bogen abfragen. Achten Sie aber darauf, dass der Fragebogen nicht zu lang wird.

7.7 Schritt 7: Durchführung der Methode/Datensammlung

Sind die Instrumente entwickelt geht es in diesem Schritt darum, die Daten zu erheben und aufzubereiten. Ähnlich wie Schritt 6 ist auch dieser Schritt je nach Methode mehr oder weniger zeitaufwändig. Hier muss geklärt werden wie Sie die Befragung der Zielgruppe konkret gestalten möchten und was es dafür zu klären gibt. Sollen die Daten z.B. gebündelt an einem Tag oder verteilt auf mehrere Tage gesammelt werden? Soll die Zielgruppe gemeinsam oder innerhalb eines Zeitraumes befragt werden? Wie in Schritt 6 muss auch hier wieder festgelegt werden: **Wer kümmert sich bis wann um was?**

Leitfrage

»Wie können wir evaluieren?«

Im Beispiel aus Abbildung 33 hat sich das Team vorgenommen, alle Daten zum Thema Elterngespräche bis Anfang Juli zu sammeln. Die Verantwortlichkeiten wurden grob verteilt. Für die Hospitation wurden in der Teamsitzung Tandempartner gebildet, die sich gegenseitig bei einem Gespräch beobachten. Das Team hat sich entschlossen, den Fragebogen für die Eltern schon früh zu verteilen, und dort insbesondere nach der IST-Situation und Verbesserungswünschen zu fragen. So besteht die Möglichkeit, diese noch in den Entwicklungsgesprächen, die am Ende des Kindergartenjahres anstehen, zu berücksichtigen. Bei der Präsentation der Ergebnisse möchten Sie abfragen, ob es bereits Veränderungen gab.

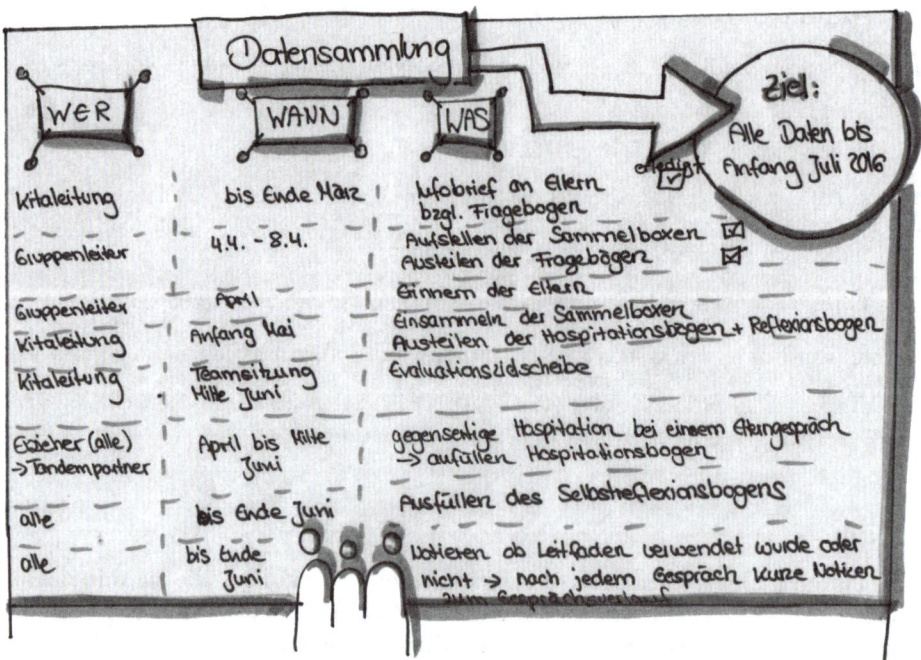

Abbildung 33: Mögliche Visualisierungsmöglichkeit für den Zeitplan der Datensammlung

7.8 Schritt 8: Ergebnisse analysieren und interpretieren

Leitfragen

- »Was sagen die Informationen aus?«
- »Wer wird darüber wie informiert?«

Wurden die Daten gesammelt, liegt es nun am Kita-Team, die Ergebnisse anhand seiner eigenen Maßstäbe zu analysieren, zu bewerten und die Entwicklungspotenziale zu identifizieren. Auch hier muss wieder eine klare Arbeitsverteilung erfolgen.

Um bei der Auswertung und Interpretation der Daten strukturiert vorzugehen, kann es hilfreich sein, sich Leitfragen zu überlegen und diese Schritt für Schritt zu beantworten, z.B.:

1. Was sagen die Daten aus?
2. Was bedeutet das für pädagogische Fachkräfte, Kinder, Eltern…?
3. Was ist besonders auffällig an den Daten?
4. Welche Ursachen könnten vorliegen?
5. Wo besteht Veränderungsbedarf?

Tipp

Auswertungsteams bilden!

Liegen sehr umfangreiche Datenmengen vor, empfiehlt es sich, diese zunächst aufzuteilen (sofern dies sinnvoll möglich ist) und die Auswertung in Kleingruppen vorzunehmen. Anschließend werden die Auswertungsergebnisse der einzelnen Teams wieder zusammengebracht. Wir empfehlen die Interpretation der Daten mit mehreren Kollegen gemeinsam durchzuführen. So können unterschiedliche Sichtweisen diskutiert und unbeabsichtigte Verzerrungen vermieden werden.

Sind die Daten ausgewertet, sollten im Anschluss die Ergebnisse und Interpretationen im Team diskutiert werden. Hilfreich kann es dabei sein, folgende Fragen (Schratz/Iby/Radnitzk 2000) zu beantworten:

- Wer soll über die Ergebnisse der Analyse der Ausgangssituation informiert werden?
- Welche Ergebnisse sind besonders wichtig?
- Wie soll die Information erfolgen?
- Wer ist dafür verantwortlich, dass dies auch wirklich geschieht?
- In welchem Zeitraum soll die Information über die Ergebnisse erfolgen?
- Welche Mitwirkungsmöglichkeiten bei der Weiterentwicklung gibt es für Träger, Eltern, Grundschule und weitere Kooperationspartner?

Die Ergebnisse einer Selbstevaluation gehören dem Kita-Team und dienen diesem zur eigenen Weiterentwicklung. Deshalb kennt niemand außer dem Kita-Team selbst die konkreten Ergebnisse, die bei der Evaluation herausgekommen sind. Um die Bereitschaft des Teams für das Evaluationsvorhaben nicht zu bestrafen, sollten die Ergebnisse auf keinen Fall öffentlicher Kritik ausgesetzt werden. Falls das Kita-Team sich entschließt, die Ergebnisse zu veröffentlichen, darf durch die Daten kein Rückschluss auf die Identität der beteiligten Personen gezogen werden können. Wichtig ist es also, die Anonymität der Befragten zu schützen und die Ergebnisse auch nicht gegen sie zu verwenden.

Es empfiehlt sich aber, die Kita-Ergebnisse auch weiteren Adressaten transparent zu machen und mit ihnen zu besprechen und zu diskutieren. Adressaten der Rückmeldung sind alle Stakeholder-Gruppen wie Kita-Träger, Eltern und ggf. Kooperationspartner. Diese Herangehensweise schafft die Möglichkeit, Eltern, Träger und Kooperationspartner an der Weiterentwicklung der Kita zu beteiligen und sie für die zukünftige Unterstützung der Kita zu gewinnen. Hierzu ist eine unterschiedliche Aufbereitung der Ergebnisse notwendig. Sie können für das Team z.B. eine ausdifferenzierte Ergebnisdarstellung wählen und für anderen Adressaten zusammengefasste Berichte oder Schaubilder. Auch können die Eltern über Aushänge oder Infozettel über die Ergebnisse informiert werden. Oder Sie besprechen und diskutieren die Ergebnisse mit den Eltern auf einem Elternabend. Dies hat den Vorteil, dass Nachfragen zu einzelnen Ergebnissen möglich sind und auch Unklarheiten besprochen werden können. Beleidigende Kommentare müssen vorher aus der Ergebnisdarstellung entfernt werden.

7.9   Schritt 9: Maßnahmen und Konsequenzen planen und umsetzen

Evaluation darf nie Selbstzweck sein. Nur durch das Erheben von Informationen kann sich nichts verbessern. Die »Ergebnisse einer Evaluation sind nicht Daten, sondern Entscheidungen über Konsequenzen für die weitere Arbeitsplanung« (Burkhard/Eikenbusch 2000: 29). Eine Evaluation erfüllt nur dann ihren Zweck, wenn die Ergebnisse möglichst aktiv für die Weiterentwicklung der pädagogischen Praxis genutzt werden und dadurch die Qualität der pädagogischen Arbeit gesichert wird.

Leitfragen

- »Was können wir beibehalten?«
- »Was wollen wir wie ändern?«

In der folgenden Abbildung ist der Weg von den vorliegenden Erhebungsdaten bis zu den daraus abgeleiteten Handlungen dargestellt.

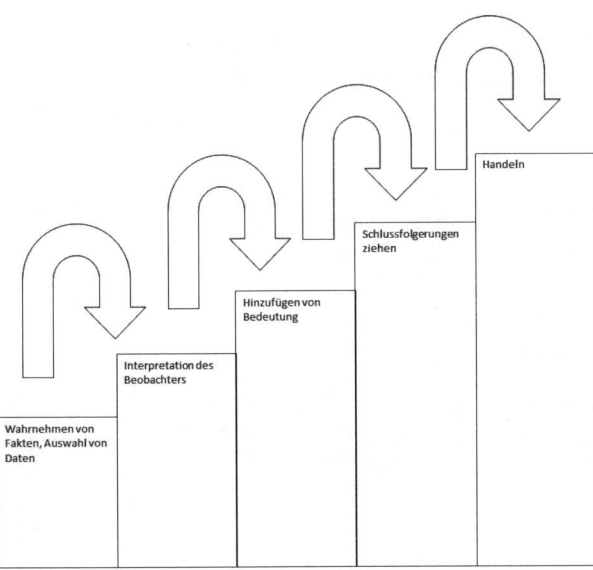

Abbildung 34: Die Treppe der Schlussfolgerungen (Behörde für Schule, Jugend und Berufsbildung Freie und Hansestadt Hamburg 2002: 13)

Aus den Ergebnissen sind meist deutliche Antworten auf jene Fragen ablesbar, bei denen die Teams bereits vorab Veränderungsbedarf spürten, andere Ergebnisse hingegen bieten Überraschungen. Die Ergebnisse der Selbstevaluation sind Ausgangspunkte für Veränderungen: Das Auseinandersetzen mit den Ergebnissen ist ein wichtiger Schritt und zeigt dem Team, wo es bereits Bemerkenswertes leistet, aber auch Qualitätsbereiche, in denen Entwicklungsbedarf besteht und somit Veränderungen oder Verbesserungen notwendig sind. In einem nächsten Schritt müssen aus den Ergebnissen Verbesserungsvorschläge und Ziele für die Kita-Entwicklung abgeleitet werden, damit eine zielgerichtete Veränderung möglich ist. Diese sollen schließlich in eine konkrete Maßnahmenplanung und deren Umsetzung münden.

Für die Zielvereinbarung empfehlen sich folgende Fragen:

• Wer will was erreichen?
• Wie wird die Umsetzung aussehen?

Auch diese Ziele und Vereinbarungen sollten wieder **SMART** formuliert sein (siehe Kapitel 7.3 Schritt 3). Hier gilt: Je konkreter die Ziele formuliert werden, desto größer ist die Wahrscheinlichkeit, dass die gewünschten Ergebnisse auch erreicht werden. Konkrete Zielvereinbarungen sind die Voraussetzung für eine erneute Ergebniskontrolle. Die Ziele sollten im Team gemeinsam erarbeitet werden. Die getroffenen Vereinbarungen/Maßnahmen sollten abschließend zusammengefasst und schriftlich festgehalten werden.

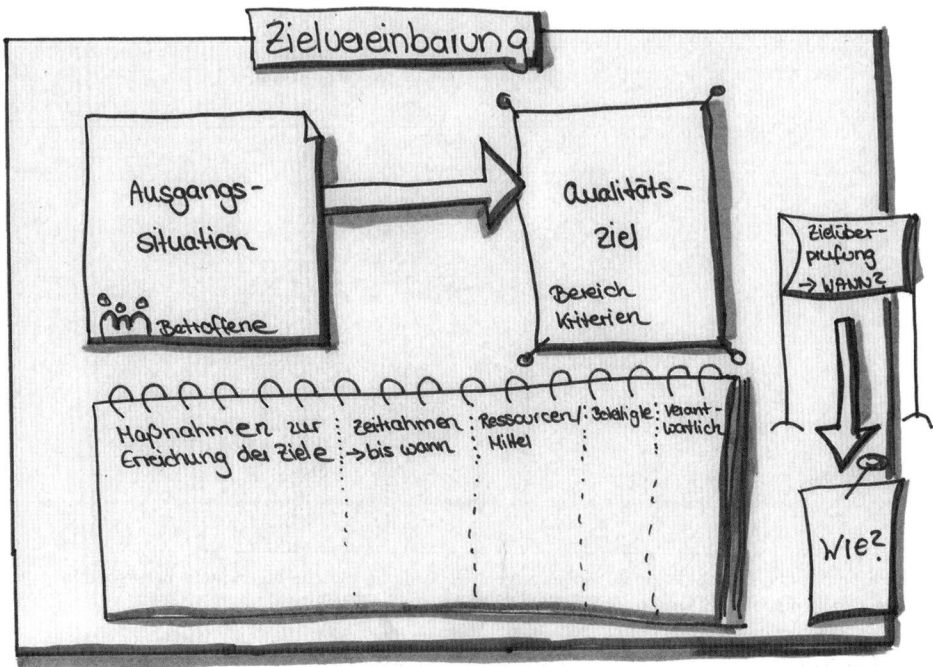

Abbildung 35:Mögliche Visualisierung von Zielvereinbarungen

Welche Veränderungsmaßnahmen nötig werden, hängt von den Ergebnissen ab. Zum Beispiel kann es sein, dass die Evaluationsergebnisse einen spezifischen Fortbildungsbedarf sichtbar machen. Sie als Leitung können zusammen mit der Fachberatung oder auch der Fortbildungsreferentin des Trägers ein Fortbildungsprogramm für die pädagogischen Fachkräfte entwerfen. Ein solches Programm kann zum einen Fortbildungen für das ganze Team oder die Teilnahme an externen Veranstaltungen für einzelne Mitarbeiterinnen enthalten.

Da es sich bei der internen Evaluation um keine einmalige Angelegenheit handelt, sondern um einen fortlaufenden Zyklus der Qualitätsentwicklung, geht der Kreislauf nach Bearbeitung eines Aufgabenbereichs in den nächsten Aufgabenbereich über. Das heißt, das Team wählt einen neuen Aufgabenbereich aus, der bearbeitet werden soll, und führt Phase C in gewohnter Abfolge erneut durch. Wichtig ist, dass dabei der bereits evaluierte Bereich nicht aus den Augen verloren wird, denn die vereinbarten Maßnahmen müssen dahingehen überprüft werden, ob sie den gewünschten Erfolg bringen und das Qualitätsziel erreicht wird.

Bevor Sie allerdings mit der Evaluation eines neuen Bereiches beginnen, sollten sie das bisherige Vorgehen gemeinsam mit dem Team reflektieren. Interne Evaluation ist ein komplexer Prozess, welcher von den Beteiligten erprobt und reflektiert werden muss. Daher ist die Überprüfung der durchgeführten Evaluationen unentbehrlich. Im Rahmen der sogenannten Metaevaluation lässt sich diagnostizieren, inwieweit die gewählten Evaluationsmethoden und -instrumente zielführend waren und ob Aufwand und Ertrag in einem angemessenen Verhältnis stehen (Hissnauer). Auch können negative

Resultate aufgedeckt und zukünftig vermieden werden. Durch diese Vorgehensweise lässt sich die interne Evaluation Schritt für Schritt optimieren

Bei der Reflexion der Durchführung hilft es, sich folgende Fragen stellen:

• Was lief gut?
• Was sollten wir in Zukunft besser/anders machen?

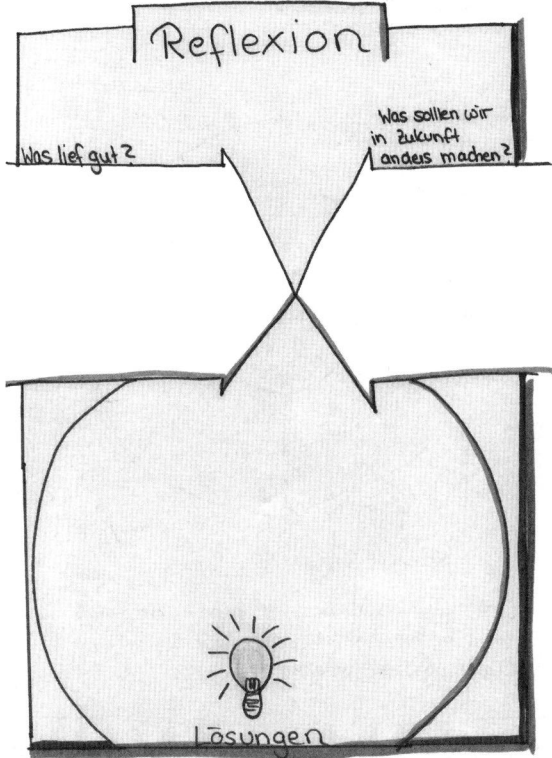

Abbildung 36: Visualisierung der Reflexion des Evaluationsvorhabens

7.10   Die Phase C am Beispiel des Kinderhaus Xylophon

Das Kinderhaus Xylophon hatte vom Träger die Vorgabe erhalten, pro Halbjahr einen Qualitätsbereich zu evaluieren und die Ergebnisse hieraus dem Träger vorzustellen. Gemeinsam mit einer externen Prozessbegleitung hatten die Leitung und die stellvertretende Leitung in einer ersten Dienstbesprechung in das Evaluationsvorhaben eingeführt.

Nachdem geklärt wurde, warum evaluiert werden soll, wer welche Aufgaben in diesem Prozess übernimmt, welche Auswirkungen das Vorhaben auf den alltäglichen Arbeitsablauf hat und wie der grobe Ablaufplan aussehen soll, war nun der wichtige nächste Schritt, gemeinsam im Team zu erarbeiten, in welchem Bereich mit der Evaluation begonnen und welche Schwerpunkte dabei gesetzt werden sollten.

Schritt 1: Evaluationsbereich klären

Evaluations- bzw. Qualitätsbereiche sowie -kriterien waren durch das neue Qualitätsmanagement-Verfahren bereits vorgegeben.

Mithilfe der Methode »Evaluationszielscheibe« wurden im Team die Qualitätsbereiche nach Wichtigkeit geordnet (siehe Abbildung 37).

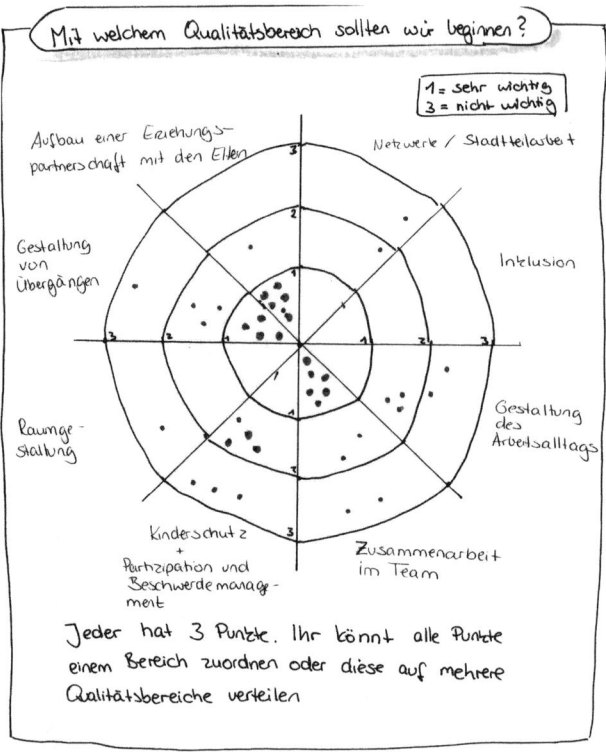

Abbildung 37: Evaluationszielscheibe des Kinderhauses Xylophon zur Benennung des ersten zu evaluierenden Qualitätsbereiches

Die Mitarbeiter und Mitarbeiterinnen des Kinderhauses hatten zuvorderst den Bereich markiert, der ihrer Meinung nach gerade nicht »rund lief«. Sowohl der Bereich »Aufbau einer Erziehungspartnerschaft« wie auch »Gestaltung von Übergängen« und »Zusammenarbeit im Team« hatten ähnlich viele Punkte bekommen. In der folgenden Diskussion einigte sich das Team darauf, mit dem Qualitätsbereich »Gestaltung von Übergängen« zu beginnen. Begründungen für diese Entscheidung waren:

- Die internen Unstimmigkeiten betrafen lediglich ein Kleinteam[2]. Zu gruppenübergreifenden Spannungen war es in letzter Zeit vor allem in Übergangssituationen gekommen.
- Auch wenn das Thema Elternarbeit alle betraf, erschien es dem Team als Einstiegs-Qualitätsbereich als zu komplex und umfangreich. Sie wollten lieber mit einem überschaubareren Bereich anfangen.

---

2. Die Kita-Leitung sicherte dem betroffenen Klein-Team einen Supervisor zu.

Mithilfe einer Mind-Map wurde ein gemeinsames Verständnis des Qualitätsbereichs »Übergänge gestalten« geschaffen. Einig war sich das Team darüber, dass der Problemherd weder beim Übergang vom Elternhaus in die Krippe noch beim Übergang von der Kita in die Schule lag. Schwierigkeiten gab es aber in der Zusammenarbeit zwischen der Krippe und den Elementar-Gruppen. In der Vergangenheit hatte das immer wieder dazu geführt, dass es zu Unmut zwischen den Mitarbeiterinnen sowie zu Klagen seitens der Eltern kam und letztendlich auch einige Kinder erhebliche Schwierigkeiten gehabt hatten, in der neuen Gruppe anzukommen.

Evaluiert werden sollte demnach der Bereich »Übergang: Krippe – Elementar«.

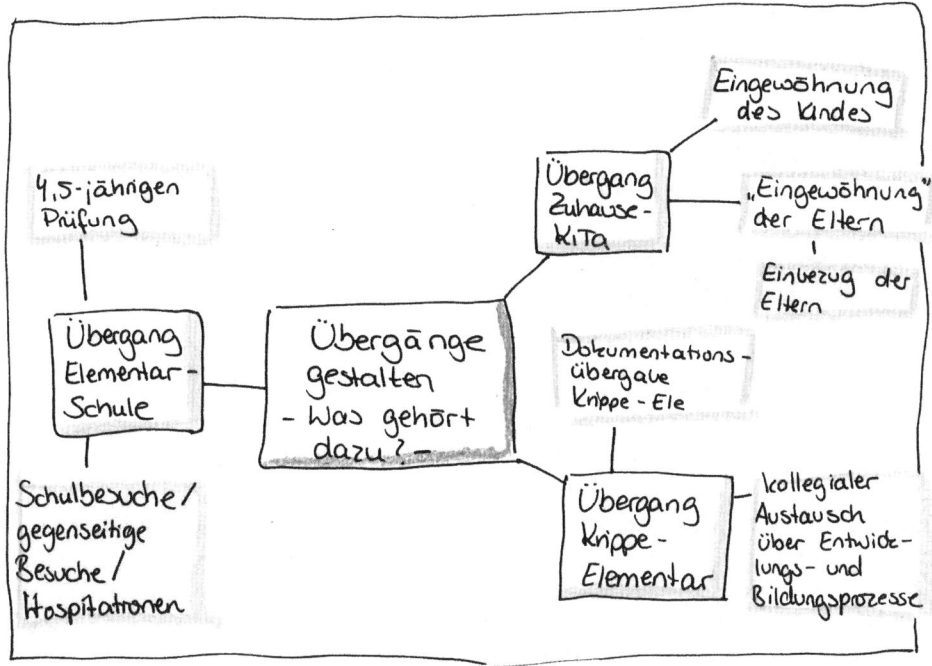

Abbildung 38: Mind-Map: Gemeinsames Verständnis zum Qualitätsbereich »Übergänge gestalten«

Schritt 2: Einführung in den Evaluationsbereich

Qualitätsansprüche, die vom Träger hierzu bereits durch das QM-Verfahren vorgegeben waren, wurden vom Team ergänzt. Den Mitarbeiterinnen und Mitarbeitern des Kinderhauses wurde somit die Möglichkeit gegeben, selbst noch einmal zu reflektieren, was sie unter einem guten Übergang verstanden.

1. Rituale: Das Kind kann sich von der alten Gruppe verabschieden und wird auch in der neuen Gruppe entsprechend aufgenommen. Auch das pädagogische Personal in der Krippe hat ausreichend Möglichkeiten, sich von dem Kind, das sie zum Teil bis zu 2,5 Jahren begleitet haben, zu verabschieden.
2. Das Kind hat vorab bereits mehrmals die Möglichkeit, die neue Gruppe zu besuchen.

3. Übergabe und Bericht: Die Bezugsperson aus der Krippengruppe macht mit den pädagogischen Fachkräften aus der Elementar-Gruppe eine umfangreiche Übergabe: Entwicklungsschritte, Gepflogenheiten, Vorlieben
4. Eltern: Eltern wissen über das Vorgehen beim Übergang Bescheid und sprechen auch zu Hause mit dem Kind über den bevorstehenden Wechsel.
5. Das Kind findet Elemente aus der Krippengruppe im Elementarbereich wieder (z.B. gleicher Kleiderhaken, ähnliche Lieder, Portfolio, Bilder und Fotos).

Im Zuge des Reflexionsprozesses wurden noch mehr Qualitätsansprüche an den Übergang der Krippenkinder in den Elementarbereich genannt, die aber in diesem Rahmen nicht wesentlich sind. Die größten Hürden, so waren sich die Mitarbeiter und Mitarbeiterinnen einig, seien die fehlenden bzw. zum Teil auch nicht durchgeführten Übergangs-Rituale sowie eine fehlende oder auch nicht ausreichende Übergabe. Hierfür galt es nun im nächsten Schritt, Ziele zu formulieren.

Schritt 3: Ziel(e) klären

In diesem Zusammenhang wurden die folgenden Qualitätsziele formuliert:

1. Jedes Kind wird in einem einfühlsamen und achtsamen Prozess von der Krippe in den Elementarbereich begleitet.
2. In dem Übergangsprozess arbeiten Krippen- und Elementarpädagogen eng zusammen.

Schritt 4: Kriterien klären und Indikatoren festlegen

Woran aber erkennen wir, dass unser Ziel erfüllt ist? Und wie können wir das messen? Das waren die beiden zentralen Fragen im folgenden Schritt.

Das Formulieren von Qualitätskriterien fiel den Mitarbeitenden noch relativ leicht, die Benennung von Indikatoren jedoch nicht. Im Laufe des Prozesses wurden vor allem bei diesem Schritt Gegen- bzw. Widerstandsstimmen im Team laut. Einige empfanden es als »unnötig«: »Wir wissen doch, was wir wollen. Unser Ziel haben wir doch bereits benannt. Warum müssen wir das jetzt so runterbrechen? Das ist doch Zeitverschwendung!« war nur eine der Stimmen.

Hier half es zum einen, immer wieder auf den Mehrwert hinzuweisen: Je klarer die Indikatoren benannt werden, desto präziser kann im Folgenden evaluiert werden. Zum anderen konnte das Team insofern motiviert werden, als dass ihm immer wieder gesagt wurde, dass es selbst mitbestimmen kann, wo es hin will (Soll-Stand) und was es genau am Ist-Stand überprüfen möchte.

ZIEL Was möchten wir erreichen? Wo wollen wir hin?	QUALITÄTS-KRITERIEN Woran erkennen wir, dass unser Ziel erfüllt ist?	INDIKATOR Wie können wir das messen?
Jedes Kind wird in einem einfühlsamen und achtsamen Prozess von der Krippe in den Elementarbereich begleitet.	Kinder dürfen mindestens dreimal vorab in der neuen Gruppe hospitieren.	Anzahl der Hospitationen pro Kind
	Das Verabschiedungs- und Willkommensritual ist fest verankert im Konzept.	Anzahl der tatsächlich stattfindenden Willkommens- und Verabschiedungsrituale
		Verschriftlichung des Rituals
	Das Portfolio wird mit einer Lerngeschichte abgeschlossen und mit dem Kind abschließend angesehen.	Sichtung des Portfolios ist in der Verschriftlichung des Verabschiedungsrituals formuliert
		Das Portfolio ist bei dem Übergang vollständig.
	Das Kind erhält in der Anfangszeit in der neuen Gruppe eine feste, erste Bezugserzieherin.	Anzahl der Kinder, die von einer Bezugserzieherin in die neue Gruppe eingeführt und in der ersten Zeit begleitet werden.
		Bewusstsein der Erzieherin für die Rolle der Bezugserzieherin.
In dem Übergangsprozess arbeiten Krippen- und Elementarpädagogen eng zusammen.	Es erfolgt eine umfangreiche Übergabe von der Bezugserzieherin an die Elementarpädagogin. Darin beinhaltet sind das Portfolio, die Entwicklungsbögen sowie eine persönliche Einschätzung über die Gepflogenheiten und Vorlieben des Kindes.	Es gibt eine Checkliste für den Übergabeprozess
		Anzahl der umfangreichen Übergaben
		Höhe der Zufriedenheit der Erzieherinnen
		Elementarerzieherinnen fühlen sich vorbereitet

Tabelle 11: Qualitätskriterien und -indikatoren für den Bereich »Übergang Krippe-Elementar«

Schritt 5: Informationsquelle auswählen

Informationsquelle waren zunächst die Portfolios der Kinder, die zuletzt gewechselt hatten. Darüber hinaus sollten die vorhandenen Checklisten gesichtet werden, um diese auf ihre Vollständigkeit in Bezug auf das Thema »Übergang Krippe-Elementar« zu überprüfen.

In die Evaluation mit einbezogen werden sollte zudem das frühpädagogische Fachpersonal des Kinderhauses.

In Diskussion war, ebenfalls Kinder mit einzubeziehen, die vor kurzem gewechselt hatten. Aber da das Kindergartenjahr gerade zur Hälfe vorbei war, gab es lediglich Kinder, die sich nach einem halben Jahr bereits gut eingewöhnt hatten und Kinder, für die der bevorstehende Wechsel noch zu weit in der Ferne lag.

Schritt 6: Messinstrumente/Methode auswählen

1. Die Portfolios sollten mithilfe einer Datenanalyse auf Vollständigkeit hin überprüft werden.
2. Die vorhandenen Checklisten sollten dahingehend gesichtet werden, ob es Vorgaben für den Übergabeprozess gab und ob diese auf einem aktuellen Stand waren.
3. Alle Mitarbeiter und Mitarbeiterinnen sollten in der Großteam-DB in einer Mischung aus Gruppeninterview und problemzentriertem Interview befragt werden.

Folgende Fragen (geschlossene und offene) an das Fachpersonal aus der Krippe wurden vorab formuliert:

- Wie oft hospitieren die Kinder in der neuen Gruppe?
  - Einmal – zweimal – dreimal – öfter
  - Wenn die Kinder weniger als dreimal hospitieren – woran liegt es?
  - Habt ihr Verbesserungsvorschläge?

- Habt ihr ein festes Verabschiedungsritual?
  - Wenn ja, welches?
  - Wenn nein, woran liegt es?
  - Habt ihr Verbesserungsvorschläge?

- Wird die Verabschiedung mit jedem Kind gefeiert?
  - Wenn nein, woran liegt es?
  - Habt ihr Verbesserungsvorschläge?

- Werden die Portfolios mit den Kindern abschließend angesehen?
  - Wenn nein, woran liegt es?

- Erfolgt für jedes Kind eine umfangreiche Übergabe?
  - Wenn ja, was beinhaltet diese?
  - Wenn nein, woran liegt es?

Folgende Fragen (geschlossene und offene) an das Fachpersonal aus den Elementar-Gruppen wurden vorab formuliert:

- Hospitieren die neuen Kinder mindestens dreimal in eurer Gruppe?
  - Wenn nein: Woran liegt es?
  - Habt ihr Verbesserungsvorschläge?

- Gibt es ein immer wiederkehrendes Willkommens-Ritual für Kinder, die neu in eure Gruppe kommen?
  – Wenn ja: wie findet es statt?
  – Wenn nein: Weshalb nicht?

- Erhält jedes neue Kind in der Anfangszeit eine feste, erste Bezugserzieherin?
  – Wenn nein: Woran liegt es?

- Für wie wichtig erachtet ihr den Vorgang, dass Kinder, die neu in eure Elementar-Gruppe kommen, eine feste Bezugserzieherin an die Seite gestellt bekommen?
  – Sehr wichtig – wichtig – weniger wichtig – unwichtig

- Fühlt ihr euch durch die Übergabe auf das Kind und dessen Familie vorbereitet?
  – Wenn nein, weshalb nicht?
  – Habt ihr Verbesserungsvorschläge?

Schritt 7: Durchführung der Methode/Datensammlung

1. Zunächst wurden von der Kitaleitung die Portfolios der Kinder, die mit dem letzten Schwung gewechselt hatten, analysiert.
2. Parallel sichtete die Kitaleitung die vorhandenen Checklisten mit der Frage: Gibt es eine Übergabeliste und wenn ja, ist diese aktuell?
3. Während der Großteam-DB wurden alle Mitarbeiterinnen und Mitarbeiter explizit zum Übergang Krippe-Elementar befragt. Die Kitaleitung fungierte in diesem Prozess als Moderatorin, die stellvertretende Kitaleitung hielt alle Ergebnisse aus den geschlossenen Fragen auf einem Stimmungsbarometer fest. Aufgabe des Prozessbegleiters war es, im Anschluss an die Evaluation bei der Interpretation der gewonnen Daten und der Maßnahmenplanung beratend zur Seite zu stehen.

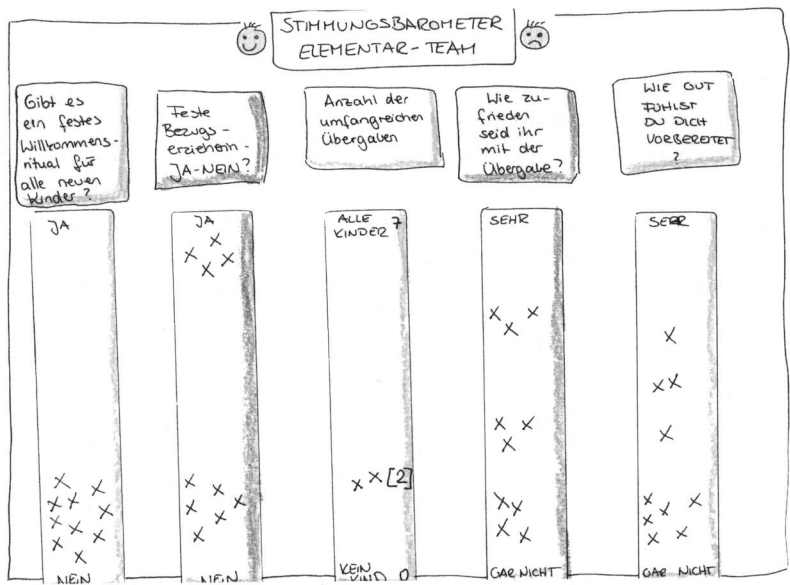

Abbildung 39: Stimmungsbarometer des Elementar-Teams Kinderhaus Xylophon zur Evaluation der Übergabe Krippe-Elementar

Mögliche Ursachen für das »Nicht-Funktionieren« wurden auf roten, Veränderungs-wünsche auf grünen Moderationskarten notiert.

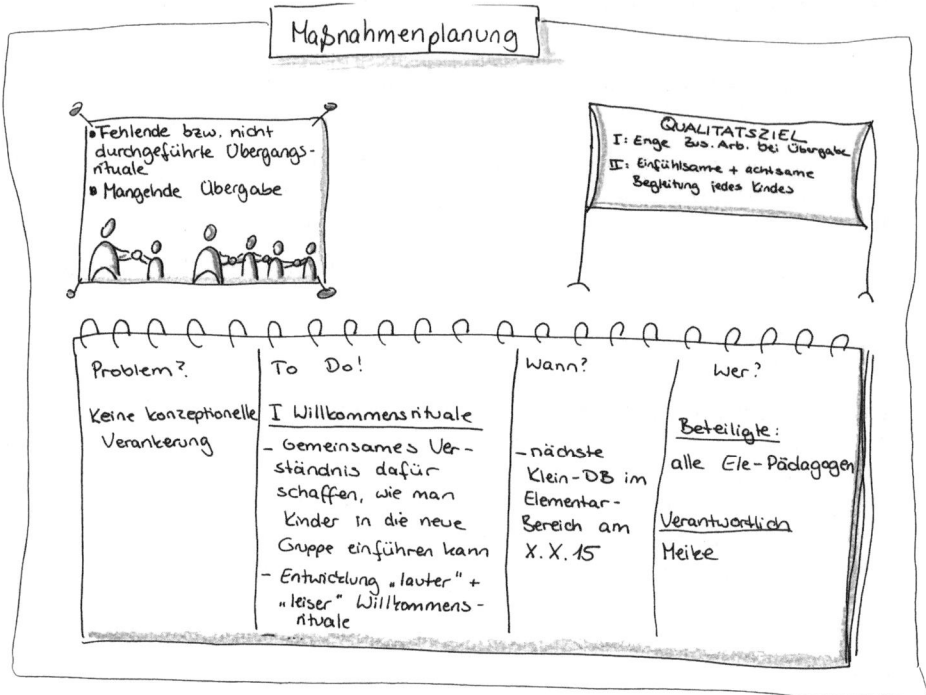

Abbildung 40: Ursachen und Veränderungswünsche/-ideen für die Übergabesituation Krippe-Elementar

Schritt 8: Daten analysieren und interpretieren

Anhand der Dokumentationsanalyse, des Stimmungsbarometers, der genannten Hindernisse, der geäußerten Veränderungswünsche und der Diskussion, die im Laufe der Dienstbesprechung stattfand, konnten die folgenden Schlussfolgerungen getroffen werden:

1. Die Kinder *hospitieren durchaus drei oder mehrmals* in der neuen Gruppe.
2. Zwar wird mit jedem Kind eine Verabschiedung in der Krippengruppe gefeiert, allerdings gibt es hierfür *kein festes Verabschiedungsritual.* Beide Krippen-Gruppen bereiten für jedes Kind ein individuelles Fest vor.
   Als Ursachen hierfür wurden vom Team die folgenden Aspekte auf die Moderationskarten geschrieben: Unsicherheit (Wie geht das?), Widerstand aus Unverständnis (Wozu ist das so wichtig?), Zeitmangel (Das ist einfach untergegangen), Krankheit der Bezugserzieherin (und dann haben wir es einfach gar nicht gemacht).
3. Die *Portfolios werden nicht immer abschließend gemeinsam mit dem Kind betrachtet.* Ursache hierfür ist der Mangel an Zeit für die Fertigstellung sowie für das gemeinsame Ansehen.
4. Im letzten Durchgang erfolgten *nur für 2 von 7 Kindern umfangreiche Übergaben.* Als Ursachen hierfür wird wieder der Zeitmangel genannt (keine Zeit, um die

Übergabe gut vorzubereiten und keine Zeit, um in Ruhe mit der Kollegin/dem Kollegen zu sprechen). Ebenso wird geäußert, man wisse gar nicht, welche Unterlagen alle in eine ordnungsgemäße Übergabe gehörten.

Auch die Dokumentenanalyse ergab, dass es keine aktuellen Checklisten für den Übergabeprozess gab.

5. Auch in den Elementar-Gruppen gibt es *kein wiederkehrendes Willkommens-Ritual* für die Kinder, die neu in der Gruppe angekommen sind, meist nur ein »Hallo«. Eine junge Erzieherin aus dem Elementarbereich äußerte als Ursache ihre Unwissenheit: Sie habe nicht gewusst, dass ein festes Ritual erforderlich sei. Andere Mitarbeiterinnen äußerten hierzu, sie befürchteten, dass ein »in den Fokus stellen« das Kind vielleicht noch überfordern würde. Ein kurzes gemeinsames Hallo würde reichen.

6. Kinder bekommen *nur sporadisch eine feste Bezugserzieherin* im Elementarbereich zugewiesen. Manche machten es nach Bedarf (einige Kinder finden gleich Anschluss – die kennen uns z.B. schon über ihre großen Geschwister), andere klagten über Personalmangel und die fehlende Kapazität, sich einem Kind so intensiv zu widmen. In der Diskussion wurde aber auch klar, dass einige nicht wussten, welche Zusatzaufgaben auf sie in der Rolle als Bezugserzieherin im Elementarbereich zukamen. Aus Unwissenheit entstand in ihrem Fall ein Widerstand.

7. Zwischen zwei Gruppen funktioniert die Übergabe gut, da die Mitarbeiterinnen miteinander befreundet sind und sich auch außerhalb der Kinderhaus-Mauern treffen. *Eine umfangreiche Übergabe findet nur selten statt.* Das pädagogische Fachpersonal aus dem Elementar-Bereich zeigte im Zuge dessen eine Unsicherheit: Nur vier der zehn Erzieher und Erzieherinnen fühlten sich gut vorbereitet. Sich die Unterlagen durchzulesen würde ein intensives Gespräch nicht ersetzen – schließlich würde aus den Unterlagen weder die Persönlichkeit des Kindes noch die der Eltern ersichtlich.

Zwei wesentliche Aspekte ließen sich herausarbeiten:

1) Das Kinderhaus hat keine einheitliche, konzeptionell verankerte Regelung für die Übergangsphase der Kinder von der Krippe in den Elementarbereich. So war zum Beispiel nie klar gewesen, welche Unterlagen und Informationen bei einem umfangreichen Übergangsgespräch den Mitarbeiter wechseln sollten.

2) Es gab keine freien Zeiträume für die Vorbereitung und Durchführung der Übergabe. Übergaben wurden somit mehr schlecht als recht gemacht. Viele wesentliche Informationen waren in der Vergangenheit einfach nicht angesprochen.

Schritt 9: Maßnahmen und Konsequenzen planen und umsetzen
Aus diesen Aspekten und den bereits notierten Veränderungsideen erarbeitete das Kinderhaus folgenden Maßnahmenplan:

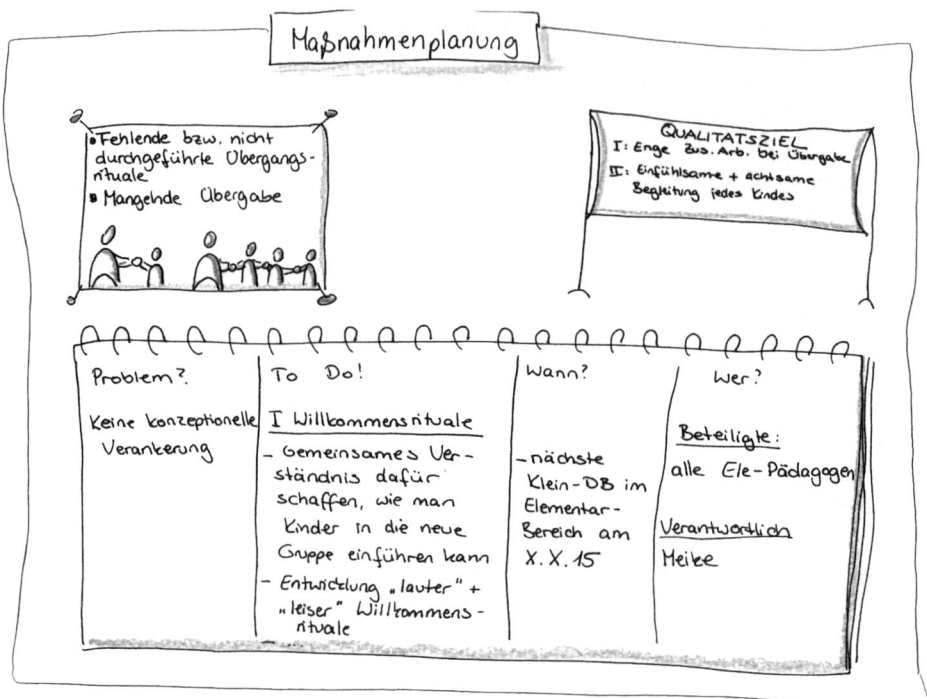

Abbildung 41: Maßnahmenplanung Kinderhaus Xylophon

Gemeinsam wurden unter anderem die folgenden Konsequenzen aus der Evaluation gezogen:

- Übergaben sollten fest in den Dienstplan integriert werden. In einer Testphase wollte das Team – ähnlich der KEL-Gespräche (Kind-Eltern-Lehrer) in der Schule – gemeinsam mit dem betroffenen Kind ein EKE-Gespräch (Eltern-Kind-Erzieher) führen. Gemeinsam mit dem Kind und der neuen Bezugserzieherin aus dem Elementar-Bereich sollte das Portfolio angeschaut, Stärken, Vorlieben und Freundschaften besprochen werden. Themen wie beispielsweise Eigenheiten der Familie sollten im Anschluss ohne Anwesenheit des Kindes thematisiert werden. Als Testphase wurde der nächste Übergang im Sommer festgelegt. Im Anschluss daran sollte die Idee der EKE-Gespräche als Teil der Übergabe nochmals im Großteam evaluiert werden.

- Die Leitung wollte in enger Absprache mit den Gruppenleitungen eine Checkliste für den Übergabeprozess formulieren. Ebenso sollte ein Anforderungsprofil für eine Bezugserzieherin erstellt werden mit dem Ziel, Unsicherheiten und Unklarheiten zu minimieren.

- Nach der nächsten Übergabe im August wollte das Kinderhaus-Team nochmals den Übergabe-Prozess evaluieren um feststellen zu können: Sind wir auf dem richtigen Weg zu unserem Soll-Zustand bzw. zu unserem Ziel?

7.11   Die Phase C am Beispiel der Kita Knallerbse

Da das Projekt »Gesunde Kindertagesstätte« nicht so lief, wie es sich Leitung und Mitarbeiterinnen der Kita Knallerbse bei der Einführung erhofft hatten, wollten sie mithilfe einer Evaluation Fehlerquellen aufdecken, um das Projekt anhand konkreter Handlungshinweise zu optimieren und weiterzuentwickeln.

Nach einer allgemeinen Einführung in den Evaluationsprozess war nun das Ziel, herauszuarbeiten was genau evaluiert werden sollte um dann diesen Bereich anhand der einzelnen Evaluations-Schritte zu bearbeiten.

Schritt 1: Evaluationsbereich klären

Zunächst wurde das Projekt »Gesunde Kindertagesstätte« in seine unterschiedlichen Projektbereiche aufgeteilt: Verpflegung durch Bio-Caterer; einmal/Woche gemeinsam mit den Kindern kochen; gesundes Frühstück in der Brotbox; Obst- und Gemüsespenden für den Nachmittags-Snack. Gemeinsam im Team wurde mithilfe eines Stimmungsbarometers evaluiert, welche der Projektbereiche gut laufen und in welchen Projektbereichen es Schwierigkeiten gibt.

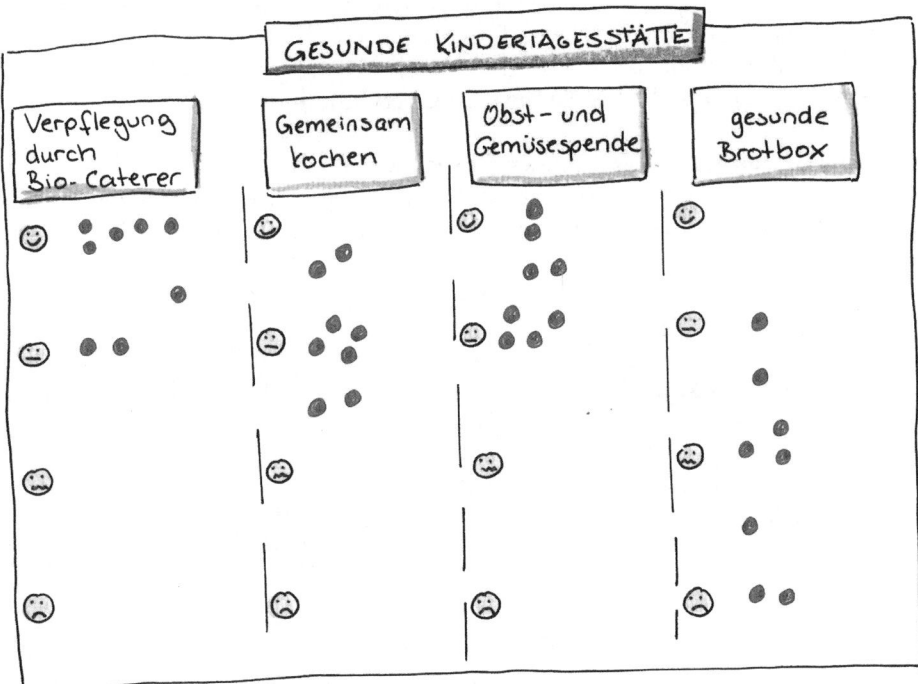

Abbildung 42: Barometer Gesunde Kita

Das Baromenter veranschaulichte ganz klar das Stimmungsbild im Team:

1. Über Geschmack lässt sich ja bekanntlich streiten – aber der neue Bio-Caterer bot ein sehr gutes Preis-Leistungs-Verhältnis.
2. Und auch wenn es immer dieselben Eltern waren, die für den Nachmittags-Snack Obst und Gemüse brachten: es waren immer ausreichend gesunde Snacks da.

3. Das gemeinsame Kochen einmal pro Woche hatte sich – nach anfänglichen Schwierigkeiten – als fester Bestandteil des Kita-Alltages etabliert. Mit der Zeit hatten die meisten Mitarbeiterinnen ihr Rezepte-Repertoire erweitert und waren sicherer geworden in der Handhabe von 5 kleinen, fleißigen Helferlein in der Küche. Einige Mitarbeiterinnen klagten jedoch nach wie vor über persönliche Unsicherheiten in der Küche aber auch über die zum Teil sehr unübersichtliche Situation: Wer macht was? Wer ist für was und für wen verantwortlich? Welche Kinder und wie viele Kinder kochen mit? Wie integrieren wir die Kleinsten? – Das waren nur einige der Fragen, die nach Abfrage des Stimmungsbarometers genannt wurden. Der Projektbereich sollte in jedem Fall im Rahmen des Evaluationsprozesses »unter die Lupe genommen« werden um fundierte Handlungsideen entwickeln zu können.

4. Was die Mitarbeiterinnen aber alle im Laufe des vergangenen halben Jahres als holprig empfunden hatten, war die Zusammenarbeit mit den Eltern im Hinblick darauf, dass diese ihren Kindern ein gesundes Frühstück mitgeben sollten. Man einigte sich also darauf, diesen »Problembereich« als erstes anzugehen und ihn zu evaluieren. Als Hindernis wurde zum Beispiel genannt, dass immer wieder die gleichen »Pappenheimer« labberiges weißes Toastbrot, Milchschnitte und süßen Aufstrich mitbrachten. Andere brachten jeden Tag das gleiche Essen mit und spähten mit großen Augen auf die bunten Brotdosen der anderen Kinder. Das Fachpersonal hatte das Gefühl, sich bereits den Mund »fusselig« geredet zu haben bei dem Versuch, den Eltern die Bedeutung der bunten Brotdose zu erklären.

Schritt 2: Einführung in den Evaluationsbereich
Mithilfe eines Brainstormings versuchten sie ein erstes gemeinsames Verständnis dafür zu schaffen, was sie unter guter Qualität in diesem Bereich verstanden.

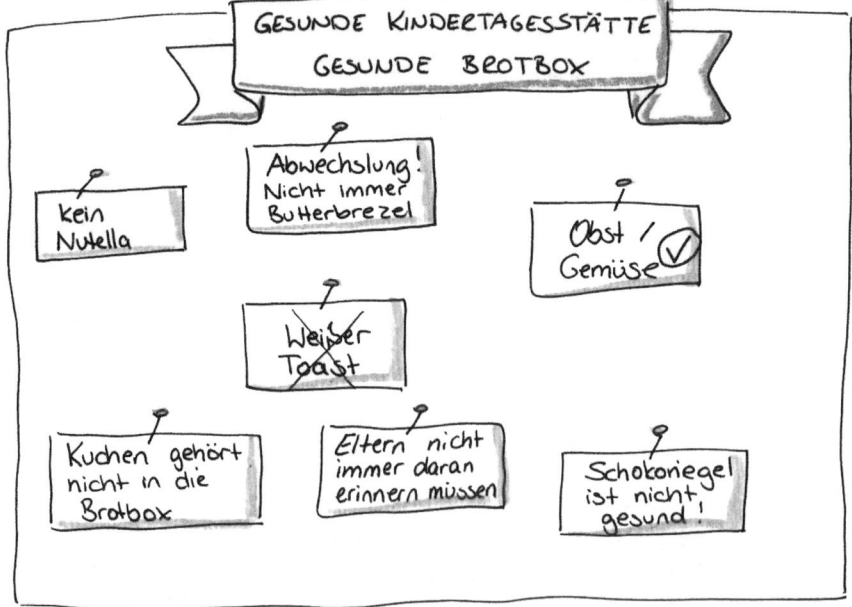

Abildung 43: Sammlung »Qualität Gesunde Brotbox«

Schritt 3: Ziel(e) klären

Im nächsten Schritt ging es darum, das Ziel für diesen Teilbereich des Projektes »Gesunde Kindertagesstätte« zu formulieren: Wie soll der optimale Soll-Zustand aussehen? Wo möchten wir hin? Als zentrales Ziel wurde formuliert:

Eltern geben den Kindern ein gesundes, »buntes« und abwechslungsreiches Frühstück mit.

Zum einen wollten die Mitarbeiterinnen der Kita durch die Evaluation dieses Projektbereiches klären, ob sie mit ihrem Gefühl, dass es hier noch erheblich hakt, richtig liegen. Zum anderen wünschten sie sich, durch die Evaluation herauszufinden, weshalb einige der Kinder zum Teil selten bis nie eine gesunde Brotbox mitbekamen.

Schritt 4: Kriterien klären und Indikatoren festlegen

Woran aber erkennen wir, dass unser Ziel erfüllt ist? Und wie können wir das messen? Das waren die beiden zentralen Fragen im folgenden Schritt.

Zunächst einigten sich das Team auf die folgenden Qualitätsmerkmale und Indikatoren:

Qualitätsmerkmal: Woran erkenne ich, dass unser Ziel erfüllt ist?	Indikator: Wie können wir das messen?
Die Kinder haben von Montag bis Donnerstag ein abwechslungsreiches und gesundes Essen in ihrer Brotdose. Eine gesunde Brotbox kann enthalten: Obst und/oder Gemüse, Brot oder anderes nicht-gesüßtes Gebäck, Nüsse, getrocknetes Obst	Anzahl der »richtig gefüllten« Brotdosen
Eltern akzeptieren das Projekt und haben ein Verständnis dafür entwickelt, was in eine gesunde Brotbox gehört	Die Höhe der Akzeptanz der Eltern gegenüber dem Projektbereich
	Wissensstand der Eltern über ein gesundes Frühstück

Tabelle 12: Qualitätsmerkmale und -indikatoren »Gesunde Brotbox«

Schritt 5: Informationsquelle auswählen

Einbezogen werden sollten in die Evaluation des Projektbereiches sowohl die Eltern als auch das pädagogische Fachpersonal der Kita.

Schritt 6: Messinstrumente/Methode auswählen

Um ein Meinungsbild von der Akzeptanz der Eltern gegenüber der »gesunden Brotbox« zu erhalten, wurde ein Fragebogen entwickelt, durch den die Eltern die Möglichkeit erhalten sollten, zu erklären, welche Schwierigkeiten und Verständnisfragen sie zu diesem Projektbereich haben. Unter anderem wurden folgende Fragen für den Fragebogen erarbeitet:

Wie gut findest du unser Projekt »gesunde Brotbox«?

☐ Sehr gut   ☐ Gut   ☐ eher schlecht   ☐ schlecht

Findest du, dass wir Eltern in das Projekt mit involvieren sollten?

☐ Ja, auf jeden Fall ☐ Ja   ☐ eher nicht   ☐ Nein

Hast du Schwierigkeiten, die Brotbox morgens zu füllen?

☐ Ja   ☐ Nein

Wenn ja, warum?

Mit dem Ziel, den Fragebogen bis zum Elternabend in vier Wochen ausgewertet zu haben, sollten an jenem Elternabend mit den anwesenden Eltern die Ergebnisse besprochen und gemeinsame Veränderungs- und Verbesserungsideen gesammelt werden.

Schritt 7: Durchführung der Methode/Datensammlung

Der Fragebogen wurde gemeinsam mit einem Informationsbrief an alle Eltern verteilt. Im Eingangsbereich wurde ein Briefkasten aufgestellt, in den die Eltern ihre ausgefüllten Fragebögen schmeißen konnten. Im Informationsbrief wurde explizit um die Mithilfe der Eltern gebeten. Sie wurden darüber aufgeklärt, weshalb die Befragung durchgeführt werden sollte und was mit den Ergebnissen passieren würde.

In den vier Wochen zwischen Info-Brief und Elternabend führten die Mitarbeiter und Mitarbeiterinnen beim gemeinsamen Frühstück eine detaillierte Stichliste: Wer bringt ein gesundes und abwechslungsreiches Frühstück mit?

Schritt 8: Daten analysieren und interpretieren

Der Fragebogen wurde von der Leitung ausgewertet und gemeinsam mit der Strichliste in der Dienstbesprechung vor dem Elternabend mit dem Team besprochen und analysiert.

Das Gefühl der Mitarbeiterinnen konnte durch die Auswertung der Frühstücks-Liste bestätigt werden:

• 8 der 40 Kinder brachten an mindestens 2 der 4 Tage ein Frühstück mit, das nicht der Idee der »gesunden Brotbox« entsprach.
• weitere 5 Kinder hatten zwar ein Frühstück ohne Schokoriegel, Nutella-Toast und Capri-Sonne dabei, jedoch war in ihrer Brotbox jeden Tag derselbe Inhalt.

Alle Eltern befürworteten ein gesundes und abwechslungsreiches Essen in der Kita. Die Akzeptanz für die gesunde Brotbox bzw. die Beteiligung der Eltern an dem gesunden Frühstück lag jedoch nur bei 60%. Als Gründe hierfür wurden u.a. genannt:

• »Mein Kind isst nur weißes Brot ohne Rinde.«
• »Wenn ich Gurke oder Apfel in die Dose packe, dann liegt das da nachmittags noch drin.«
• »Die anderen Kinder haben oft auch eine Milchschnitte oder ein Franzbrötchen dabei. Paul liegt mir damit ständig in den Ohren und manchmal gebe ich eben klein bei.«

- »Ich bin morgens so im Stress und habe keine Zeit, stundenlang in der Küche zu stehen und mir jeden Tag aufs Neue zu überlegen, was ich tolles in die Brotbox packen kann. Da ist der Weg zum Bäcker und der Griff zur Butterbrezel mein persönlicher Kompromiss.«

Als Grund für fehlende Abwechslung hielt das Team vor allem den morgendlichen Berufsstress der Familien fest. Gründe für Nutella, Schokoriegel und co. waren Unverständnis und Unsicherheit seitens der Eltern.

Schritt 9: Maßnahmen und Konsequenzen planen und umsetzen

Gemeinsam sammelte das Team in der Dienstbesprechung Ideen, wie es mit dieser Herausforderung umgehen sollte: Wie können wir unserem Ziel (Eltern geben den Kindern ein gesundes, »buntes« und abwechslungsreiches Frühstück mit) näher kommen? Schnell wurde deutlich, dass die Diskussion immer wieder auf einen Punkt hinauslief: »Das wird bei den Eltern von X oder bei der Mama von Y nicht funktionieren.« Kurzerhand formulierten sie ihr Ziel um:

~~Eltern geben den Kindern ein gesundes, »buntes« und abwechslungsreiches Frühstück mit.~~
Kinder erhalten ein gesundes, »buntes« und abwechslungsreiches Frühstück in der Kita.

Mit einem Mal flossen die Ideen:

- Die Kita könnte das Frühstück selbst bereitstellen und dafür einen Betrag von den Eltern verlangen. Es könnte einen Müsli-Tag, einen Brot- und Brötchentag (vielleicht sogar von den Kindern selbst gemacht) und einen »Tag der Vielfalt« geben, an dem auch die Frühstücksgewohnheiten der Familien mit Migrationshintergrund aufgegriffen würden.
- Die Mitarbeiterinnen könnten ein Wand-Plakat erstellen mit Fotos der buntesten Brotdosen – als Anregung für jene Eltern, die nicht wissen, was rein soll. Ebenfalls auf das Wandplakat könnten Fotos für »die schnelle Brotdose« oder »Eine Brotdose aus Japan«.
- Montags und dienstags könnten die Eltern die Brotdosen füllen, an den anderen Tagen übernimmt die Kita das Frühstück.
- u.a.

Die Ergebnisse aus der Evaluation sowie die gesammelten Ideen wurden den Eltern am Elternabend präsentiert. Gemeinsam mit den Eltern wurden weitere Ideen gesammelt:

- Eltern bringen montags und donnerstags einen Frühstückseinkauf, der für die nächsten 2–3 Tage reicht. Bei 15 Kindern in der Gruppe müssten dann jedes Elternpaar alle 7 Wochen einen Einkauf tätigen.
- Eltern beteiligen sich am »Tag der Vielfalt« und bringen Köstlichkeiten aus ihrer Heimat mit.
- u.a.

Gemeinsam einigte sich das Fachpersonal mit den Eltern auf die in Abbildung 44 aufgeführten Maßnahmen. Beginnen wollten Sie in der folgenden Woche, nachdem alle Eltern, die nicht am Elternabend anwesend gewesen waren, informiert wurden. Vor dem nächsten Elternabend im November sollten die neuen Maßnahmen erneut evaluiert und die Ergebnisse dann mit den Eltern besprochen werden.

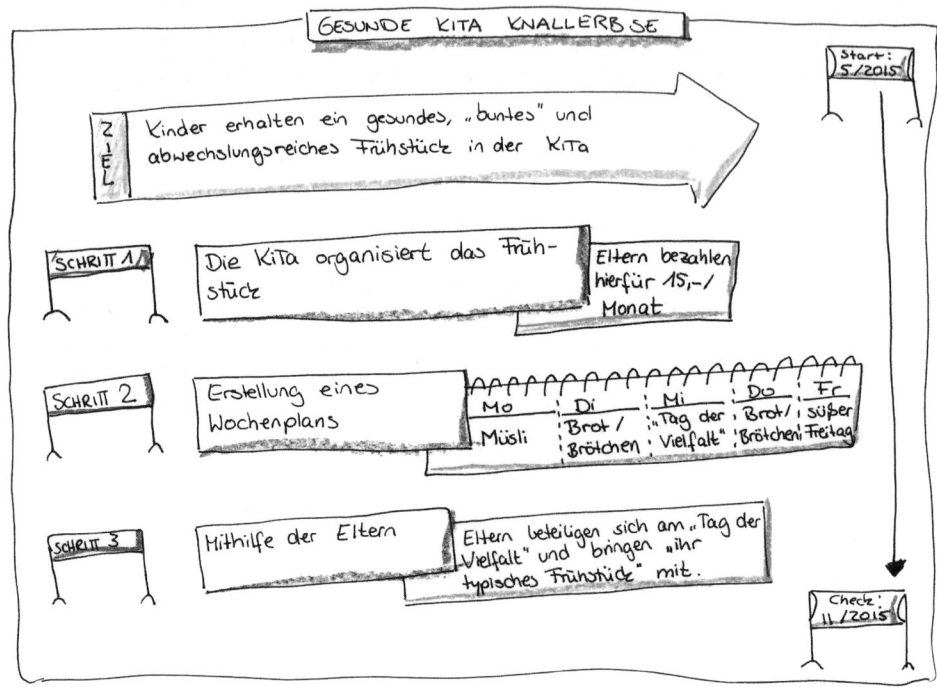

Abbildung 44: Zeitplan

Teil 3: Methodenkasten

Teil 3 des Buches umfasst Methoden, die bei der Durchführung einer internen Evaluation hilfreich sein können. Die Methoden gliedern sich wie folgt:

1. Methoden zur Auswahl eines Themengebiets
2. Methoden zur Einführung in ein Thema
3. Methoden zur Bestimmung von Zielen
4. Methoden zur Ideenfindung für Verbesserungsmaßnahmen
5. Methoden zur Reflexion
6. Befragungsmethoden
7. Beobachtungsmethoden
8. Dokumentenanalyse
9. Expressive und kreative Methoden
10. Schnelle und kommunikative Evaluationsmethoden

Diese Einteilung der Methoden ist nur ein Vorschlag der Autorinnen. Einige Methoden eignen sich auch durchaus für mehrere Bereiche. So können Methoden aus dem Bereich »Einführung in ein Thema« auch zum Teil für den Bereich »Auswahl eines Themengebiets« verwendet werden.

Grundsätzlich können sich verschiedene Verfahren der Datengewinnung gegenseitig ergänzen:

Beispielsweise wird als Einstieg in einen Entwicklungsprozess eine kreative Methode eingesetzt und gemeinsam erfolgt daraufhin mit den Beteiligten eine intensive Auswertung.

Anschließend werden in einer vertiefenden Evaluation mit anderen Evaluationsinstrumenten weitere Daten erhoben.

8 Methoden zur Auswahl eines Themenbereiches

Die hier aufgelisteten Methoden dienen zum einen dazu, ein Meinungsbild einzufangen und zum anderen um Schwerpunkte/Prioritäten festzulegen.

8.1 Abfrage

Wann kann ich diese Methode einsetzen?

Verwenden Sie diese Methode, wenn Sie ein Meinungsbild im Team abfragen möchten. Der hier beschriebene Ablauf bezieht sich auf die Auswahl eines Evaluationsbereiches. Natürlich kann die Methode auch für andere Entscheidungsfindungen genutzt werden.

Ziel

- Mehrheitsentscheidung
- Prioritäten setzen

Zeitbedarf

ca. 10 Minuten

Materialbedarf

- Moderationskarten
- Pinnwand

Ablauf

1. Vorbereitung: Schreiben Sie alle zu evaluierenden Bereiche auf einen Flipchart.
2. Durchführung: Jede Erzieherin bekommt eine Moderationskarte, auf die sie den Evaluationsbereich notiert, den sie gerne bearbeiten würde.
3. Auswertung: Zunächst begründet jede Erzieherin ihre Wahl. Die einzelnen Moderationskarten werden nach Evaluationsbereich sortiert und an eine Pinnwand gehängt. So erhalten Sie schnell einen Überblick über das Meinungsbild im Team.
4. Ergebnissicherung: Halten Sie fest, welcher der Evaluationsbereiche den größten Zuspruch aus dem Team erhalten hat. Auch die Zweit- und die Drittwahl sollten festgehalten werden. Diskutieren Sie im Anschluss gemeinsam Chancen und Bedenken, die Sie mit der Bearbeitung des Evaluationsbereiches verbinden. Diese können in die Bearbeitung mit einbezogen werden.
ANMERKUNG: Es kommt mitunter vor, dass sich Teams nach der Diskussion nicht für die Erst-, sondern für die Zweit- oder Drittwahl entscheiden.

8.2 Aufstellung

Wann kann ich diese Methode einsetzen?

Diese Methode ist immer sinnvoll, wenn ein Meinungsbild im Team abgefragt werden soll. Die beispielhafte Beschreibung bezieht sich auf die Klärung eines Evaluationsbereiches. Natürlich kann die Methode auch für andere Entscheidungsfindungen genutzt werden.

Ziel

- Mehrheitsentscheidung
- Prioritäten setzen

Zeitbedarf

ca. 15 Minuten

Materialbedarf

- Moderationskarten

Ablauf

1. Vorbereitung: Schreiben Sie alle zu evaluierenden Bereiche auf Moderationskarten – je Moderationskarte ein Evaluationsbereich.
2. Durchführung: Verteilen Sie die Moderationskarten im Raum. Jede Erzieherin stellt sich hinter den Evaluationsbereich, der für sie die höchste Priorität besitzt.
3. Auswertung: Nachdem alle Erzieherinnen ihren Standort bezogen haben, können die Erzieherinnen reihum erläutern, warum sie sich für dieses Themenfeld entschieden haben. Ähnlich wie bei der vorangegangenen Methode ist es hilfreich, darüber hinaus noch gemeinsam die Chancen und Bedenken zu besprechen, die mit der Bearbeitung des Evaluationsbereiches verbunden werden.

8.3 Entscheidungstorte

Wann kann ich diese Methode einsetzen?

Verwenden Sie diese Methode, wenn Sie einen Evaluationsbereich wählen möchten oder auch wenn Sie den zu evaluierenden Bereich auf ein bis zwei Handlungs- und Tätigkeitsbereiche innerhalb des Evaluationsbereiches reduzieren möchten. Die Erzieherinnen können mithilfe dieser Methode Schwerpunkte und Prioritäten setzen.

Je nach Gruppengröße kann diese Methode in Einzelarbeit, in Gruppenarbeit oder auch im Plenum durchgeführt werden.

Ziel

- Meinungen/Interessen ausdrücken,
- Verfahren zur Planung oder Bewertung

Zeitbedarf

ca. 20 Minuten

Materialbedarf

- Kreisscheiben
- evtl. Pinnwand
- Stecknadeln oder Tesafilm

Ablauf

1. Vorbereitung: Sammeln Sie zunächst mögliche Aspekte zu einem Themenfeld, notieren Sie diese auf einem Flipchart-Bogen und nummerieren Sie jeden Aspekt.

Beispielsweise können alle zu evaluierenden Bereiche notiert werden.

2. Durchführung: Jede pädagogische Fachkraft gewichtet die gesammelten Aspekte nach persönlichem Empfinden – von wichtig bis unwichtig – indem Sie entsprechend ihrer Einschätzung einen Kreis in Tortenstücke (Kreissegmente) einteilt und diese mit der dazugehörigen Ziffer markiert. Große Tortenstücke = wichtig, kleine Tortenstücke = unwichtig. Schneiden Sie anschließend die einzelnen Tortenstücke aus, sortieren Sie diese nach Themen/Bereichen und kleben Sie sie auf einem Flipchart-Bogen oder einem Plakat zu neuen Torten zusammen.

3: Auswertung: Die Meinungen und Interessen der gesamten Gruppe können so anschaulich zum Ausdruck kommen. Im Gegensatz zur Meinungsdarstellung über Bepunktung wird hier auch deutlich, wie intensiv sich einzelne Erzieherinnen die Auseinandersetzung mit einem Thema wünscht. Dies wird z. B. deutlich, wenn eine Erzieherin ihre gesamte Torte einem Thema zuordnet.

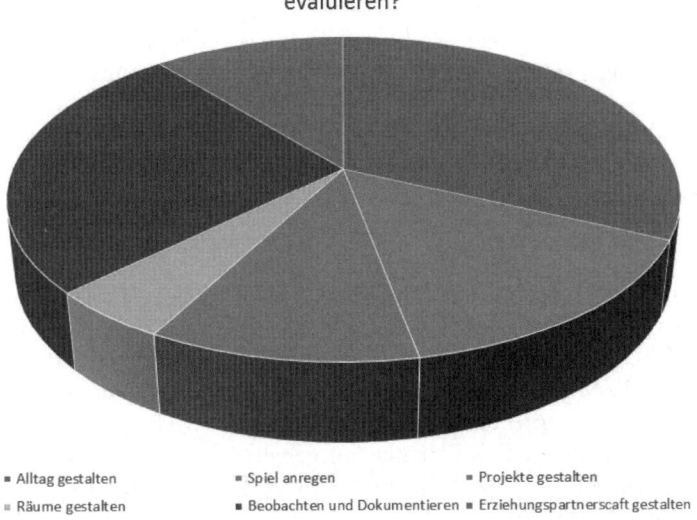

Welchen Bereich sollen wir deiner Meinung nach zuerst evaluieren?

- Alltag gestalten   - Spiel anregen   - Projekte gestalten
- Räume gestalten   - Beobachten und Dokumentieren - Erziehungspartnerscaft gestalten

Abbildung 45: Beispiel anhand der Evaluationsbereiche nach dem Berliner Bildungsprogramm

8.4   Meinungsquadrat

Wann kann ich diese Methode einsetzen?

Die Methode kann z.B. zur Diskussion oder Meinungsbildung über die Auswahl eines zu evaluierenden Bereiches oder aber auch zur Diskussion über Verbesserungsmaßnahmen eingesetzt werden.

Das Meinungsquadrat ist interaktiv und prozessorientiert. Es kann beliebig oft zu jeweils unterschiedlichen Fragestellungen wiederholt werden. Die in den Eckendiskussionen entstehenden Meinungen und Einstellungen können wichtige Klärungshilfen sein.

Ziel

- prozessorientierte Feedbackform
- kritische Meinungsbildungsprozesse werden ausgelöst und unterstützt
- Auswahl eines Evaluationsbereiches
- Entwicklung von Verbesserungsideen

Zeitbedarf

ca. 45 Minuten

Materialbedarf

- Flipchart-Papier oder DIN-A3-Blätter für die vier Themen bzw. Fragen
- dicke Eddings
- Klebeband
- einen Raum mit vier freien Ecken

Ablauf

1. Vorbereitung: Sammeln Sie zunächst – abhängig davon, welches Ziel Sie mit der Methode verfolgen – je vier Probleme, fachliche oder methodische Inhalte, Anwendungsbezüge, offene Fragen, zu bearbeitende Evaluationsbereiche. Zum Beispiel:
   - vier mögliche zu bearbeitende Evaluationsbereiche,
   - vier Verbesserungsideen zu einem Bereich, den Sie bereits als problematisch evaluiert haben
   - vier offene Fragen (z.B. Was bedeutet für mich Qualität im Bereich W, X, Y und Z?)
2. Durchführung: Hängen Sie je eine dieser Ideen/Bereiche/Fragen/o.a. in eine der vier Ecken des Raumes. Jede Teilnehmerin ordnet sich nun derjenigen Ecke zu, die thematisch die größte Übereinstimmung zu ihrem eigenen Standpunkt bildet. Nach 10 bis 20 Minuten Gruppendiskussion folgt entweder ein kurzer Bericht der jeweiligen Gruppensprecherin im Plenum oder die wichtigsten Aussagen werden stichwortartig auf den Eck-Plakaten festgehalten. Anschließend kann ein neues Thema mit vier Fragen oder Schwerpunkten diskutiert werden.
3. Auswertung: Die Ergebnisse, Meinungen und Standpunkte aus den Eckendiskussionen bilden die Grundlage für den zu evaluierenden Gegenstand. Ergebnisse sollten möglichst schriftlich festgehalten werden, damit sie bei der nächsten Sitzung eingebracht werden können. Je konkreter die Frage, desto klarer und damit auch leichter umsetzbar ist das Ergebnis.

Quelle: Angelehnt an: Wester F, Soltau A., Paradies, L. (2006)

8.5   Prioritätenliste

Wann kann ich diese Methode einsetzen?

Die Methode »Prioritätenliste« ist immer dann sinnvoll, wenn ein Meinungsbild im Team abgefragt werden soll, um eine Entscheidungsfindung herbeizuführen. Verwenden Sie diese Methode, wenn Sie beispielsweise einen Evaluationsbereich wählen möchten oder auch wenn Sie den zu evaluierenden Bereich auf ein bis zwei Handlungs- und Tätigkeitsbereiche innerhalb des Evaluationsbereiches reduzieren möchten. Der hier beschriebene Ablauf bezieht sich auf die Auswahl eines Evaluationsbereiches.

Ziel

• Mehrheitsentscheidung
• Prioritäten setzen

Zeitbedarf

ca. 15–30 Minuten

Materialbedarf

• Liste der Evaluationsbereiche

Ablauf

1. Vorbereitung: Jede Erzieherin erhält eine Liste mit allen zur Diskussion stehenden Evaluationsbereichen.
2. Durchführung: Die Fachkräfte setzen auf dieser Liste Prioritäten für jene Bereiche, die Sie gerne als erstes, zweites, drittes, u.s.w. bearbeiten möchten.
3. Auswertung: Die Kitaleitung wertet im Anschluss die einzelnen Listen aus und erstellt eine Gesamtübersicht.

8.6   Themenauswahl

Wann kann ich diese Methode einsetzen?

Diese Methode dient der Erstellung einer Präferenzordnung hinsichtlich unterschiedlicher Themen oder Probleme.

Ziel

• Mehrheitsentscheidung
• Prioritäten setzen

Materialbedarf

• Flipchart samt Papier
• Klebeband
• Scheren
• dicke Stifte

Zeitbedarf

ca. 10 Minuten

Ablauf

1. Vorbereitung: Die Themen werden auf einem Flipchart oder ähnlichem notiert.
2. Durchführung: Alle Teilnehmenden erhalten einen 10 cm langen Klebestreifen (z.B. Kreppband). Dieser kann in beliebige Stücke geschnitten werden, die dann unter die einzelnen Themen geklebt werden.
3. Auswertung: Je länger der Klebestreifen für ein Thema ist, desto weiter oben steht dieses Thema in der Präferenzordnung der Teilnehmenden. Das Thema mit den längsten/meisten Klebestreifen sollte vorrangig bearbeitet werden.

8.7   Schneeball

Wann kann ich diese Methode einsetzen?

Die Methode »Schneeball« kann zur Festlegung des Evaluationsbereiches oder auch eines Teilbereiches verwendet werden. Möglich ist auch, nach der Evaluation eines Bereiches mithilfe der Methode Verbesserungsideen zu sammeln.

Ziel

- Einigung auf einen Evaluationsbereich
- Kreatives Sammeln von Verbesserungsideen

Materialbedarf

- Papier, Flipchartpapier
- Pinnwand, Stecknadeln, dicke Stifte

Zeitbedarf

ca. 45 Minuten

Personenanzahl

Die Gesamtgruppe sollte nicht wesentlich mehr als 20 Teilnehmende umfassen, damit die Methode effektiv bleibt.

Ablauf

1. Vorbereitung: Die pädagogischen Fachkräfte notieren zu einem Thema oder Problem 5 Punkte, die ihnen besonders wichtig sind.
2. Durchführung: Danach werden die 5 Punkte mit denen des Nachbarn bzw. der Nachbarin abgeglichen, so dass sich am Ende jedes Paar auf 6 Punkte geeinigt hat. Dann setzen sich jeweils 2 Paare zusammen und einigen sich wiederum auf 6 ihrer 12 Punkte.
3. Auswertung und Ergebnissicherung: Diese Ergebnisse der Vierergruppen werden auf Postern notiert und ausgehängt. Die Gesamtgruppe kann dann in einer Diskussion ihre Evaluationsschwerpunkte festlegen.

Beispiel:

Die Mitarbeiterinnen einer Kindertageseinrichtung möchten sich auf einen Evaluationsbereich oder auch einen Teilbereich gemeinsam einigen. Die Kitaleitung bittet ihre Mitarbeiterinnen, 5 Bereiche aus dem Kita-Alltag zu notieren, die sie gerne evaluieren möchten. Je spezifischer die Mitarbeiterinnen den Bereich benennen können, desto einfacher wird im späteren Verlauf die Auswahl des zu evaluierenden Qualitätsbereiches. Das heißt: es soll nicht nur »Zusammenarbeit mit Eltern«, »Übergänge gestalten«, etc. notiert werden, sondern idealerweise Aspekte wie »Kommunikation auf Augenhöhe mit den Eltern«, »Eingewöhnung gestalten«, »Übergang der Elementarkinder in die Vorschule«, etc. Anschließend setzen sich je zwei Mitarbeiterinnen zusammen und einigen sich auf jeweils 6 Aspekte. Das weitere Vorgehen ist dann wie oben beschrieben.

9 Methoden zur Einführung in ein Thema

Hier finden Sie Methoden, die Sie für die Einführung in ein Thema nutzen können. Das kann zum einen die Einführung in die interne Evaluation im Allgemeinen sein, aber auch die Einführung in einen Evaluationsbereich.

9.1 Fragerunde

Wann kann ich diese Methode einsetzen?

Diese Methode ist sinnvoll, wenn Sie herausfinden wollen, ob ein Thema verstanden wurde. Zum Beispiel können Sie die Methode zur Überprüfung des Evaluationsverständnisses verwenden.

Ziel

• Kenntnisüberprüfung

Materialbedarf

• Zettel
• Folien
• Stifte

Zeitbedarf

ca. 30 Minuten, abhängig von der Größe der Gruppe

Ablauf

1. Vorbereitung: Zum Thema oder einem Unterthema (zum Beispiel: Thema Evaluation) überlegt sich jede Teilnehmerin eine Frage, die oben auf einen Zettel geschrieben wird.
2. Durchführung: Die Zettel werden im Kreis weitergegeben, damit jeder seine Antwort zu den gestellten Fragen schreiben kann. Sind die Zettel einmal herumgegangen, werden sie vorgelesen oder auf Folien kopiert.
3. Auswertung: Danach können die Antworten in der Gruppe besprochen werden.

9.2 Meinungslinie

Wann kann ich diese Methode einsetzen?

Die »Meinungslinie« ist eine Evaluationsmethode, die mit einfachen Mitteln eine körperbezogene Inszenierung von »Standpunkten« erlaubt.

Ziel

• Ermittlung von Voreinstellungen und Vorwissen
• Visualisierungen von Meinungsbildungsprozessen im Team

Materialbedarf

• Klebeband/Kreppband, um die beiden Pole darzustellen
• Fragen

Zeitbedarf

ca. 15–30 Minuten, abhängig von der Anzahl der Fragen

Ablauf

1. Vorbereitung: Auf der Spielfläche wird eine imaginierte oder mit einer Rolle Kreppband auf den Boden geklebte Linie hergestellt. Bei 10 Teilnehmerinnen sollte die Linie 6 m lang sein; bei 20 Teilnehmerinnen bis zu 10 Meter. An beide Enden werden Pappen oder Blätter (DIN A 4 oder größer) mit dem Stichwort gelegt, zu dem ein (geistiger) Standort bezogen werden soll. Alternativ können die Pole auch mit »trifft voll zu« und »trifft gar nicht zu« beschriftet werden und es werden verschiedenen Fragen vorgelesen. Zum Beispiel: »In der Durchführung von Elterngesprächen fühle ich mich sicher«.

2. Durchführung: Die Erzieherinnen beziehen nun an der Stelle auf der Meinungslinie Position, an der sie ihrer subjektiven Meinung nach stehen.

3. Auswertung: Die Moderatorin hilft, das entstandene Bild zu erfassen und zu deuten. Dies kann z.B. durch ein bloßes Auszählen der eingenommenen Positionen (etwa: »Ein Fünftel des Teams gibt die Note...«) oder durch das Befragen einzelner Teilnehmerinnen (»Warum stehen Sie gerade hier?«) erfolgen. Dabei bietet es sich an, mit den Inhabern der Extrempositionen anzufangen. Bei der Aussage »Bei der Durchführung von Elterngesprächen fühle ich mich sicher« könnte man zum Beispiel herausarbeiten, was den Erzieherinnen fehlt, die sich eher bei »trifft nicht zu« positionieren.

Abbildung 46: Meinungslinie

Quelle: angelehnt an: Wester/Soltau/Paradies 2006

9.3 Traum-Kita

Wann kann ich diese Methode einsetzen?

Die Methode »Traum-Kita« eignet sich als kreative Methode, um herauszufinden in welchen Bereichen der Kita die Mitarbeiterinnen, aber auch die Eltern oder Kinder, Veränderungsbedarf sehen. Sie ermöglicht einen groben ersten Blick auf den IST-Stand (So ist es derzeit in der Kita) und den SOLL-Zustand (So soll die Kita werden).

Ziel

• aktive Beteiligung der Teilnehmenden bei der Gestaltung der Kita
• Herausarbeiten eines »Soll-Zustands«

Materialbedarf

• Stifte
• Papier

Zeitbedarf

ca. 20–45 Minuten für die Gestaltung der Traumkita, ca. 5 Minuten Vorstellung je Gruppe/Person

Ablauf

1. Vorbereitung: In einer kurzen Nachdenkphase erhalten die Teilnehmenden (Eltern z.B. auf einem Elternabend, das Team während einer Teamsitzung, die Kinder während des Morgenkreises) die Möglichkeit, die Kita bewusst wahrzunehmen. Dann werden sie gebeten, ein Bild, einen Text und eventuell ein Modell ihrer »Traumkita« zu erstellen.

2. Durchführung: Die Teilnehmer arbeiten je nach Vorlieben allein oder in Kleingruppen und entwickeln ihre »Traumkita«. Wichtig ist es, ihnen zu erklären, dass es hier nicht um Realismus, sondern um Utopien geht. Die Traumkita sollte nicht nur auf die Gebäudegestaltung reduziert werden, sondern Bereiche wie »Umgangsformen«, »Projekte« »Zusammenarbeit« »Tagesablauf« etc. mit einschließen

3. Auswertung: Nachdem alle ihre Traumkita fertiggestellt haben, stellen sie diese in kurzen Präsentationen von etwa 5 Minuten den anderen Teilnehmerinnen vor. Alle Ergebnisse werden anschließend eingesammelt und analysiert.
   – Welche Wünsche tauchen am häufigsten auf?
   – Welche Ideen sind realisierbar?
   – Welche Materialien sind erforderlich?
   – Ggf. auch: Welche finanziellen Kosten entstehen für die Kita?

Quelle: angelehnt an: Schratz/Steiner-Löffler 1998

9.4 Kartenabfrage

Wann kann ich diese Methode einsetzen?

Die »Kartenabfrage« ist ein Brainstorming-Verfahren. Möglichst viele divergente Ideen, Anregungen, Vorschläge, Tipps etc. sollen in Stichworten gesammelt und strukturiert werden. Diese Methode kann beispielsweise eingesetzt werden, wenn Sie das gemeinsame Verständnis eines Qualitätsbegriffes abfragen wollen: »Was bedeutet für euch ›Qualität in der Zusammenarbeit mit Eltern‹?« Im Gegensatz zu einem offenen Brainstorming, bei dem jeder laut und spontan seine Ideen nennt, werden bei der Methode der Kartenabfrage erfahrungsgemäß öfter auch unpopulärere Meinungen geäußert.

Ziel

• Strukturierung eines Themas

Materialbedarf

• Moderationskarten
• dicke Stifte
• Flipchart oder Pinnwand
• Tesafilm bzw. Stecknadeln
• evtl. Fotoapparat

Zeitbedarf

ca. 20 Minuten

Ablauf

1. Vorbereitung: Zunächst werden alle Teilnehmerinnen gebeten, ihre Ideen und Vorschläge zu einem vorgegebenen Thema – beispielsweise »Was verstehe ich unter ›Qualität in der Zusammenarbeit mit Eltern‹?« – auf Moderationskarten zu schreiben.

2. Durchführung: Jede Teilnehmerin stellt anschließend ihre Ideen vor und hängt sie auf einer Metawand oder einem Flipchart auf. Versuchen Sie schon während diesem Schritt die Moderationskarten nach Themen zu ordnen, d.h. clustern Sie die Karten. Finden Sie im Anschluss daran Oberbegriffe/Überschriften für die geclusterten Karten.

3. Ergebnissicherung und weiteres Vorgehen: Das fertige Ergebnis der Kartenabfrage kann als Foto für die Dokumentation der Veranstaltung festgehalten werden. Je nach Thema können Sie für die weitere Arbeit Schwerpunkte wählen oder arbeitsteilig alle Unterthemen weiter bearbeiten.

Beispiel 1: Eine kleine Kita hat in einer Kartenabfrage das in Abbildung 47 skizzierte Ergebnis erzielt. Sie entschließen gemeinsam, zunächst den Teilbereich »Gesprächsführung und Kommunikation« zu evaluieren, da sie hier am meisten Handlungsbedarf sehen.

Beispiel 2: Eine andere, große Kita erzielt das gleiche Ergebnis bei der Kartenabfrage. Sie entschließen sich, Arbeitsgruppen zu bilden und parallel alle Teilbereiche zu evaluieren.

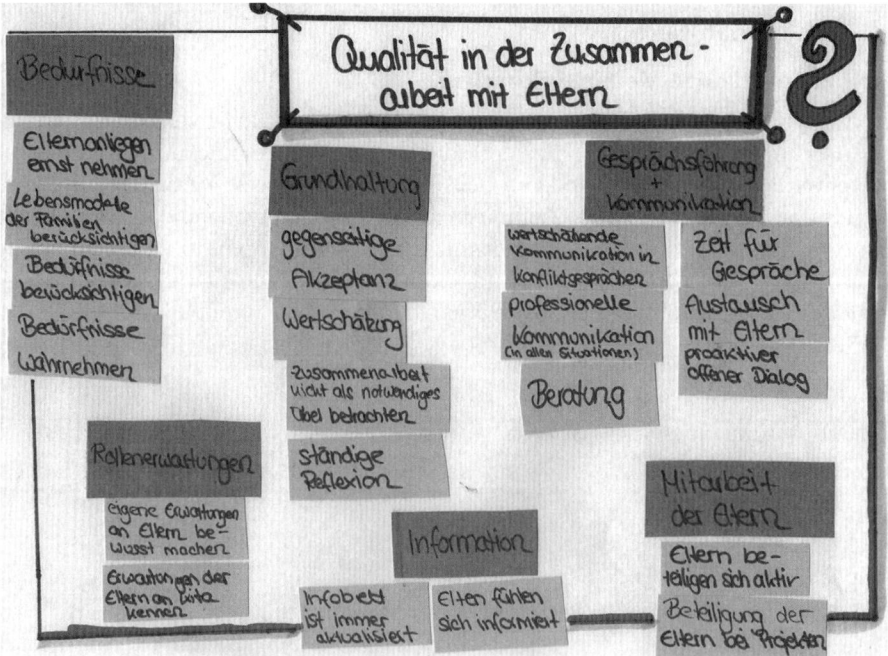

Abbildung 47: Beispielhaftes Ergebnis einer Kartenabfrage

9.5 Mindmap

Wann kann ich diese Methode einsetzen?

Im Grunde ist Mind-Mapping eine spezielle Art, sich alleine oder gemeinsam im Team Notizen zu machen. Sie hilft dabei, einen visuellen und verständlichen Einstieg in ein Thema oder einen Evaluationsbereich zu erlangen. Mind-Mapping dient zum einen der Reflexion darüber, was an subjektivem Wissen zu einem Thema bei den Teilnehmenden bereits vorhanden ist. Sie hilft darüber hinaus, auch komplexere Themen und Evaluationsbereiche visuell darzustellen.

So kann sich eine Kita beispielsweise zu Beginn der Phase C auf den Evaluationsbereich Bildungs- und Erziehungspartnerschaft als ersten zu evaluierenden Bereich geeinigt haben. Mithilfe der Mind-Map können die Teilbereiche visualisiert werden: Kommunikation, Kooperationsmöglichkeiten, Eingewöhnung, etc. Dies hilft zunächst einmal dabei, dass alle Beteiligten ein gemeinsames Verständnis von dem zu evaluierenden Bereich bekommen. Fehlende Teilbereiche können von der Prozessbegleitung oder der Leitung ergänzt werden. Anschließend können sich die Mitarbeiterinnen der Kita einfacher für ein bis zwei Teilbereiche (je nach Komplexität) entscheiden ohne dabei das »Große Ganze« aus den Augen zu verlieren.

Ziele

- Abfrage zur Vorerfahrung zu einem Evaluationsbereich
- Visuelle Darstellung komplexer Evaluationsbereiche
- Strukturierung und Clustering

Aber auch:

- Ideen- und Lösungssammlung

Materialbedarf

- große Papierbögen
- Pinnwände
- Moderationskarten
- Stifte

Zeitbedarf

ca. 20 Minuten

Ablauf

Wie oben bereits beschrieben, geht es bei dieser Methode grundsätzlich darum, sich gemeinsam Notizen zu machen. Im Gegensatz zu der Methode »Kartenabfrage« steht hier der zentrale Begriff (im oben beschriebenen Beispiel die Qualität der Zusammenarbeit mit Eltern) in der Mitte des Papierbogens. Das zentrale Thema wird somit auf dieser »Karte« sofort erkennbar und die dazugehörigen Gedanken und Ideen wachsen in verzweigten Ästen aus diesem Zentrum heraus.

1. Vorbereitung: Notieren Sie zunächst den zentralen Begriff auf der Mitte des Papierbogens.
2. Durchführung: Bitten Sie nun alle Teilnehmerinnen, ihre Meinung, ihre Erfahrung, Gedanken, Gefühle, Begriffe, Teilbereiche, Wünsche, Ziele etc., die mit dem zentralen Begriff in Verbindung stehen, spontan auf Moderationskarten zu schrei-

ben. Möglich ist auch, Zeichnungen oder kleine Grafiken auf den Moderations-karten festzuhalten.

3. Auswertung: Versuchen Sie zunächst, die Karten in Themenbereiche zu sortieren und geben Sie diesen eine Überschrift – vergleichbar mit einer Kapitelüberschrift in einem Buch. Platzieren Sie nun die Karten um den zentralen Begriff herum, zuerst die Überschrift, dann die dazugehörigen Karten, die hiervon abzweigen. Verbinden Sie die Begriffe mit Linien. Zusammenhänge und Verbindungen, Verzweigungen und Bedeutungsunterschiede werden deutlich. **Tipp:** Benutzen Sie unterschiedlich-farbige Moderationskarten für die Überschriften. Oder schreiben Sie Überschriften in Großbuchstaben. Verwenden Sie wenn möglich Symbole und Bilder. Das hilft am Ende, die Übersichtlichkeit zu erhöhen.

4. Ergebnissicherung: Die fertigen Mind-Maps werden dann aufgehängt und in der Gruppe erläutert.

10 Methoden zur Bestimmung von Zielen

10.1 SOFT-Analyse

Wann kann ich diese Methode einsetzen?

Die SOFT-Analyse ist ein Verfahren, um sich einen ersten Eindruck davon zu verschaffen, wie zufrieden das Team/die Eltern mit einem Evaluationsbereich oder Teilbereich sind. Mithilfe dieser Methode lässt sich sehr gut der IST-Stand (der Kita im Allgemeinen oder spezifisch: z.B. der Qualität des Essensanbieters) darstellen um davon ableitend einen SOLL-Zustand zu formulieren.

Die Methode eignet sich sowohl für die Arbeit im Team als auch für die Befragung von Eltern, beispielsweise an einem Elternabend.

SOFT ist ein Akronym der folgenden Begriffe:

Satisfactions = Stärken, Zufriedenheit bzw. befriedigende Ergebnisse

- Das ist spitze!
- Das läuft rund in unserer Kita!
- Das befriedigt uns!

Opportunities = Möglichkeiten, Chancen, Herausforderungen

- Das sind gute Ansätze!
- Hier haben wir Gelegenheiten zur Verbesserung!
- Diese Ressourcen sind für uns nutzbar!

Faults = Schwächen, Fehler, Probleme, Missstände, Unzulänglichkeiten

- Das läuft nicht rund!
- Das ist mangelhaft!
- Das stört uns!

Threats = Bedrohungen, potenzielle Gefahren

- Das sind absehbare bedrohliche Entwicklungen!
- Dies tritt ein, wenn nicht rasch etwas geschieht!

Abbildung 48: Soft-Analyse

Ziel

• Allen Beteiligten ist der momentane IST-Zustand bekannt
• Entwicklungsmöglichkeiten werden aufgezeigt

Materialbedarf

• Papier
• Stifte
• Arbeitsblatt mit 4 Feldern (Satisfactions, Opportunities, Faults und Threats)

Zeitbedarf

ca. 45–60 Minuten

Ablauf

1. Vorbereitung: Klären Sie zunächst, mit welcher Fragestellung Sie die SOFT-Analyse durchführen möchten. Sie können entweder den gesamten Themenbereich erkunden lassen oder Sie beschränken die Analyse auf einzelne Unterthemen.
2. Durchführung: Alle Teilnehmer erhalten je eine Kopie des Arbeitsblattes. Erläutern Sie anschließend die zu bearbeitende Fragestellung sowie die Bedeutung der englischen Wörter: Satisfactions, Opportunities, Faults und Threats. Bitten Sie die Teilnehmerinnen, in Einzelarbeit zu jedem Punkt (Satisfactions, Opportunities, Faults und Threats) Stichworte zu notieren. Im Anschluss werden Gruppen mit nicht mehr als sieben Mitgliedern gebildet. In den Gruppen werden die einzelnen Eintragungen vorgestellt und diskutiert. Die Gruppenmitglieder einigen sich auf die wichtigsten Aussagen und fassen diese zusammen.
3. Auswertung: Die Ergebnisse können anschließend in einem Innen-/Außenkreis-Arrangement in eine weiterführende Diskussion über die Stärken und Schwächen in Gegenwart und Zukunft überführt werden.

4. Ergebnissicherung: Die endgültigen Ergebnisse werden in schriftlicher Form zusammengefasst. Nachdem der gegenwärtige bzw. zukünftige Zustand ausreichend geklärt ist, lassen sich für die einzelnen Bereiche Zielsetzungen erarbeiten, die zunächst der Stabilisierung des Erreichten dienen (Motto: »Darauf können wir stolz sein!«). Für den Bereich der Probleme gilt es Lösungsansätze zu suchen, die Wege in die Zukunft eröffnen, welche die Eintragungen im Quadranten »Chancen und Gefahren« mit einbeziehen. Auch hier gilt es, Zielsetzungen und Maßnahmen zu erarbeiten, welche der Entwicklung in die Zukunft dienen (Motto: »Darauf lohnt es sich hinzuarbeiten.«). Am Ende der Arbeit sollte eine Prioritätenliste für die weitere Bearbeitung erstellt worden sein, um die Umsetzung der gewonnenen Befunde zu gewährleisten.

Quelle: angelehnt an: Wester/Soltau/Paradies 2006; Schratz/Iby/Radnitzky 2000

10.2 Zielkreuz

Wann kann ich diese Methode einsetzen?

Die Formulierung von Zielen ist zu Beginn der Evaluation einer der wichtigsten Schritte. Verwenden Sie das »Zielkreuz« in der Phase C zur Definition Ihrer Evaluations-Ziele: Was möchten wir mit der Evaluation erreichen?

Die Methode ermöglicht einen sehr breiten Blick auf den Evaluationsbereich. Sie hilft, einen SOLL-Zustand – d.h. ein gewünschtes Evaluationsergebnis – zu definieren und darüber hinaus Indikatoren zu benennen, woran Sie das Ergebnis messen können.

Ziel

- Ziele bzw. Themen festlegen
- Formulierung von Aufgaben
- Definition von Qualitätskriterien und Indikatoren

Materialbedarf

- Flipchart mit Stiften oder Folie mit Folienstiften, bzw. PC und Beamer (auch Tafel und Kreide sind möglich)

Zeitbedarf

ca. 60 Minuten

Ablauf

1. Vorbereitung: Sie haben bereits geklärt, welchen Bereich oder Teilbereich sie gerne evaluieren möchten und weshalb Sie in diesem Bereich Evaluationsbedarf sehen. Zeichnen Sie nun das Zielkreuz auf einen Flipchart-Bogen, eine Tafel o.ä. und erklären Sie Ihren Mitarbeiterinnen den Sinn der einzelnen Quadranten:

   SINN/ZWECK: Beantworten Sie in diesem Quadranten die Frage: »Wozu dient das Ziel? Was ist sein Zweck?« Wenn das Ziel der Evaluation beispielsweise die Verbesserung der Kommunikationskultur in der Kita ist, dann kann Sinn und Zweck das Ziele sein, die Personalzufriedenheit zu erhöhen oder aber auch professioneller mit den Eltern zu kommunizieren.

   KUNDE: Leitfragen in diesem Quadranten sind: Für wen tun wir das? Wer profitiert davon, wenn wir unser Ziel erreichen? Gibt es eventuell auch jemanden, der durch das Erreichen des Ziels negativ betroffen wäre? Das Ziel ›Verbesserung der Kommunikationskultur in der Kita‹ würde sowohl das Team, die Kitaleitung, die Kinder, die Eltern und letztendlich auch den Träger positiv betreffen.

ENDERGEBNIS: Erarbeiten Sie in diesem Quadranten die Qualitätskriterien: Was soll erreicht werden? Kriterien für eine verbesserte Kommunikationskultur können zum Beispiel die Abnahme von internen Streitigkeiten, die klare und direkte Ansprache von Problemen und Spannungen, mehr Sicherheit in der Ansprache von Eltern u.a. sein.

ERFOLGSKRITERIEN: Klären Sie die Indikatoren, anhand derer Sie messen können, dass das Ziel erreicht ist. Tragen Sie überprüfbare Indikatoren zusammen, die für das Erreichen des Zieles erfüllt sein müssen.

2. Durchführung: Es gibt viele Möglichkeiten, sich mit dem Zielkreuz zu befassen. Je nach Gruppengröße können Sie die Methode in Einzelarbeit, in Partner- oder Kleingruppenarbeit oder auch im Plenum bearbeiten. Hier möchten wir eine Möglichkeit näher erläutern:

Teilen Sie Ihr Team in vier gleich große Gruppen. Jede Gruppe bekommt einen Flipchart-Bogen zu je einem Quadranten. Nun haben die Gruppen 10 Minuten Zeit, all ihre Gedanken zu den Leitfragen des jeweiligen Quadranten auf dem Flipchart zu notieren. Nach 10 Minuten ›wandert‹ jede Gruppe einen Flipchart-Bogen weiter, liest sich die Antworten der Vorgruppe durch und ergänzt diesen Bogen mit eigenen Ideen und Gedanken. Dieser Vorgang wird so lange wiederholt, bis alle Gruppen alle Ziel-Quadranten einmal bearbeitet haben. Anschließend werden die Bogen zu einem großen Zielkreuz zusammengefügt und das Endergebnis im Plenum diskutiert.

ANMERKUNG: Ziel dieser Methode ist u.a., das Evaluationsziel so konkret wie möglich zu definieren. Es kommt vor, dass im Laufe der Bearbeitung des Zielkreuzes das Ziel neu definiert werden muss – meist, wenn die Kriterien und das Endergebnis genau benannt werden.

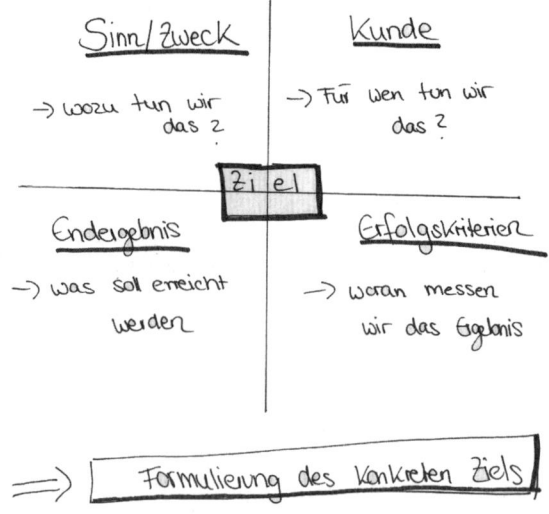

Abbildung 49: Zielkreuz

11 Methoden zur Ideenfindung

11.1 Ideenkarussell

Wann kann ich diese Methode einsetzen?

Das »Ideenkarussell« ist eine kreative Methode zur Sammlung von Ideen. So kann diese Methode beispielsweise eingesetzt werden, um gemeinsam nach der Evaluation eines (Teil-)Evaluationsbereiches Verbesserungsideen zu sammeln.

Die Methode »Ideenkarussell« kann Impulse geben, um Ideen klarer definieren und Probleme besser umreißen zu können.

Ziel

• Ideen entwerfen und sammeln
• in Themen einsteigen
• (Problem-)Lösungen finden und sammeln
• Kreativität/Fantasie anregen und freisetzen

Materialbedarf

• Papier
• Stifte
• evtl. Pinnwand oder Flipchart

Zeitbedarf

ca. 45 Minuten

Ablauf

1. Vorbereitung: Teilen Sie ein Problem in Teilprobleme auf, die auf jeweils einem Blatt Papier notiert werden. Zum Beispiel kann die ›Zusammenarbeit mit den Eltern‹ als problematisch bewertet und die ›Unsicherheit im Umgang und der Kommunikation mit den Eltern‹, ›die Unzufriedenheit über die mangelnde Zusammenarbeit‹, die ›Tätigkeit eines Dienstleisters‹ und das ›Fehlende Verständnis seitens der Mitarbeiterinnen gegenüber dem Lebensentwurf der Eltern‹ als Teilprobleme definiert werden. Die Methode des Brainstorming oder auch des Mind-Mapping kann Ihnen zunächst dabei helfen, die Teilprobleme klarer herauszuarbeiten.

2. Durchführung: Jede Teilnehmerin erhält ein Blatt, auf dem ein Teilproblem notiert ist und schreibt innerhalb der folgenden 5 Minuten darauf möglichst viele Lösungsideen/Antworten. Haben Sie weniger Teilprobleme als Teilnehmerinnen, dann können die Papiere auch an jeweils 2 Personen ausgehändigt werden. Wichtig in diesem Prozess ist der Spaß an der Ideenfindung. Ein »Das geht doch eh nicht« oder »Das wird uns nie und nimmer genehmigt« oder ein »Da macht doch die X nicht mit« sind in diesem Prozess eher hinderlich. Anschließend werden alle Blätter im Kreis weitergegeben. Jede Teilnehmerin hat nun wieder 5 Minuten Zeit, um die vorhandenen Ideen zu lesen und sich durch sie zu drei neuen Ideen oder Idee-Variationen inspirieren zu lassen. Möglich ist auch, die vorhandene Idee vom »Vorschreiber« weiter auszuführen. Sind die Bögen einmal herumgereicht worden, ist die Ideensuche beendet.

3. Auswertung: Nach mehrmaligem Weitergeben werden die Ideen im Plenum vorgestellt und auf ihre Verwertbarkeit hin eingeschätzt.

11.2 Ideenspeicher/Klagemauer

Wann kann ich diese Methode einsetzen?

Diese Methode dient der Sammlung von Ideen oder Problemen. Wichtig ist bei dieser Methode, dass der Ideenspeicher/die Klagemauer auch regelmäßig angesehen und ausgewertet wird.

Ziel

• Problem-/Ideensammlung

Materialbedarf

• Flipchartbögen
• Stifte

Zeitbedarf

Nicht genau festgelegt, Plakate können ca. 1 Woche hängen

Ablauf

1. Vorbereitung: An verschiedenen Orten in der Einrichtung werden für einen zuvor definierten Zeitraum Plakate zu einem bestimmten Themenbereich aufgehängt.
Beispiel 1: Eine Kita arbeitet seit gut einem Jahr nach einem teiloffenen Konzept, in dessen Verlauf die Gruppenräume Funktionsräumen gewichen sind. Es soll nun evaluiert werden, wie das neue Konzept in der Kita umgesetzt werden konnte und in welchen Bereichen es noch Schwierigkeiten und Probleme gibt. Darüber hinaus sollen erste Ideen gesammelt werden, wie mit den Schwierigkeiten umgegangen werden kann. In der Kita werden nun in jedem der Räume zwei Plakate nebeneinander aufgehängt: ein ›Klage-Plakat‹ und ein ›Ideen-Plakat‹.
Beispiel 2: Eine Kita möchte gerne den Eingangsbereich in der Kindertageseinrichtung verändern. Über zwei Wochen hängen Sie dort gut sichtbar gemeinsam mit einer Erklärung für die Eltern ein Plakat auf, mit dem Sie die Eltern bitten und motivieren, Verbesserungsvorschläge, Wünsche, Mängel u.a. bezüglich des Eingangsbereiches zu notieren.
Beispiel 3: Der Leitung einer Kita fällt auf, dass in den letzten Monaten wenig Projektarbeit in den Gruppen stattgefunden hat. Es soll evaluiert werden, weshalb dies so ist um auf Basis der Erkenntnisse Ideen für mehr und kontinuierlichere Projektarbeit in der Kita zu entwickeln. In der Dienstbesprechung stellt sie dem Team zwei Plakate vor, welche sie im Mitarbeiterraum für die nächste Woche bis zur folgenden DB hängen lassen möchte: Eine ›Klagemauer‹, auf der die Mitarbeiterinnen Fehlplanungen, Ursachen, Unmutsbekundungen u.a. notieren können und eine ›Ideenwand‹ für erste Verbesserungsideen, Wünsche und Anregungen.
2. Durchführung: In einer zuvor definierten Zeit (in der Regel ein bis zwei Wochen) haben nun die Adressaten der Plakate, sprich die Eltern oder/und das pädagogische Fachpersonal, die Möglichkeit, ihre Ideen, Wünsche, Unmutsbekundungen usw. auf den Plakaten zu notieren.

3. Auswertung: Die Kitaleitung nimmt nach einer Woche das Plakat auf und strukturiert die Anregungen. Die Ergebnisse sollten anschließend auf einer Teamsitzung besprochen werden.

11.3 Markt der Möglichkeiten

Wann kann ich diese Methode einsetzen?

Die Methode dient dazu, Ergebnisse einer Gruppenarbeit zu präsentieren. Wenn beispielsweise in Kleingruppen Ideen und Lösungsansätze zu einem bestimmten Evaluationsbereich erarbeitet wurden, können diese im ›Markt der Möglichkeiten‹ vorgestellt werden.

Ziel

• Ergebnisdarstellung

Materialbedarf

• Stellwände
• Tische
• evtl. Fotoapparat oder Videokamera

Zeitbedarf

ca. 45 Minuten

Ablauf

1. Durchführung: Ausgangsvoraussetzung dieser Methode ist, dass zuvor in Kleingruppen Teile eines Gesamtthemas erarbeitet wurden. So können beispielsweise in Kleingruppen Verbesserungsideen zu einem Evaluations- oder Teilbereich erarbeitet worden sein. Jede Gruppe präsentiert ihre Ergebnisse quasi an einem »Marktstand« in Form von Plakaten, Stellwänden, Multimedia-Präsentationen, Collagen, als Theatersequenz oder als Film. Dies kann eine teaminterne oder öffentliche Präsentation sein. Alle Teilnehmenden können auf dem Markt umhergehen und sich informell bei den jeweiligen Gruppen über deren Arbeit und Ergebnis informieren.
2. Ergebnisbesprechung und -sicherung: Wichtig ist, dass Sie anschließend die Ergebnisse der Kleingruppenarbeit und weitere notwendigen Maßnahmen im Plenum besprechen und die Ergebnisse festhalten.

12 Methoden zur Reflexion

12.1 Reflexion der Qualitätssicherung

Wann kann ich diese Methode einsetzen?

Verwenden Sie diese Methode, wenn Sie gemeinsam mit dem Team die bereits stattfindenden Maßnahmen zur Qualitätssicherung sammeln und hinsichtlich ihrer wahrgenommenen Effektivität einschätzen möchten.

Ziel

• Das Team weiß, welche qualitätssichernden Maßnahmen in der Kita stattfinden.
• Die wahrgenommene Wirksamkeit und Akzeptanz der unterschiedlichen Methoden im Team ist klar erkennbar.

Materialbedarf

• Moderationskarten
• Verschiedenfarbige Klebepunkte
• Pinnwand/Wandzeitung
• Overheadprojektor

Zeitbedarf

ca. 45–60 Minuten

Ablauf:

1. Durchführung: Fordern Sie die Kolleginnen auf, alle Maßnahmen zur Qualitätssicherung, die in Ihrer Kita durchgeführt werden, stichwortartig auf Moderationskarten zu notieren (eine Maßnahme pro Karte). Lassen Sie die Teilnehmerinnen ihre Karten an der Pinnwand/Wandzeitung befestigen und sortieren Sie doppelte Nennungen aus.Nachdem Sie einen Überblick erarbeitet haben, welche Maßnahmen überhaupt durchgeführt werden, können Sie die Karten nach verschiedenen Fragestellungen einschätzen lassen. Die Teilnehmerinnen erhalten dafür eine bestimmte Anzahl von Klebepunkten, um die jeweiligen Karten zu markieren. Mögliche Fragen wären z.B.:
   – Welche Maßnahmen halten Sie für besonders effektiv?
   – Welche Maßnahmen lassen sich gut ins Tagesgeschäft einbinden?
   – Bei welchen Maßnahmen ist das Verhältnis von Aufwand und Nutzen besonders gut?
   – Welche Maßnahmen sollten in Zukunft häufiger zum Einsatz kommen?
2. Auswertung: Haben die Teilnehmerinnen nur eine Fragestellung beantwortet, können Sie die Rangfolge direkt mit den Karten an der Pinnwand/Wandzeitung erstellen. Bei mehreren Fragen empfiehlt es sich, diese vorher auf einer Overheadfolie zu notieren und die Maßnahmen anschließend in der jeweiligen Reihenfolge zu ergänzen. Am Ende der Teamsitzung können Sie noch die Frage stellen, welche Bereiche in der Kita noch nicht durch die gesammelten Maßnahmen der Qualitätssicherung abgedeckt werden.

Quelle: Angelehnt an Wester/Soltau/Paradies 2006

12.2   Kritik für die Zukunft

Wann kann ich diese Methode einsetzen?

Diese Methode dient der Bewertung von Veranstaltungen, wie zum Beispiel der Bewertung eines Elternabends. Am Ende einer Veranstaltung wird die Bewertung der Teilnehmenden als Expertinnen und Experten eingeholt.

Ziel

• Methodische und inhaltliche Verbesserung des Veranstaltungskonzeptes.

Materialbedarf

• verschiedenfarbige Karteikarten
• Flipchart oder Pinnwand
• Tesafilm oder Stecknadeln

Zeitbedarf

ca. 15 Minuten

Ablauf

1. Durchführung: Notieren Sie zunächst am Ende einer Veranstaltung die drei Kategorien ›positiv‹, ›negativ‹ und ›alternativ‹ auf verschiedenfarbige Moderationskarten. Fordern Sie nun die Teilnehmenden auf, ihre Bewertung der Veranstaltung in Anlehnung an die Kategorien ›positiv‹, ›negativ‹ und ›alternativ‹ auf Moderationskarten zu notieren. Im Anschluss daran äußert jeder Teilnehmende seine Rückmeldung mithilfe der Karten mündlich und ordnet diese den Kategorien zu.
2. Auswertung: Wichtig ist es, die Ergebnisse dieser Rückmeldungs-Runde festzuhalten (schriftlich oder als Fotoprotokoll), um bei der Vorbereitung auf die nächste Veranstaltung sowohl die Kritikpunkte als auch die positiven Aspekte und Alternativvorschläge zu berücksichtigen.
   Variation »Kofferpacken«: Am Ende der Veranstaltung wird ein Koffer gepackt: Dazu schreiben die Teilnehmerinnen zum einen auf, was sie mitnehmen. Auf eine weitere Karte werden Verbesserungsideen, Wünsche etc. notiert.

13 Befragungsmethoden

Hier finden Sie unterschiedliche schriftliche und mündliche Befragungsmethoden. Das Erstellen und Auswerten von Befragungsmethoden ist sehr zeitintensiv und anspruchsvoll. Sie sollten deshalb gründlich abwägen, inwieweit sich Befragungsmethoden für den jeweiligen Evaluationsbereich eignen und ob es geeignete alternative Methoden gibt.

Aufgrund der Komplexität der verschiedenen Befragungsmethoden ist hier nur eine kleine Einführung in die verschiedenen Methoden möglich. Falls Sie die Befragungsmethoden für die Evaluation in Ihrer Kita für sinnvoll erachten, empfehlen wir, weiterführende Literatur bezüglich der Erstellung und Auswertung solcher Instrumente zu lesen.

13.1 Gruppeninterview

Wann kann ich diese Methode einsetzen?

Verwenden Sie »Gruppeninterviews«, wenn Sie die Meinungen der Erzieherinnen oder Eltern zu einem bestimmten Themenbereich einholen möchten. Das Gruppeninterview zeichnet sich dadurch aus, dass vorab Fragen erarbeitet werden, die dann im Laufe des Interviews an die Teilnehmenden gestellt werden. Sind Antworten unklar oder missverständlich, haben Sie im Rahmen des Gruppeninterviews die Möglichkeit, die Beteiligten direkt darauf anzusprechen.

Ziel
• Abfragen von Einzelmeinungen

Materialbedarf
• Fragebogen mit geschlossen Fragen zum Themenbereich
• ggf. Fiktives Mikrophon, z.B. ein dicker Stift
• ggf. Tonbandgerät

Zeitbedarf
• Vorbereitung: ca. 30 Minuten
• Durchführung: ca.15–30 Minuten
• Nachbereitung: ca. 60 Minuten oder länger

Abbildung 50: Gruppeninterview

Ablauf

1. Vorbereitung: Formulieren Sie eine Reihe von (geschlossenen) Fragen im Vorfeld aus. Zur Erklärung:

   Geschlossene Fragen: Bei geschlossenen Fragen sind die Antwortmöglichkeiten vorgegeben (z.B. Seid ihr mit der Elternarbeit zufrieden?: Ja/Nein/Weiß nicht). Sie haben zum Vorteil, dass man sehr präzise Antworten zu einem bestimmten Punkt erhält. Ein Nachteil geschlossener Fragen ist, dass Zwischentöne – und damit wichtige Informationen – leicht verloren gehen können und sie – werden ausschließlich geschlossene Fragen verwendet – als manipulierend oder einengend wahrgenommen werden können.

   Offene Fragen: Offene Fragen (W-Fragen) ermöglichen dem Befragten ein breites Spektrum an Antwortmöglichkeiten. W-Fragen sind beispielsweise: Wessen Idee war das? Wer hat Sie darüber informiert? Wen...?, Wem...?, Wozu...? Wonach...? u.v.m. Ein Vorteil von offenen Fragen ist, dass sie weniger einengen und viel Raum für Erfahrungen, Befindlichkeiten, Gedanken und Erwartungen des Gesprächspartners ermöglichen. Ein Nachteil von offenen Fragen ist, dass Vielredner manchmal gezielt gelenkt werden müssen, wenn ein Zeitplan einzuhalten ist.

2. Durchführung: Eine in einem Raum versammelte Gruppe wird durch einen Interviewer (dies kann die Kitaleitung oder ein Moderator sein) befragt. Die Person verwendet hierzu einen vorgegebenen standardisierten Fragebogen mit *überwiegend* geschlossenen Fragen. Die geschlossenen Fragen können allerdings durch offene Fragen ergänzt werden, da diese wiederum zur Diskussion anregen.

3. Auswertung: Die Auswertung wird vereinfacht, wenn das gesamte Interview aufgezeichnet wurde. So gehen keine Informationen verloren. Die Transkription des Tonmateriales erweist sich allerdings als sehr langwierig, deshalb sollten dafür genügend Kapazitäten vorhanden sein. Eine weitere Möglichkeit ist es, das Interview zum Durchführungszeitpunkt schriftlich zu protokollieren. Die Antworten der Erzieherinnen/Eltern können beliebig tief ausgewertet werden.

13.2 Gruppendiskussion

Wann kann ich diese Methode einsetzen?

Auch die Gruppendiskussion kann verwendet werden, wenn Sie Meinungen einer Gruppe zu einem bestimmten Thema einholen möchten.

Im Unterschied zum Gruppeninterview, in dem Fragen sozusagen ›abgearbeitet‹ werden, ist die Gruppendiskussion ein offener Prozess. Nur ganz selten unterbricht die forschende Person (z.B. die Kita-Leitung bei einer Diskussion der Erzieherinnen oder die Erzieherin bei einer Diskussion an einem Elternabend) die Diskussion der Gruppe durch Fragen. Ein Vorteil von Gruppendiskussionen ist, dass sich manchmal erst im Laufe einer offenen Diskussion Meinungen, Auffassungen und Ideen der Diskussions-Teilnehmer verfestigen und geäußert werden – Meinungen, die manchmal im Rahmen eines Gruppeninterviews nicht offen ausgesprochen werden. Eine Gruppendiskussion bedarf jedoch einer sehr großen Aufmerksamkeit und Moderationsfähigkeit seitens der forschenden Person, da Gruppen schnell in der ›Hitze der Diskussion‹ vom eigentlichen Thema abgekommen können.

Ziel

- Meinungen und Einstellungen einzelner Teilnehmer einer Gruppe erheben
- die Meinung der Gruppe als größere soziale Einheit erheben (Stichwort: informelle Gruppenmeinung)
- Bewusstseinsstrukturen, die Meinungen und Einstellungen zugrunde liegen, erheben
- gruppenspezifische Verhaltensweisen erforschen
- Gruppenprozesse, die allgemein meinungsbildend oder -verändernd sind, erforschen
- Problemlösungsprozesse in der Gruppe analysieren

Materialbedarf

- Notizblock
- Stift
- u.U. Aufnahmegerät

Zeitbedarf

- Vorbereitung: ca. 30 Minuten
- Durchführung: ca. 15–30 Minuten
- Nachbereitung: ca.60 Minuten oder länger

Ablauf

1. Vorbereitung: Wählen Sie die Teilnehmer der Gruppendiskussion aus. Die optimale Größe liegt zwischen 5 und 12 Teilnehmern.
2. Durchführung: Zunächst stellen sich Moderator und Teilnehmer vor. Anschließend weist der Moderator darauf hin, dass die Teilnahme freiwillig ist, die Diskussion evtl. aufgezeichnet wird und die Ergebnisse anonymisiert werden. Dem folgt die Präsentation eines »Grundreizes«, der eine allgemeine Diskussion entfachen soll. Wenn nötig werden provokante Thesen formuliert. Die Diskussion wird moderierend begleitet und aufgezeichnet (idealerweise mit Video).
3. Auswertung: Die letzte Phase ist die Transkription und Auswertung der Protokolle. Die Auswertung kann sich hier unterschiedlich gestalten:
   – vermittelndes Erkenntnisinteresse: statistisch-quantitative Analyseverfahren
   – ermittelndes Erkenntnisinteresse (inhaltlichen Aspekte einer Diskussion): interpretativ-reduktive Analysemethoden

Der Analyseprozess soll so weit wie möglich dokumentiert und das Ergebnis anschließend offengelegt werden.

13.3 Fokusgruppen-Interview

Wann kann ich diese Methode einsetzen?

Im Unterschied zu Gruppeninterviews befragen Sie bei einem Fokusgruppen-Interview mithilfe eines Interviewleitfadens mehrere homogene Gruppen zu demselben Thema. So können Sie zum Beispiel eine Gruppe von Kindern, eine Gruppe von Eltern und eine Gruppe von Erzieherinnen zu bestimmten Aspekten der Gestaltung der Kita befragen. Die Aussagen der einzelnen Fokusgruppen werden gesammelt und einander gegenübergestellt.

Ziel

- Es liegen differenzierte Informationen zu Aspekten der Kita aus Sicht verschiedener Personengruppen vor.
- Die befragten Personen(gruppen) entwickeln durch die Beteiligung und den Austausch ein Problembewusstsein.
- Die Mitglieder der Fokusgruppen sind motiviert, zukünftige Veränderungsprozesse mitzugestalten.

Materialbedarf

- Moderationskarten
- eventuell Aufnahmegerät (Audio/Video)

Zeitbedarf

- Vorbereitung: ca. 30 Minuten
- Durchführung: ca. 15–30 Minuten
- Nachbereitung: ca. 60 Minuten oder länger

Ablauf

1. Vorbereitung: Nachdem im Team die Durchführung einer Erhebung beschlossen worden ist, wird eine Koordinationsgruppe gebildet, welche den Prozess vorbereitet und deren Mitglieder später die Gruppeninterviews durchführen. *Aufgaben der Koordinationsgruppe:*
   - *Entwicklung des Interviewleitfadens:* Die Fragen für die Fokusgruppeninterviews leiten sich aus der Zielsetzung der Evaluation ab. Die Koordinationsgruppe muss klären, ob eine globale Diskussion zum Thema (z.B. Gestaltung der Kita) gewünscht ist oder ob bereits abgeleitete Indikatoren gezielt abgefragt werden sollen (z.B. Zustand des Gebäudes, Spiel- und Lernumgebungen, Gartengestaltung, Eindruck von außen etc.).
   - *Festlegen der Gruppen:* Nachdem geklärt ist, was die Fragestellung der Evaluation sein soll, muss bestimmt werden, wer im Einzelnen hierzu interviewt wird. Bilden Sie jeweils eine oder mehrere homogene Gruppen (z.B. Vorschulkinder, Erzieherinnen, Eltern). Die Auswahl der »Repräsentanten« wird dabei selten wirklich repräsentativ sein sondern vor allem pragmatisch (Wer hat Zeit? Wer ist bereit mitzumachen?).
2. Durchführung: Anhand des Interviewleitfadens führt der Moderator die Fokusgruppe durch die verschiedenen Fragestellungen. Hierbei ist das vorrangige Ziel, die unterschiedlichen Positionen zu einem Thema zu erfahren und nicht unbedingt gemeinsam zu einem Konsens zu gelangen.
3. Auswertung und Ergebnissicherung: Um die Aussagen während der Diskussion festzuhalten, kann ein sog. Gruppendiagramm verwendet werden. Ein Gruppendiagramm ist eine Skizze der Sitzordnung der Fokusgruppe, wobei stichwortartig die Aussagen der Teilnehmerinnen auf ihrem jeweiligen Platz notiert werden. Alternativ können Sie die Diskussion auch aufnehmen (Audio/ Video) und dann später in Ruhe auswerten.

Hinweise zur Auswertung

Verwenden Sie für jede der Fragestellungen andersfarbige Moderationskarten und notieren Sie nach der Diskussionsrunde darauf die unterschiedlichen Aussagen der

Teilnehmerinnen. Anschließend können Sie versuchen, Gruppen mit ähnlichen Aussagen zusammenzufassen (Clustern der Karten) um eine übersichtlichere Darstellung der Ergebnisse zu ermöglichen. Erarbeiten Sie anschließend mit der Koordinationsgruppe eine geeignete Möglichkeit, die Ergebnisse den Beteiligten zu präsentieren.

Quelle: angelehnt an Wester/Soltau/Paradies 2006; Schratz/Iby/Radnitzky 2000

13.4   Leitfadeninterview

Wann kann ich diese Methode einsetzen?

Das Leitfadeninterview ist ein strukturiertes Gespräch über ein gegebenes Thema. Dazu wird vorweg ein Leitfaden erstellt, der eine offene Startfrage und einige weiterführende Fragen zum Evaluationsthema enthält. Mit der Startfrage wird ein Gesprächsthema eröffnet, sie soll die befragte Person zum Erzählen auffordern. Gelingt dieser Einstieg, so wird oft ein großer Teil der Nachfragen schon beantwortet und es bleibt nur noch, an einigen Stellen nachzuhaken. Das Leitfadeninterview eignet sich gut für interne Evaluationen, da es einerseits klar auf ein Thema fokussiert ist und geleitet wird, andererseits den Befragten genügend Spielraum lässt, um eigene Eindrücke, Meinungen und Ideen zu äußern. Dadurch erhält das Evaluationsteam vielfältige und ungefilterte Informationen

Ziel

• Abfragen von Einzelmeinungen

Materialbedarf

• Notizblock
• Stift
• u.U. Aufnahmegerät

Zeitbedarf

• Vorbereitung: ca. 30 Minuten
• Durchführung (pro befragter Person): ca. 15–30 Minuten
• Nachbereitung: ca. 10 Minuten oder länger
• Auswertung: Abhängig von der Art der Auswertung und der Anzahl der geführten Interviews

Ablauf

1. Vorbereitung:
   • Erstellen eines Leitfadens:
     – Thema strukturieren (Welche Themen sollten angesprochen werden? – Zu welchen Themen können die Befragten etwas sagen? – Welches sind die wichtigsten 4–5 Themen?)
     – Einstiegsfrage (Das Interviewgespräch beginnt nach der Einleitung mit einer Einstiegsfrage, welche die Befragten anregt, sich relativ frei zum Thema zu äußern.)
     – Leitfragen und Nachfragen (Für den weiteren Gesprächsverlauf werden zu einzelnen wichtigen Aspekten je eine Leitfrage und allfällige Nachfragen formu-

liert. Die Leitfrage soll auf einen Aspekt fokussieren und wieder zum Erzählen anregen.)
- Darauf achten, dass offene Fragen gestellt werden. Geschlossene (mit ja oder nein beantwortbare Fragen) vermeiden! Die Fragen sollten klar und einfach sein. Missverständnisse sollten ausgeschlossen werden. Suggestivfragen vermeiden, in Einzelfällen evtl. bewusst einsetzen (z.B. um tabuisierte Themen anzusprechen)
- Auswahl der Interviewten, Organisation der Interviews

2. Durchführung:
   - Einleitung:
     - Begrüßung und gegenseitiges Vorstellen
     - Informieren der Befragten über den Kontext der Evaluation (Auftraggeber, Fragestellung, Rolle und Verwendung der Interviews). Dazu gehören Hinweise zur Anonymität der Befragten (im Bericht werden keine Namen genannt) und zur Tonaufnahme, welche nur dem Evaluator dient und nach der Auswertung gelöscht wird.
     - Einstiegsfrage
   - Gesprächsführung (Abarbeiten des Leitfadens, bei Unklarheiten direkt nachfragen)
   - Nachbereitung (Notizen zum Gesprächsverlauf und Kontext festhalten)

3. Auswertung:
   - Einfache Auswertung:
     - Inhaltliche Zusammenfassung des Interviews durch eine Einzelperson oder
     - Inhaltliche Zusammenfassung in einer Arbeitsgruppe. Dabei werden die Antworten durch das Anhören des Tonbandes entlang des Leitfadens zusammengefasst. Prägnante Aussagen werden wörtlich wiedergegeben.
   - Professionelle Auswertung nach wissenschaftlichen Standards:
     - Das Auswertungsverfahren in der qualitativen Forschung lässt sich in drei Phasen aufteilen, die Transkription (Datenaufbereitung), die Analyse der Daten und die Systematisierung der Ergebnisse. Unter einer Transkription versteht Mayring (2002) »(…) wenn gesprochene Sprache, beispielsweise aus Interviews oder Gruppendiskussionen, in eine schriftliche Fassung gebracht wird« (S. 89). Dies passiert meist auf Basis von Tonband- oder anderen Aufzeichnungen. Durch dieses sehr zeitaufwändige Verfahren entsteht eine sehr gute Basis für die anschließende interpretative Auswertung des Materials, da diese ohne Zeitdruck und mit Distanz erfolgen kann. Zudem ermöglicht es dem Team den Vergleich von einzelnen Sequenzen und den Zugang für andere Personen (Aeplli et al. 2011). Für die Transkription stehen verschiedene mehr oder weniger umfassende Transkriptionssysteme zu Verfügung. Die Analyse der Daten kann zum Beispiel durch eine Qualitative Inhaltsanalyse nach Mayring oder Gläser und Laudel erfolgen. Auch die Grounded Theory ist eine Möglichkeit qualitative Daten auszuwerten. Hilfreich zur computergestützen Auswertung ist zum Beispiel das Programm MAXQDA.

Wir empfehlen hier die Bücher:

Mayring, P. (2008): *Qualitative Inhaltsanalyse: Grundlagen und Techniken*. Weinheim, Basel: Beltz Verlag

Gläser, J.; Laudel, G. (2010): *Experteninterviews und qualitative Inhaltsanalyse als Instrumente rekonstruierender Untersuchungen.* Wiesbaden: VS Verlag für Sozialwissenschaften

Anmerkung: Interviews lassen sich auch schon gut mit Kindern führen. Beispielhafte Fragen zum Beispiel zum Thema »Räumlichkeiten und Ausstattung« sowie »Programmgestaltung und Wochenablauf« wären zum Beispiel:

- Was macht Ihr hier so alles im Kindergarten?
- Gibt es etwas, das Ihr am liebsten/besonders gern tut?
- Wo spielt Ihr am liebsten? Warum?
- Was machen die Erzieherinnen mit Euch?
- Könnt Ihr mitbestimmen, was gemacht wird?
- Gibt es etwas, was Ihr gern tut, aber nicht dürft? Warum dürft Ihr das nicht?

13.5 Problemzentriertes Interview

Wann kann ich diese Methode einsetzen?

Das problemzentrierte Interview dient der Untersuchung eines wahrgenommenen Problems. Der Interviewer soll das Thema (Problem) vorläufig festlegen, dessen Eingrenzung aber weitestgehend der befragten Person überlassen. Im Mittelpunkt dieser Interviewtechnik stehen dabei die Erfahrungen, Wahrnehmungen und die Reflexion der befragten Personen zu einem ganz bestimmten Problem.

Ziel

- Ziel ist eine soweit wie möglich unvoreingenommene Erfassung individueller Handlungen, und subjektiver Wahrnehmungen und Verarbeitungsweisen.

Materialbedarf

- Aufnahmegerät
- u.U. quantitativer Fragebogen und Stift

Zeitbedarf

- Vorbereitung: ca. 30 Minuten
- Durchführung (pro befragter Person): ca. 15–30 Minuten
- Nachbereitung: ca. 10 Minuten oder länger
- Auswertung: Abhängig von der Art der Auswertung und der Anzahl der geführten Interviews

Ablauf:

1. Vorbereitung:
   - Erstellen eines Leitfadens
   - Auswahl der Interviewten, Organisation der Interviews
2. Durchführung:
   - Einleitung:
     - Begrüßung und gegenseitiges Vorstellen
     - Informieren der Befragten über den Kontext der Evaluation (Auftraggeber, Fragestellung, Rolle und Verwendung der Interviews). Dazu gehören Hinweise zur Anonymität der Befragten (im Bericht werden keine Namen genannt)

und zur Tonaufnahme, welche nur den Evaluatoren dient und nach der Auswertung gelöscht wird.

– Gesprächseröffnung: Zu Beginn des problemzentrierten Interviews steht eine materialgenerierende Einstiegsfrage. Eine mögliche Frage zum Beispiel zum Thema »Partizipation in der Kita« wäre: *»Was denken Sie über die Mitbestimmung und die Beteiligung von Kindern in der Kindertageseinrichtung?«* Damit soll den Befragten die Möglichkeit geboten werden, das Interviewgespräch zunächst vergleichsweise offen (mit) zu entwickeln, ohne dass bereits ein engerer Problemfokus vorgegeben wird.

• Allgemeine Sondierungen:

– Im Anschluss an die Gesprächseröffnung folgen detailfördernde Nachfragen, die helfen sollen, die subjektiven Perspektiven der Interviewten auf das betreffende Thema bzw. den jeweiligen Problemkreis weiter herauszuarbeiten.

• Spezifische Sondierungen:

– Im Unterschied zu den allgemeinen Sondierungen wird mittels der spezifischen Sondierungen im problemzentrierten Interview das bisher Gesagte diskursiv aufeinander bezogen. Dabei gilt es, Erzähltes oder auch erst bruchstückhaft Dargestelltes im Detail weiter nachzuvollziehen, miteinander in Verbindung zu setzen und so weiter zu klären. Erste Interpretationsversuche, die sich daraus ergeben, können dann zur Diskussion gestellt werden.

• Ad-hoc-Fragen:

– Ad-hoc-Fragen werden vornehmlich zum Ende des problemzentrierten Interviews gestellt. Zu diesem Typus zählen all jene Fragen, die für die Untersuchung zentral erscheinen, aber erst später im Interviewverlauf Eingang finden, um die Kommunikationssituation nicht unnötig zu (zer-)stören.

3. Auswertung: Die Auswertung erfolgt wie beim Leitfadeninterview (siehe Kapitel 13.4).

Quelle: angelehnt an: Witzel 1985.

13.6 Qualitative offene Befragung

Wann kann ich diese Methode einsetzen?

Bei *offenen Fragen* können die Befragten die Antwort frei formulieren. Dadurch können sie persönliche Schwerpunkte setzen und bestimmen Inhalt, Form und Ausführlichkeit der Beantwortung. Eine offene Befragung bietet sich an, wenn Begründungen für Meinungen, Einstellungen usw. erhoben werden sollen. Die Verwendung offener Fragen hat den Nachteil, dass man dadurch persönliche und nur begrenzt vergleichbare Daten erhält. Außerdem hängt die Qualität der Antworten sehr stark von der Artikulationsfähigkeit und -bereitschaft der Befragten ab. Offene Fragen sind also eher geeignet für Personen, die sich differenziert ausdrücken können und wollen.

Ziel

• Die Methode dient der Beantwortung einer spezifischen Fragestellung.

Materialbedarf

• Zettel
• Stift

Zeitbedarf

Abhängig von der Anzahl der Fragen und der Ausführlichkeit der Antworten

Ablauf

1. Vorbereitung und Durchführung: Einer Gruppe von Befragten wird eine Fragestellung vorgegeben, die sie schriftlich beantworten sollen. Dies kann entweder eine einzelne Frage sein oder mehrere offene Fragen. Beispielfragen zum Bereich »Zusammenarbeit mit Eltern«:
   - Was bedeutet für Sie Zusammenarbeit mit den Eltern?
   - Wo sehen Sie den größten Bedarf für eine Verbesserung der Zusammenarbeit mit den Eltern und warum?
   - Welche Erfahrungen haben Sie in der Zusammenarbeit mit Eltern gemacht?
   - Was erwarten Sie – hinsichtlich einer gelingenden Zusammenarbeit – von den Eltern?
   - Was tun Sie bereits für eine gelingende Zusammenarbeit mit Eltern?
2. Auswertung: Bei offenen Fragen erhält man qualitative Daten (Texte). Das bedeutet: Es entsteht ein relativ hoher Auswertungsaufwand, da die Texte inhaltsanalytisch bearbeitet und mittels eines Kategoriensystems erschlossen werden müssen. Zur Auswertung empfehlen wir auch hier wieder die Qualitative Inhaltsanalyse nach Mayring.

13.7 Fragebogen

Wann kann ich diese Methode einsetzen?

Mit Hilfe eines Fragebogens können Rückmeldungen eingeholt werden, durch die ein umfassendes und realistisches Stimmungs- bzw. Meinungsbild sichtbar wird. Wenn die Anonymität bei der Datenerfassung und -verarbeitung gewährleistet ist, motiviert dies die Befragten, auch Rückmeldungen zu geben, die bei gemeinsamen Reflexionsgesprächen oder bei der Anwendung von Feedbackinstrumenten lieber nicht mitgeteilt werden. Die Vorteile eines Einsatzes von Fragebögen sind also die Breite des Datenmaterials (Vollerhebungen sind mit elektronischen Evaluationshilfen problemlos möglich) sowie die Motivation der Befragten, das zu antworten, was sie sonst nicht mitteilen würden.

Ziel

- Einholen eines Stimmungs- und Meinungsbildes

Materialbedarf

- Fragebogen
- Stifte

Zeitbedarf

Nicht benennbar

Ablauf

1. Vorbereitung: Für die Befragung muss vor der eigentlichen Feldarbeit ein Fragebogen konstruiert werden. Eine klare theoretische Problemstellung wird dabei vorausgesetzt. In dem Fragebogen werden Inhalt, Anordnung und Anzahl der Fragen

in Hinsicht auf das Untersuchungsziel festgelegt. Fragebogen werden unterschieden in ›Fragbogen mit geschlossenen Antwortmöglichkeiten‹ und ›Fragbogen mit offenen Antwortmöglichkeiten‹ (siehe offen schriftliche Befragung). Man kann auch beide Varianten miteinander kombinieren. Meistens findet man in Fragebogen eine Sammlung von geschlossenen Fragen, die durch einige offene Fragen ergänzt werden, um Hinweise auf noch nicht berücksichtigte Aspekte zu erhalten. Diese können dann z.B. in der nächsten Erhebung als zusätzliche Antwortmöglichkeiten vorgegeben werden.

2. Durchführung: Eine quantitative schriftliche Befragung kann entweder durchgeführt werden, indem Fragebogen an eine Gruppe von anwesenden Befragten verteilt werden und nach dem Ausfüllen wieder eingesammelt werden oder aber, indem Fragebögen versandt werden. Inzwischen gibt es auch einige zum Teil auch kostenfreie Anbieter, die die Möglichkeit anbieten, Fragebogen online über Computer oder auch Smartphone auszufüllen. Der Vorteil ist, dass die händische Auswertungsarbeit entfällt, allerdings sind die Rücklaufquoten bei Online-Befragungen oftmals schlechter.

3. Auswertung: Die Auswertung erfolgt mit Hilfe von statistischen Programmen wie Excel oder SPSS. Diese Auswertung kann verschieden »tief« erfolgen und hängt von den verwendeten Skalen ab. Mögliche Auswertungsmöglichkeiten wären deskriptive Verfahren sowie analytische Verfahren. Für offene Antworten sind qualitative Analysen notwendig. Wenn es Ihnen bei der Auswertung der Fragen zum Beispiel nur um die Häufigkeit geht, mit der eine Antwortoption gewählt wurde, können Sie die Antworten auch einfach mit Hilfe von Strichlisten zählen. Hier empfiehlt es sich zum Beispiel einen leeren Fragebogen zu nehmen und mit Hilfe von Strichen die gewählten Antworten einzutragen.

Beispiel:

Wie beurteilen Sie die Flexibilität der Betreuungsmöglichkeiten?

Bitte ankreuzen	Sehr gut	gut	befriedigend	ausreichend	mangelhaft
Öffnungszeiten der Kita	15	14		1	
Bring-/Abholregeln	12	17	1		
Buchungszeitmöglichkeiten	21	7		2	

Abbildung 51: Auswertung von Fragebogenitems durch Zählen der genannten Antworten

13.7.1 Exkurs: Hinweise zur Erstellung eines Fragebogens

Bei der Entwicklung eines Fragebogens sollten Sie im Vorfeld einige grundlegende Überlegungen zu Inhalt und Aufbau anstellen sowie einige Regeln einhalten, damit das Ergebnis nicht durch das Fragebogendesign verfälscht wird. Machen Sie sich zunächst das Ziel der Befragung nochmals bewusst:

Frage: Was soll mit dem Fragebogen gemessen und erfasst werden?

- Soziodemografie/Eigenschaften
- Verhaltensfragen
- Wissensfragen
- Einstellungs-/Meinungsfragen/Überzeugungen

Ihr Fragebogen sollte so konzipiert sein, dass er Ihr Erkenntnisinteresse bestmöglich unterstützt. Dazu gehört es auch, dass Sie sich bewusst machen, wie die Struktur Ihres Fragebogens möglicherweise die Befragten in ihren Antworten beeinflusst. Beachten Sie deshalb bei der Erstellung des Fragebogens die folgenden Kriterien und hinterfragen Sie Ihre Entscheidungen entsprechend:

- **Länge:** Belastbarkeit und Ressourcen der Befragten beachten
- **Pretest:** Fragebogen durch Kollegen/Personen aus dem Interessentenkreis testen lassen → Fehler beseitigen, Missverständnisse beheben, bei Unklarheiten umformulieren
- **Verständlichkeit:** keine schwierigen, komplizierten Satzkonstruktionen, keine unnötigen Fachwörter, keine Nebensätze → einfacher, klarer, direkter Sprachstil
- **Eindimensionalität:** immer nur eine Frage stellen
- **Richtung:** doppelte Verneinungsform vermeiden
- **Keine hypothetischen Formulierungen**
- **Suggestiv- und Tendenzfragen:** sollten vermieden werden → Verzerrung in Richtung soziale Erwünschtheit
- **Differenziertheit der Skala:** Reicht ein nein/ja oder ist das zu vage? → mehrstufige Ratingskala
- **Fragetypen:** Ganz grob unterscheidet man zwischen »offenen« und »geschlossenen« Fragen. Bei geschlossenen Fragen sind die Antwortalternativen vorgegeben, bei offenen Fragen müssen von den befragten Personen eigene Antworten gefunden und formuliert werden.
  - Offene Fragen:
    - wenn freiere und authentischere Antworten als bei geschlossenen Fragen gewünscht sind
    - wenn eine erste Orientierung über die Einstellungen & Meinungen der Befragten gewünscht ist
    - wenn nur eine kleine Stichprobe untersucht wird (Auswertung ist sehr umfangreich)
  - Geschlossene Fragen:
    - wenn eine größere Anzahl von Personen befragt werden soll
    - wenn eine relativ schnelle Auswertung erfolgen soll
    - wenn die Antwortverteilung durch statistische Kennzahlen ausgedrückt werden soll (Mittelwerte, Streuung, etc.)
- **Beschriftung der Fragen:** Eine Beschriftung oder Verbalisierung aller Kategorien einer Antwortskala ist nur bei Skalen bis zu 7 oder 9 Kategorien sinnvoll. Bei längeren Skalen ist es schwierig, eine angemessene verbale Abstufung zu konstruieren. In diesem Fall werden in der Regel nur die Endpunkte mit z.B. »stimme sehr stark zu« oder »stimme überhaupt nicht zu« bezeichnet. Empirische Studien zeigen, dass die semantische Kennzeichnung der einzelnen Antwortkategorien zu einer besseren

Reliabilität führt (z.B. Krosnick 1999; Tourangeau et al. 2007). Falls eine Beschriftung aufgrund der Abstufungen möglich ist, dann sollte sie auch gewählt werden.

- **Fehler der Zentraltendenz:** ungerade Antwortmöglichkeiten verleiten zu Durchschnittstendenzen. Zudem kann bei einer ungeraden Skala der mittlere Skalenpunkt als Fluchtkategorie verwendet werden, wenn sich der Befragte nicht entscheiden kann oder will → Skalenmitte ausschließen, falls man das nicht möchte
- **Breite der Skala:** Abhängig vom Abstraktionsniveau:
  - > 10: Überforderung, schnelle Ermüdung
  - < 4: Unzufriedenheit → keine differenzierte Antwort möglich
    Anmerkung: Viele Abstufungen erhöhen die kognitiven Anforderungen an die Befragten. Nach Miller (1956) kann die optimale Anzahl an Antwortkategorien durch die Regel »sieben plus/minus zwei« beschrieben werden. Dieses Ergebnis wird auch durch neuere Studien bestätigt (Preston/Colman 2000, Kieruj/Moors 2010, Svensson 2000). Abgeraten wird demnach von Skalen mit weniger als fünf Antwortkategorien, die paradoxerweise über eine geringere Reliabilität verfügen. Zusätzlich wird davon ausgegangen, dass Befragte mit höherem Bildungshintergrund besser in der Lage sind, mit ausdifferenzierten Skalen umzugehen. Für allgemeine Bevölkerungsbefragungen sollten dagegen eher weniger Kategorien verwendet werden (Weijters et al. 2010).
- **Enthaltung:** Sie müssen eine Entscheidung darüber treffen, ob sie eine Enthaltung anbieten möchten, z.B. »Keine Angabe«, »Kann ich nicht beantworten«. Hier gibt es zwei verschiedene Ansätze:
  - Befragte zu Antworten zwingen, keine Enthaltung und keine ungeraden Skalen (um »Tendenz zur Mitte« zu vermeiden)
  - Enthaltung anbieten, sowohl um die Möglichkeit zu bieten, sich explizit nicht zu äußern (Reaktanz vermeiden) als auch um einen höheren Informationsgrad zu erreichen. Es gibt mehrere Interpretationsmöglichkeiten, wenn eine Frage nicht angekreuzt wurde (übersehen, wollte nicht antworten). Dies kann durch die »Enthaltung« vermieden werden.
  - Es wird allgemein empfohlen, legitime Fluchtkategorien, wie z.B. eine Kategorie »keine Meinung« oder »weiß nicht« sparsam zu verwenden, da diese sonst zu häufig verwendet werden. Eine explizite »weiß nicht«-Kategorie erhöht den Anteil an Befragten, die angeben, keine Meinung zu einem Thema zu haben. Dieser höhere Anteil ist aber nur teilweise auf wirkliche Meinungslosigkeit zurückzuführen. Darüber hinaus wird die »weiß nicht« Option aber auch gerne genutzt, um den kognitiven Aufwand zu reduzieren, eine Frage zu verstehen und zu beantworten.
- **Antwortmöglichkeiten**
  - Frei formulierbare Antwort
  - Einfachauswahl (Single Choice)
  - Mehrfachauswahl (Multiple Choice)
  - Skalen (z.B. »stimme voll zu« bis »stimme überhaupt nicht zu«), häufig 5 Ausprägungen (Likert-Skala)
  - Zahlenwerte (z.B. Matrixfeld)
  - Notenvergabe, »Schulnoten« für globale Bewertung. Vorteil: Dieses Konzept zur Bewertung ist jedem geläufig (Jeder weiß, wie gut/schlecht eine »4« ist.).

Zusammenfassend lassen sich aus dem Literaturüberblick fünf Regeln zur Gestaltung von Antwortkategorien ableiten:

1. Falls möglich, sollten keine geschlossenen Antwortkategorien vorgegeben werden, sondern die Antworten offen numerisch erhoben werden.
2. Die optimale Anzahl an Antwortkategorien ist sieben plus/minus zwei.
3. Antwortkategorien sollten ungerade sein.
4. Falls möglich, sollte jede Antwortkategorie beschriftet sein.
5. Zur Vermeidung von Antwortmustern sollte die Reihenfolge von positiv zu negativ formulierten Antwortkategorien wechseln.

(Franzen 2014: 673)

Literaturhinweise

Bühner, M. (2011): Einführung in die Test- und Fragebogenkonstruktion

Moosbrugger, H; Kelava, A. (2011): Testtheorie und Fragebogenkonstruktion

Bortz, J. & Döring, N. (2009): Forschungsmethoden und Evaluation für Sozialwissenschaftler. Berlin, Heidelberg: Springer.

14 Beobachtungsmethoden

Beobachtungen erlauben einen direkten Einblick in die Praxis. Dabei werden Prozesse und komplexe soziale Situationen beobachtbar. Zu beachten ist allerdings, dass Beobachtungen der selektiven Wahrnehmung und der subjektiven Interpretation unterliegen. Deshalb sind entsprechende Kompetenzen erforderlich. Auch wird die Situation durch die Anwesenheit der beobachtenden Person beeinflusst und die Auswertung ist aufwändig (Ministerium für Kultus, Jugend und Sport Baden-Württemberg in Zusammenarbeit mit dem Landesinstitut für Schulentwicklung (LS) 2005).

14.1 Kollegiale Hospitation

Wann kann ich diese Methode einsetzen?

Durch gegenseitige Hospitationen überprüfen und reflektieren pädagogische Fachkräfte untereinander spezifische Aspekte ihres professionellen Handelns. Die kollegiale Beobachtung setzt ebenso die Bereitschaft und die Offenheit der einzelnen Fachkräfte voraus, gegenseitig im Gruppengeschehen zu hospitieren, wie die Fähigkeit, Feedback zu geben und anzunehmen.

Ziel

- Rückmeldungen über die Qualität des pädagogischen Handelns
- Anregungen zur Weiterentwicklung des eigenen Handelns

Materialbedarf

- Für eine strukturierte Beobachtung sind gemeinsame Ziele und daraus abgeleitete Kriterien und Indikatoren notwendig.

Zeitbedarf

Je nach Beobachtungsziel und Ressourcen der Kita können die Hospitationen eine Stunde (z.B. während des Morgenkreises) oder auch einen gesamten Tag dauern.

Ablauf

1. Vorbereitung: Als Einstieg in die Kollegiale Hospitation eignen sich zunächst Teams oder Tandems, die sich auf freiwilliger Basis bilden, weil sie Interesse an gegenseitigen Besuchen haben und die Einbettung der gegenseitigen Hospitationen in den Gruppenalltag weniger Schwierigkeiten bereitet, indem bestimmte inhaltliche Fragestellungen die Beobachtung leiten.
2. Durchführung: Es gibt drei unterschiedliche Formen der kollegialen Beobachtung/Hospitation:
   1. Die Beobachtung ist offen und es wird kein Beobachtungsschwerpunkt festgelegt.
   2. Die Kolleginnen legen einen oder mehrere Beobachtungsaspekte gemeinsam fest.
   3. Der zu Beobachtende vereinbart mit den Hospitierenden einen Beobachtungsaspekt, der für ihn von besonderer Bedeutung ist.

Die Beobachtungen sollten in einer systematischen Form durchgeführt werden, denn der Erfolg hängt von einer entsprechenden Vor- und Nachbereitung ab. Während der Beobachtung werden Notizen zu den verabredeten Beobachtungszielen gemacht. Hilfreich ist hier ein Beobachtungsraster, in welches die Anmerkungen eingetragen werden. Ein kurzes Gedächtnisprotokoll (Was ist in Erinnerung geblieben?), welches die beobachtende/n Person/en hinterher anfertigen, hat sich ebenfalls bewährt.

3. Auswertung: Die Auswertung der Hospitation sollte möglichst gleich im Anschluss oder zumindest sehr zeitnah erfolgen. So können wichtige Ergänzungen noch aus der Erinnerung heraus vorgenommen werden. Der Beobachtete kann die Auswertung dadurch stärker steuern, wenn er selbst formuliert, was im Vordergrund stehen soll. Nach den gegenseitigen Beobachtungsterminen findet ein Erfahrungsaustausch statt und es werden Handlungsmaßnahmen abgeleitet. *Beispiel*: In einer Kita haben sich Hospitations-Tandems im Elementar-Bereich gebildet, die regelmäßig im Abstand von zwei Wochen in der jeweils anderen Gruppe für einen halben Tag hospitieren. Die Auswertung des Beobachteten erfolgt in einer 15-minütigen Feedback-Runde, die der Dienstbesprechung vorausgeht und in der sich die Tandems über ihre Beobachtungen austauschen können.
Beobachtungsaspekte können zum Beispiel ›die Kommunikation mit den Eltern‹, ›die Rausgeh-Situation‹, ›der spezifische Umgang mit Kind X‹ uvm. sein.

Quelle: angelehnt an: Schratz/Iby/Radnitzky 2000

14.2 Selbstbeobachtung

Wann kann ich diese Methode einsetzen?

Der Arbeitsalltag der frühpädagogischen Fachkraft setzt diese in Anbetracht der komplexen Anforderungen und Erwartungen ständig vor Herausforderungen. In Auseinandersetzung mit diesen Herausforderungen und bezugnehmend auf das ständige menschliche Miteinander mit Kolleginnen, Eltern und Kindern ist die Reflexion des eigenen Verhaltens und Erlebens eine wichtige Fähigkeit, die nicht nur im Rahmen der Evaluation eingesetzt werden sollte.

Als Evaluationsmethode ist eine Selbstbeobachtung z.B. dann sinnvoll, wenn im Team zuvor Indikatoren zu einem bestimmten Evaluationsbereich festgelegt wurden und sich jede Mitarbeiterin in einem zuvor definierten Zeitraum selbst im Hinblick auf diese Indikatoren beobachtet. Diese Beobachtung kann anschließend mit Kolleginnen reflektiert werden.

Eine Kita hatte beispielsweise Indikatoren für Elterngespräche festgelegt. In den folgenden Elterngesprächen konnten die Erzieherinnen sich, ihr Handeln und Interagieren anhand dieser Indikatorenliste selbst beobachten. Auf Basis dieser Beobachtungen formulierte die Einrichtung die Fortbildungsplanung für das Folgejahr mit einem Schwerpunkt auf der »Kommunikation mit Eltern auf Augenhöhe«.

Ziele

• Erkennen und Reflektieren der eigenen Denk- und Handlungsmuster
• Das eigene Verhalten bewusst ändern

Materialbedarf

- Eine vorbereitete Liste mit Indikatoren, die beobachtet werden sollen
- Eventuell kleine Notizbücher für die Hosentasche, um Beobachtungen zeitnah notieren zu können.

Zeitbedarf

Eine Selbstbeobachtung im Rahmen einer internen Evaluation kann einen Zeitumfang von zwei Stunden in einem Elterngespräch haben aber auch in einem Zeitraum von zwei Wochen im Kita-Alltag stattfinden.

Ablauf

1. Vorbereitung: Hilfsmittel für eine Selbstbeobachtung kann eine kleines Notizbuch in der Hosentasche oder ein Notizblock auf dem Erzieherinnen-Schrank sein. Kleben Sie die Indikatorenliste in das Heft oder hängen Sie sie sichtbar über den Erzieherinnen-Schrank. Wichtig ist, dass Sie sich immer wieder die Liste mit den Indikatoren, welche Sie bei sich selbst beobachten sollen, vergegenwärtigen.

2. Durchführung: Notieren Sie zeitnah, wenn Ihnen etwas auffällt – im positiven Sinne (was klappt bei mir besonders gut) ebenso wie im negativen Sinne (woran muss ich noch arbeiten). Eine Ausführung in Stichworten ist hier genügend. Manchmal kommen einem sofort Verbesserungsideen in den Sinn, wenn man im Laufe der Selbstbeobachtung bemerkt, dass man selbst zum Teil nicht nach den gemeinsam beschlossenen Qualitätsindikatoren handelt. Notieren Sie Ihre Ideen neben die Selbstbeobachtung.

3. Auswertung und Ergebnissicherung: Diskutieren Sie die Ergebnisse im Laufe der Selbstbeobachtung auch mit Ihren Kolleginnen. Am Ende des zuvor vereinbarten Zeitraumes tragen Sie Ihre Ergebnisse zusammen: Welche der Indikatoren wurden erfüllt? In welchen Bereichen gibt es Handlungsbedarf? Haben wir ähnliche Stärken und Schwächen? Oder ergänzen wir uns in unseren Stärken und Schwächen? Leiten Sie anschließend Handlungsmaßnahmen ab.

15 Dokumentenanalyse

Eine Dokumentenanalyse verwendet vorhandene Daten, es müssen keine neuen mehr gesammelt werden. Häufig handelt es sich bei den Daten um Zahlen, die mit einer hohen Glaubwürdigkeit und Akzeptanz verbunden sind, z.B. die Anzahl der Eltern an einem Elternabend.

Mögliche Datenquellen sind das Gruppenbuch, die Entwicklungsportfolios einzelner Kindern, Notizen, Tagebücher etc.

Überprüfen Sie immer, ob Ihnen bereits verwertbare Daten in Form von Statistiken, Dokumenten etc. bereits vorliegen, bevor Sie sich selbst an eine Datenerhebung machen.

15.1 Dokumentenanalyse

Wann kann ich diese Methode einsetzen?

Setzen Sie die Dokumentenanalyse als Methode ein, wenn Sie vorhandene Unterlagen und Dokumente, die für einen bestimmten Evaluationsbereich relevant sind, analysieren und evaluieren und die daraus resultierenden Ergebnisse in die weitere Qualitätsentwicklung des Evaluationbereiches mit einbeziehen möchten.

Ziel

- Ziel der Dokumentenanalyse ist es zunächst, den Ist-Zustand anhand der vorhandenen Daten zu analysieren. Als weiterführendes Ziel kann angeführt werden, dass auf Grundlage der Analyseergebnisse Maßnahmen zur Qualitätssicherung und – entwicklung abgeleitet werden können.

Materialbedarf

- Dokumente wie Bildungspläne, Protokolle der Elternabende, Statistiken, Konzepte, Entwicklungsportfolios, Leitfäden etc.
- konkrete Fragen/Indikatoren, welche durch die Dokumentenanalyse beantwortet/ bewertet werden sollen.

Zeitbedarf

Abhängig von den Dokumenten

Ablauf

1. Vorbereitung: Eine Dokumentenanalyse muss nicht von allen Mitarbeitenden der Kindertagesstätte, sondern sollte von einer Kleingruppe durchgeführt werden. Einigen Sie sich also vorab, wer das Interesse und die zeitlichen Ressourcen dafür hat, die Dokumente zu sammeln und zu analysieren. Vor Beginn der Dokumentenanalyse sollte sich die daran teilnehmende Gruppe entsprechend ihrem Interesse konkrete Fragestellungen überlegen, hinsichtlich derer sie die Materialien auswählen und mit deren Hilfe sie eine gezielte Analyse durchführen kann (siehe 2. Durchführung). Einschränkungen ergeben sich eventuell durch die Verschwiegenheitspflicht – manche Dokumente unterliegen dem Datenschutz oder anderen Verschwiegenheitsvorschriften. In manchen Fällen kann eine Anonymisierung der

personenbezogenen Darstellungen zur Veröffentlichung notwendig sein. Grundsätzlich gilt, dass die »Datenhoheit« aller Betroffenen berücksichtigt werden muss.

2. Durchführung: Die Dokumente werden unter Berücksichtigung konkreter Fragestellungen gesichtet und ausgewertet. Eine Möglichkeit ist es z.B. die Dokumente auf folgende Fragestellungen hin zu überprüfen:
   - Was wird in der Kita dokumentiert?
   - Welche Form der Dokumentation wird genutzt?
   - Wie ausführlich wird dokumentiert?
   - Wie regelmäßig wird dokumentiert?
   - Wie viel Zeit wird für die Dokumentation aufgebracht?
   - Sind die Kinder an der Dokumentation beteiligt?

   Es lassen sich aber auch themenspezifische Fragestellungen bearbeiten:
   - Wie oft finden Projekte in der Kita statt?
   - Wie oft bringen Eltern gesundes Frühstück mit?
   - Wie oft nehmen Erzieherinnen an Fortbildungen teil?
   - Wie viele Fortbildungen wurden angeboten?
   - Wie oft fanden Entwicklungsgespräche statt?

3. Auswertung: Die Ergebnisse der Sichtung bilden die Grundlage zur Interpretation:
   - Was sagen die Daten aus?
   - Was bedeuten die Ergebnisse für unsere Kita?
   - Sind unsere Fragen alle beantwortet worden?
   - Welche Konsequenzen ziehen wir daraus?

4. Ergebnissicherung: Alle Auswertungsdaten sollten schriftlich festgehalten werden. So werden sie für alle interessierten Personen nachvollziehbar. Das Aufzeigen der Vorgehensweisen z.B. auf Flipchart oder Wandzeitung und eine strukturierte Darstellung der Ergebnisse macht die Dokumentenanalyse transparent. Die Präsentation der Ergebnisse kann auf einer der nächsten Teamsitzungen stattfinden. So kann ein großer Teil des Teams mit einbezogen werden und sich mit den vorgeschlagenen Maßnahmen identifizieren.

Quelle: angelehnt an Schratz/Iby/Radnitzky 2000

16   Expressive und kreative Methoden

Der Einsatz von gestalterischen oder anderen kreativen Verfahren ist vor allem sinnvoll, wenn Fragestellungen im Raum stehen, die sich durch eine (quantitative) Befragung nur unvollständig erheben lassen. Dies dürften beispielsweise Fragen zum
›Atmosphärischen‹ sein.

Bei der Auswertung und Interpretation der Ergebnisse muss darauf geachtet werden,
dass nicht voreilige Schlussfolgerungen gezogen werden. Dies kann nur dadurch vermieden werden, wenn alle Beteiligten in die Auswertung mit einbezogen werden.

16.1   Der Kita Gestalt geben

Wann kann ich diese Methode einsetzen?

Die Methode dient zur Reflexion des IST-Zustandes einer Kita/Gruppe und eignet
sich auch, um mit Kindern ein Evaluationsthema zu bearbeiten.

Ziel

- IST-Situation erfassen
- Anregung von Diskussionen

Materialbedarf

- Körperumriss
- Stifte
- Moderationskarten

Zeitbedarf

Ca. 30 Minuten

Ablauf

1. Vorbereitung: Im Gruppen- oder Teamzimmer wird ein großer Körperumriss (ca.
   2 m lang) ausgelegt, in den jedes Kind, die Eltern bzw. jede pädagogische Fachkraft
   eintragen kann, wie sie/er die Gruppe/Kita sieht:
   - Darüber kann sich die Gruppe die Haare raufen.
   - Das bereitet der Gruppe Kopfzerbrechen.
   - Dafür hat die Gruppe ein Gehör.
   - Da kann die Gruppe halsstarrig sein.
   - Das liegt der Gruppe am Herzen.
   - Das liegt der Gruppe im Magen.
   - Das kann die Gruppe tragen.
   - Dafür kann die Gruppe lange Wege gehen.
2. Durchführung: Die Beispielsätze werden auf farbige Moderationskarten geschrieben und neben den entsprechenden Körperteil gelegt. Zum Beispiel »Das bereitet
   uns Kopfzerbrechen« wird neben den Kopf des Umrisses gelegt. Die Teilnehmer
   schreiben in den jeweiligen Körperteil ihre Aussagen. Alternativ kann man auch
   die Aussagen auf Moderationskarten schreiben und den entsprechenden Körper-
   teilen zuordnen und in diese hineinlegen. Die Beispielsätze können beliebig ergänzt werden und bieten reichhaltigen Gesprächsanlass

16.2   Rollenspiel

Wann kann ich diese Methode einsetzen?

Rollenspiele sind ein Instrument, um Gefühle, Stimmungen und Erfahrungen auszudrücken. Sie eignen sich daher im Rahmen des Evaluationsprozesses um Alltagssituationen, Probleme oder Konflikte nachzuempfinden oder vorausschauend zu bearbeiten. Rollenspiele können die Teilnehmer schulen, ihre soziale Umwelt wahrzunehmen und zu beobachten. Das Nachempfinden der Realität befähigt die Teilnehmer zum Perspektivwechsel, Konflikte darzustellen und zu analysieren. Darüber hinaus können sie eigene Verhaltensweisen bewusst erleben und neue Verhaltensweisen einüben. In Rollenspielen kann z.B. dargestellt werden, wie die pädagogischen Fachkräfte oder Eltern wahrgenommen werden oder wie bestimmte Ereignisse oder Zeitabschnitte beurteilt werden. So können auch Zwischenfälle und problematische Situationen nachgespielt, unterschiedlich interpretiert und Handlungsmöglichkeiten variiert werden.

Ziel

• Erschließen von Entwicklungspotenzialen
• Verdeutlichen von Einstellungen und Verhaltensweisen
• Aufzeigen von Ansatzpunkte für Veränderungen

Materialbedarf

• Thema
• Rollenverteilung
  – Spielleitung (Kitaleitung)
  – Spieler
  – Beobachter
• Evtl. Beobachtungsbogen

Zeitbedarf

2–3 Stunden

Ablauf

1. Aufwärmphase: Die Aufwärmphase (vor längeren Rollenspielen) dient der Lockerung und Entspannung aller Teilnehmer zu Beginn der Sitzung. Auf diese Weise werden sie darauf vorbereitet, sich in andere Rollen hineinzuversetzen. Die Art und Dauer der Übung richten sich nach der Spielerfahrung der Gruppe. Der Spielleiter hat darauf zu achten, dass die Phase nicht in Albernheiten ausartet. Für die Aufwärmphase bieten sich Spiele an wie Pantomime.
2. Spielphase: Die Spielphase gliedert sich in Erarbeitung und Durchführung. In der Erarbeitungsphase wird zusammen mit der Gruppe ein relevantes Thema (Inhalt, Konflikt) diskutiert. Daraufhin wird zur Durchführung des Rollenspiels eine Situation festgelegt und die verschiedenen Rollen werden erarbeitet. Inwieweit das Rollenhandeln z.B. durch Rollen- oder Ereigniskarten usw. vorgegeben wird, richtet sich nach dem Lernziel des Rollenspiels. Übt man Fähigkeiten und Fertigkeiten (z.B. Elterngespräch) sollten die Rollenvorgaben eher genauer sein. Aber auch bei Rekonstruktionen des Verhaltens in bestimmten Situationen kann mit genauen Rollenangaben gearbeitet werden. Dabei ist es denkbar, diese Rollenbeschreibungen in einer ersten Phase mit einer anderen Methode von den Lernern erarbeiten zu lassen, um

sie dann in einer zweiten Phase spielen zu lassen. Gespielt werden aber nicht die eigenen Erarbeitungen, sondern die einer anderen Gruppe, um die Spannung und Motivation zu erhöhen. Wenn es um die Darstellung von Gefühlen und Einstellungen (z.B. Angst) geht, treten in Rollenspielen oft verschiedene Verhaltensweisen auf. Diese Vielfalt anzuerkennen, ist sinnvoll, um zu lernen, über eigene Einstellungen nachzudenken und sich in andere Menschen hineinzuversetzen (Empathie).

Bei der Spielerauswahl hat sich das Losverfahren bewährt, weil die Teilnehmer so nicht auf bestimmte Rollen festgelegt werden. Gespielt wird auf einer imaginären Bühne, die aber in der Regel auf gleicher Ebene wie der Beobachterraum sein sollte. So haben die Spieler nicht das Gefühl, vorgeführt zu werden. Gleichzeitig wird der Unterhaltungseffekt eines Theaterstücks vermieden. Um das Spiel zu erleichtern, sollte jedem Teilnehmer klar sein, an welchem Ort und in welcher Zeit die Handlung stattfindet.

3. Entlassungsphase: In der Entlassungsphase werden die Spieler aus ihren Rollen herausgeführt, um eine reflektierte Metaebene einnehmen zu können. Denn nur durch Distanz kann das Spiel analysiert werden. Die Trennung von Rolle und Person ist wichtig, damit die im Rollenspiel auftretenden Konflikte nicht in die Alltagswirklichkeit übertragen werden. Die Phase dient auch dem Schutz der Spieler, weil die Kritik am Rollenverhalten nicht zur Kritik an der Person werden darf.

4. Reflexionsphase: In dieser Phase findet der rückbetrachtende Lernprozess durch Reflexion, Diskussion, Aufstellen von Kommentaren, alternativen Lösungsmöglichkeiten usw. statt. Der Fokus dieser Phase hängt zwar davon ab, ob die Beobachtung verhaltens- oder personenzentriert sein soll, aber bei jedem Inhalt spielen Beziehungsaspekte und bei jeder Beziehung Inhaltsaspekte eine Rolle. Ziele der Reflexionsphase können z.B. sein:

   – Auf den Spieler bezogen: Bericht der Spieler über ihre Empfindungen während des Spiels; Selbst-/Fremdbeobachtungsfähigkeit soll weiterentwickelt werden
   – Auf die Beobachter bezogen: Beobachtungsfertigkeiten sollen entwickelt werden (evtl. durch Beobachtungsaufgaben)
   – Auf das Spiel bezogen: Die Handlung klären, indem man Missverständnisse und Fehler korrigiert und Voraussetzungen und Veränderungen, die sich im Spielverlauf einstellten, herausarbeitet. Die Analyse der Ursachen für die Handlung hilft, Schlussfolgerungen aus dem Verhalten zu ziehen. Indem tatsächliche Ereignisse zu den beabsichtigten Zielen in Beziehung gesetzt werden, werden die Lernergebnisse verstärkt und korrigiert.
   – Für das weitere Vorgehen: neue überlegenswerte Aspekte herausstellen; die Anwendung auf andere Situationen ermöglichen; Verbindungen zu früherem Lernen knüpfen; einen Plan für künftiges Lernen aufstellen

5. Unterstützung der Auswertung: Um die Beobachtungen zu präzisieren, hat es sich als sinnvoll erwiesen, Videoaufnahmen hinzuzuziehen. Nachteile: Zeitaufwand für die Auswertung der Aufzeichnung, ggf. Befangenheit der Teilnehmer; Vorteile: Dokumentation, Informationsquelle für die Spieler. Die Auswertung kann durch Karten auf einer Pinnwand erfolgen, indem die Beobachter zwei bis drei Karten erstellen, auf die je ein Kommentar vermerkt wird

Quelle: Reich 2008: Methodenpool. URL: http://methodenpool.uni-koeln.de
Hier finden sich noch ausführlichere Informationen.

16.3   Fotoevaluation

Wann kann ich diese Methode einsetzen?

Diese Methode eignet sich besonders für Fragestellungen atmosphärischer Art wie das Wohlbefinden in der Kita oder im Team und kann bei Kindern aller Altersgruppen und je nach Akzeptanz auch bei pädagogischen Fachkräften/Eltern eingesetzt werden. Bei diesem Verfahren wird die Datensammlung zu einem Teil des Arbeits- und Reflexionsprozesses.

Ziel

• Es geht darum, mittels Fotos oder Film die Kita zu erkunden und Sachen oder Räume festzuhalten, mit denen positive und/oder negative Erfahrungen verbunden werden. Beispielsweise könnten Orte, an denen sich die Kinder besonders wohl bzw. unwohl fühlen, per Foto oder Film dokumentiert und als Collage oder Wandzeitung zusammengetragen und präsentiert werden.

Materialbedarf

• Kamera
• Stifte
• Bastelmaterialien

Zeitbedarf

ca. 2–3 Stunden

Ablauf

1. Vorbereitung: Es werden Fünfergruppen gebildet.
2. Durchführung: Jede Gruppe einigt sich auf etwa vier Orte, an denen sich die Gruppenmitglieder in der Kita wohl fühlen, und etwa vier Orte, an denen sie sich nicht wohl fühlen.
3. Auswertung: Sobald die Fotos entwickelt sind, gestaltet jede Gruppe ein Plakat, auf dem die Fotos mit Motiven, wo sich die Kinder wohl fühlen, denen, wo sie sich nicht wohl fühlen, gegenübergestellt werden. Anschließend findet eine Präsentation der Plakate vor der Gruppe als Einstieg in die Diskussion über die Situation statt. Wenn es sich aus der Analyse ergibt, werden weiterführende Schritte geplant (z.B. ein Gespräch mit einer bestimmten Erzieherin mit der ein Konflikt besteht).

Anmerkung: Die kreative Form und die Möglichkeit, tabuisierte Aspekte symbolisch darzustellen, statt direkt anzusprechen, bieten auch Zugang zu eher problematischen Themenbereichen. Als Nachteil solcher Verfahren kann gelten, dass nicht bei allen Beteiligten Akzeptanz vorausgesetzt werden kann, sich derartigen Methoden zu »öffnen« und ihnen eine Aussagekraft zuzugestehen. Ebenso ist der eventuell stark punktuelle und mit der ganz speziellen Erhebungssituation verknüpfte Charakter der Ergebnisse und die daraus entstehende mangelnde Allgemeingültigkeit bei der Auswertung und Diskussion zu berücksichtigen.

16.4 Collage

Wann kann ich diese Methode einsetzen?

Diese Methode eignet sich, um die Meinungen von Kindern einzuholen. Evaluation ist hier direkter Teil des Entwicklungsprozesses. Ergebnisse werden unmittelbar diskutiert und bearbeitet. Situationen werden »wiederholbar« festgehalten.

Ziel

- Möglichkeit, bedeutsame Themen oder Aspekte zu sammeln und zu visualisieren
- Anregungen für Weiterarbeit geben

Materialbedarf

- Tonpappebogen
- Bastelmaterialien
- Materialreste wie Holz, Schnur, Illustrierte
- Fotoapparat etc.

Zeitbedarf

ca. 120 Minuten

Ablauf

1. Vorbereitung: In Kleingruppen werden Collagen zu einem aktuellem und konkreten Problem, Thema oder Frage erstellt, die aus z.B. Fotos, Texten, anderen Arbeitsprodukten oder verschiedenen Materialien bestehen.
2. Durchführung: Die Aufgabenstellung kann eine Dokumentation des Prozessverlaufs oder eine Ergebnisdarstellung der einzelnen Gruppen sein. Die Gruppen können themengleich oder arbeitsteilig arbeiten.
3. Auswertung und Ergebnissicherung: Nach der Erarbeitung der Collagen ist es ratsam, noch in den Kleingruppen eine kurze Gesprächsphase einzulegen, über die Aussage der Collage und die Zusammenarbeit in der Kleingruppe. Die Collagen werden dann ausgestellt und den anderen Gruppen erläutert.

17 Schnelle und kommunikative Evaluationsmethoden

Die im Folgenden vorgestellten Methoden haben den Vorteil, dass sie schnell ausgewertet werden können, da die Auswertung oft direkt auf die Datenerhebung folgt. So bekommen Sie eine rasche Rückmeldung, die eine kommunikative Weiterverarbeitung der Daten ermöglicht. Allerdings besteht dabei die Gefahr, dass sich erhobene Informationen ›verflüchtigen‹, wenn sie nicht sorgsam festgehalten werden. Auch kann es passieren, dass sozialer Druck die Ergebnisse verfälscht.

17.1 Barometer

Wann kann ich diese Methode einsetzen?

Das Barometer ist eine schnelle und einfache Methode, die Meinungen zu einem bestimmten Thema abzufragen und gleichzeitig zu visualisieren. Sie können diese Methode beispielsweise einsetzen wenn Sie herausfinden möchten, in welchen Teilbereichen die Teilnehmerinnen am meisten Probleme sehen. Möglich ist es auch, das Barometer mit dem Ziel der Auswahl eines Evaluationsbereiches einzusetzen.

Mithilfe des Barometers lässt sich auf einen Blick erkennen, ob es in bestimmten Teilbereichen noch Verbesserungsbedarf gibt. Es verbildlicht darüber hinaus, ob das Meinungsbild im Team homogen oder heterogen ist – d.h. ob es intern unterschiedliche Wahrnehmungen zu ein und demselben Thema gibt.

Ziel

• Kurzfristige schnelle Stimmungs- oder Meinungsabfrage

Materialbedarf

• Flipchart
• Klebepunkte/Stifte

Zeitbedarf

Für die Vorbereitung und Durchführung eines Barometers benötigen Sie ca. 15 Minuten. Die Dauer der Auswertung des Barometers ist stark abhängig davon, wie homogen bzw. heterogen sich das Meinungsbild in Ihrem Team darstellt und wie viel Diskussionsbedarf es zu den einzelnen Feldern gibt.

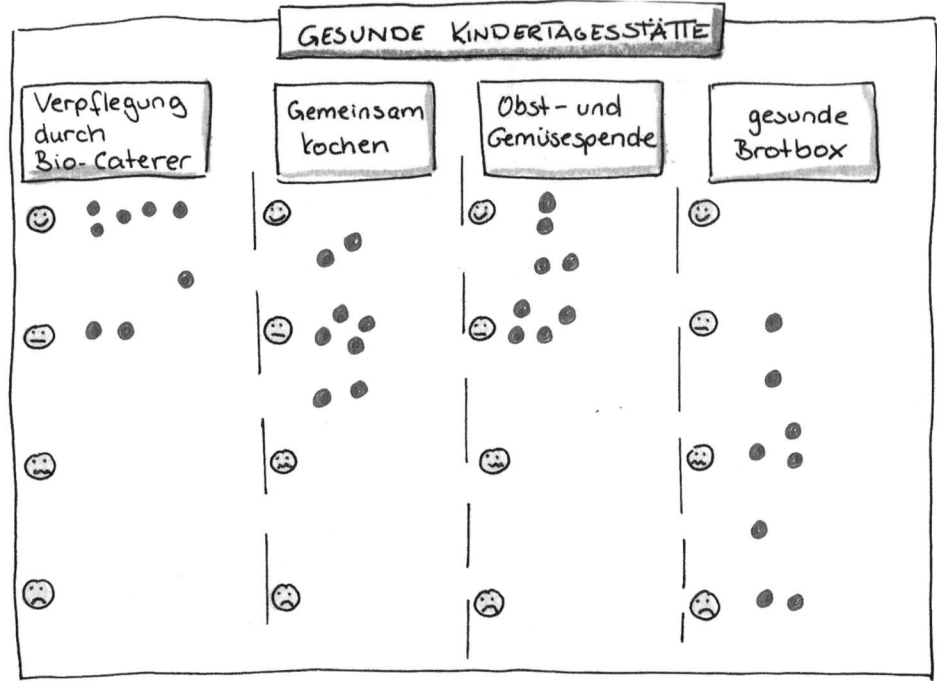

Abb. 51: Beispiel eines Barometers (siehe auch Phase C am Beispiel der Kita Knallerbse)

Ablauf

1. Vorbereitung: Gestalten Sie ein Flipchart, auf dem Sie z.B. die Qualitätskriterien eines Themengebietes festhalten.
2. Durchführung: Jede Teilnehmerin erhält eine gleiche Anzahl an Klebepunkten (entsprechend der Anzahl der aufgelisteten Qualitätskriterien). Ihre Aufgabe ist es nun, diese Punkte auf dem Barometer zu verteilen und die Kriterien zu bewerten. Sind keine Klebepunkte vorhanden, genügt auch ein Stift.
3. Auswertung: Das Meinungsbild der Teilnehmerinnen wird durch das Barometer für alle transparent gemacht und ist auf einen Blick ersichtlich. Nehmen Sie sich für die Auswertung des »warum« und die Ausarbeitung weiterer Handlungsschritte genügend Zeit – beispielsweise im Rahmen einer Dienstbesprechung. Hier kann mit den Teilnehmerinnen in einem offenen Kreis diskutiert werden. Abgesehen von einer schnelleren Auswertung hat dieses Instrument gegenüber einem Fragebogen den Vorteil, dass sich viele Befragte durch das Barometer stärker motiviert fühlen, ihre Meinung auszudrücken und diese zu diskutieren.

17.2   Evaluationszielscheibe

Wann kann ich diese Methode einsetzen?

Die Zielscheibe lässt sich sehr breit einsetzen. Ähnlich wie bei dem Barometer ermöglicht diese Methode eine schnelle, transparente und grafisch sehr gut darstellbare Meinungsabfrage zu einem bestimmten Thema.

So können Sie zum Beispiel die Evaluationszielscheibe einsetzen, um herauszufinden, welche der Qualitätskriterien zu einem Evaluationsbereich in der Kita bereits umgesetzt werden und bei welchen Kriterien es noch Verbesserungsbedarf gibt.

Ziel

- Mehrheitsentscheidung
- Prioritäten setzen
- Meinungsabfragen

Materialbedarf

- Ausdruck/Kopie der Zielscheibe für jede Teilnehmerin
- große Zielscheibe (ca. 60 cm Durchmesser)
- Klebepunkte
- Indikatorenliste/Qualitätskriterien zum Themenbereich

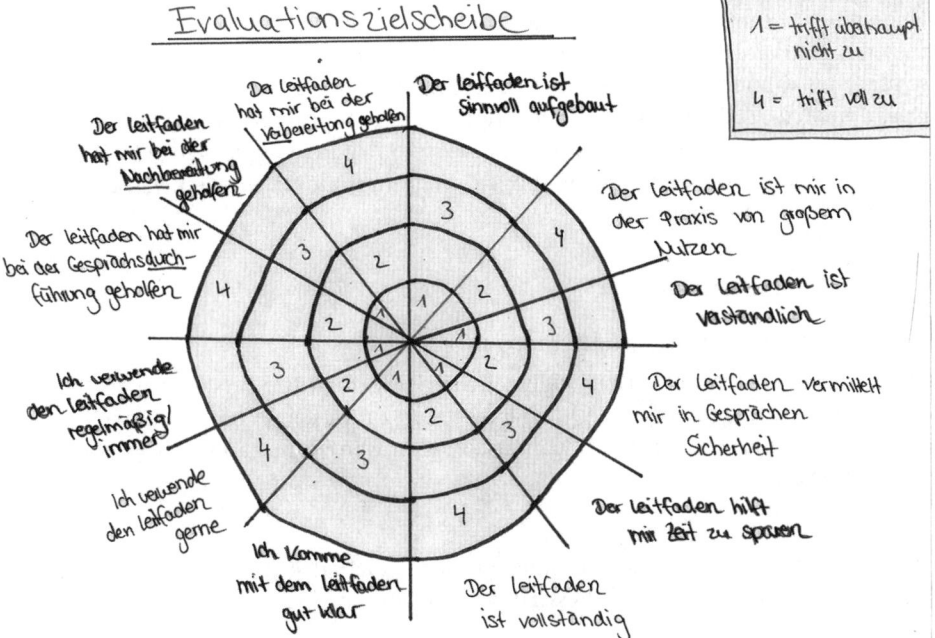

Abbildung 52: Evaluationszielscheibe

Ablauf

1. Vorbereitung: Legen Sie zunächst fest, zu welchen Bereichen ein Feedback gewünscht wird.
   Fragen Sie beispielsweise den Ist-Stand zu den Qualitätskriterien ab (siehe Abbildung 68), so notieren Sie diese auf einer Zielscheibe und vervielfältigen diese im DIN-A4-Format. Möglich ist es auch, Fragen zu einem Thema zu sammeln und sie – ähnlich dem beigefügten Beispiel – in einer Zielscheibe zu sortieren. Fertigen Sie eine identische Zielscheibe auf einem großen Papierbogen an.

2. Durchführung: Teilen Sie jeder Teilnehmerin eine DIN-A4-Evaluationszielscheibe aus. Zunächst bewertet jede pädagogische Fachkraft auf den ausgeteilten Zielscheiben die Kriterien/Fragen für sich selbst, indem sie den von ihr favorisierten Skalenwert ankreuzt.

   Anschließend überträgt jede Erzieherin ihre Kreuze mit Klebepunkten auf die große Zielscheibe. Es entsteht ein sehr anschauliches Bild der Punkteverteilungen zu den unterschiedlichen Fragen. Das individuelle Ausfüllen der Zielscheibe kann aus Zeitgründen auch übersprungen werden. Allerdings läuft man so Gefahr, dass z.B. dominante Teilnehmerinnen die Bewertungen der anderen Gruppenmitglieder beeinflussen oder extreme Einschätzungen nicht abgegeben werden.

3. Auswertung: Der Moderator hat die Aufgabe, die Ergebnisse zu präsentieren und dabei persönliche Verletzungen zu vermeiden. Aus den Ergebnissen werden anschließend Verbesserungsmaßnahmen abgeleitet.

Alternativer Ablauf:

Kopieren Sie zunächst die Evaluationszielscheibe auf Folien. Die Teilnehmerinnen tragen hierauf nun ihr Kreuz auf dem von ihnen bevorzugten Skalenwert ein. Anschließend können die Folien mit unterschiedlichen Schwerpunkten übereinander gelegt werden. Z.B. Alle Folien der Krippenmitarbeiterinnen oder alle Folien einer bestimmten Kita-Gruppe. Diese Alternative ist eine gute Möglichkeit, um Vergleiche bei den unterschiedlichen Gruppierungen, Meinungsbildern und Schwerpunkten der Kita sichtbar zu machen.

17.3 Feedbackkarten

Wann kann ich diese Methode einsetzen?

Die Methode »Feedbackkarten« eignet sich zur Bearbeitung verschiedener Themengebiete, nachdem gemeinsame Qualitätskriterien zum Themenbereich festgelegt wurden. Auf Karteikarten notierte Qualitätsaussagen werden in Tandemarbeit diskutiert und ausgewertet.

Ziel

- Auseinandersetzung mit und Diskussion über Qualitätskriterien
- Sammlung von Ideen für Verbesserungsmaßnahmen

Materialbedarf

- Karteikarten in unterschiedlichen Farben

Zeitbedarf

Die Dauer der Methode ist abhängig von der Anzahl der Teilnehmerinnen sowie der Anzahl der Qualitätskriterien, die es zu besprechen gilt.

Ablauf

1. Vorbereitung: Die Qualitätskriterien/Indikatoren zu einem Themengebiet werden einzeln auf Karteikarten geschrieben und liegen verdeckt auf einem Tisch. Diese können in einem Vorgespräch gemeinsam entwickelt werden. Die Teilnehmerinnen werden in Tandems eingeteilt.

2. Durchführung: Jedes Tandem zieht eine Karte, ohne den Inhalt zu kennen. In ca. 5 bis 10 Minuten besprechen die Partner hinsichtlich der folgenden Aspekte die Aussage auf der Karte. Stichwortartig wird die Diskussion mitprotokolliert.
   – Wie wird dieses Merkmal in unserer Gruppe umgesetzt?
   – Welche Erfahrungen haben wir gemacht?
   – Welche Aufgabe haben wir als Erzieherinnen dabei?
   – Wie können wir den Qualitätsanspruch besser umsetzen?
3. Auswertung: Nach Abschluss der Diskussionsphase werden die Gedanken und Aussagen des jeweiligen Tandems dem ganzen Team vorgestellt. Daraus resultierende Ergebnisse zur Qualitätsverbesserung werden schriftlich festgehalten.
4. Ergebnissicherung: Die Karten können auch auf einer großen Wandzeitung, die im Mitarbeiterraum hängt, geclustert werden. So lassen sich die einzelnen Aspekte der Diskussionen schriftlich fixieren und können immer wieder betrachtet werden. Erst nach Ablauf einer verabredeten Zeit werden sie dann wieder abgenommen. Aus den Ergebnissen werden gemeinsam Handlungsschritte abgeleitet

Quelle: angelehnt an: Wester/Soltau/Paradies 2006

17.4 Kooperationsmindmap

Wann kann ich diese Methode einsetzen?

Diese Methode lässt sich sinnvoll einsetzen, wenn eine erste Orientierung über die Art und Intensität bestehender Kooperationen gewonnen werden soll. Die Partnerorganisationen und Personen, mit denen die Kita kooperiert, werden während einer Teamsitzung schriftlich aufgelistet. Anschließend wird eine Mindmap erstellt, welche das Beziehungsgefüge abbildet. Auf diese Weise erfolgt eine Bewertung der Zusammenarbeit mit den Kooperationspartnern.

Ziel

• Sämtliche Kooperationspartner und die Intensität der Zusammenarbeit mit der Kita sind bekannt.
• Fehlende Kooperationen können aus der Analyse des IST-Zustandes abgeleitet werden.

Materialbedarf

• Moderationskarten
• Große Wandzeitung oder Pinnwand

Zeitbedarf

ca. 20 bis 45 Minuten

Ablauf

1. Vorbereitung: Befestigen Sie die Wandzeitung/Pinnwand gut sichtbar im Raum. Als Zentrum der Mindmap kleben Sie in die Mitte eine Karte mit dem Namen der Kita oder ein entsprechendes Foto.
2. Durchführung: Verteilen Sie die Moderationskarten und bitten Sie die Teilnehmerinnen darum, jeden Kooperationspartner, der Ihnen einfällt, auf einer einzelnen Karte zu notieren. Sammeln Sie die Karten ein und stellen Sie den Teilneh-

merinnen die Aufgabe, die Moderationskarten nach folgenden Gesichtspunkten auf der Wandzeitung zu ordnen: Je intensiver die Zusammenarbeit mit dem Kooperationspartner, desto näher ist diese Karte dem Zentrum der Mindmap. Kooperationspartner, die sich inhaltlich ähnlich sind, stehen in Gruppen zusammen. Nachdem die Gruppe sich auf eine Anordnung geeinigt hat, verdeutlichen Sie die Kooperationsbeziehungen, indem Sie Linien zwischen der Kita und den verschiedenen Partnern einzeichnen.

3. Auswertung: Die Auswertung richtet sich vor allem nach der Fragestellung, die Sie mit der Evaluation beantworten möchten. Geht es Ihnen zunächst nur um die Feststellungen des aktuellen IST-Zustandes der Kooperationsbeziehungen, haben Sie diese auf der Mindmap direkt abgebildet. Möchten Sie Entwicklungsziele aus dem aktuellen Zustand ableiten, können Sie eine zweite Kartenabfrage (mit andersfarbigen Moderationskarten) durchführen. Stellen Sie die Frage, welche Kooperationspartner sich das Team wünschen würde und integrieren Sie diese Karten in die Mindmap.

4. Ergebnissicherung: Sie können die Inhalte der Karten in einer Liste verschriftlichen und für jeden Kooperationspartner einschätzen, ob die Zusammenarbeit intensiv, durchschnittlich oder eher gering ist. Die Mindmaps sollten für zukünftige Veranstaltungen aufbewahrt werden, um mögliche Veränderungsprozesse untersuchen zu können.

Quelle: angelehnt an: Wester/Soltau/Paradies 2006

17.5 Kooperationsnetz

Wann kann ich diese Methode einsetzen?

Die Methode »Kooperationsnetz« eignet sich zur Bewertung der Zusammenarbeit im Team/mit den Eltern bzw. zur Bestandsaufname zur Zusammenarbeit innerhalb der Kita.

Ziel

- Bestandsaufnahme der Zusammenarbeit innerhalb der Kita.
- Fehlende Kooperationen und »Lücken« können aus der Analyse des IST-Zustandes sichtbar gemacht werden.

Materialbedarf

- Eine größere Menge 3m langer Bänder/Schnüre

Zeitbedarf

Je nachdem, welche »Lücken« durch das »Kooperationsnetz« sichtbar werden, kann diese Methode zwischen 15 Minuten und 60 Minuten dauern.

Ablauf

1. Voraussetzung: Voraussetzung für diese Methode ist, dass alle Personen persönlich anwesend sind. Soll es also um die Wege der Zusammenarbeit mit den Eltern (oder auch Elternvertreter) gehen, ist es wichtig, dass auch die Eltern präsent sind.

2. Vorbereitung: Jede Teilnehmerin nimmt sich so viele Bänder, wie es Kooperationspartner in der Gruppe gibt, mit denen sie regelmäßig zusammenarbeitet.

3. Durchführung: Die Moderatorin gibt die Leitfrage vor – z.B. »Mit welchem Partner habe ich im letzten Kindergartenjahr besonders gut zusammengearbeitet?« Die Teilnehmerinnen geben jeweils den Partnern ein Ende eines Bandes, mit denen gute Zusammenarbeit stattgefunden hat und behalten das andere Bandende in ihren Händen. So entstehen Kooperationslinien. Das Kooperationsnetz wird »eingefroren«, d.h. alle bleiben an Ort und Stelle stehen und bewegen sich einen Moment nicht. Dann wird das Kooperationsnetz gemeinsam ausgewertet, bevor das Bild »aufgetaut« wird.

4. Auswertung: Während der Auswertungsphase notiert die Moderatorin die Ergebnisse auf einem Flipchart oder auf einer Wandzeitung/Tafel. Das kann unter folgenden Leitfragen geschehen:
   – Wie wird die Kooperation bewertet?
   – Welche Veränderungen müssen vorgenommen werden?
   – Mit welchen konkreten Maßnahmen lässt sich die Kooperation intensivieren?
   Alle Antworten und Vorschläge werden schriftlich festgehalten. Den Abschluss dieser Methode bilden konkrete inhaltliche, personelle und zeitliche Absprachen und Vereinbarungen.

5. Ergebnissicherung: Alle Antworten und Fragen müssen während des Gespräches so mitgeschrieben werden, dass sie für alle sichtbar sind. Falls dies durch eine Moderatorin nicht möglich ist, sollte zusätzlich eine Teilnehmerin diese Aufgabe übernehmen. So können alle Beteiligten das Gesagte unmittelbar überprüfen und bei Bedarf sofort ergänzen.

Quelle: angelehnt an: Wester/Soltau/Paradies 2006

17.6   Kraftfeldanalyse

Wann kann ich diese Methode einsetzen?

Die Kraftfeldanalyse lässt sich besonders gut als orientierender Einstieg in einen Evaluationsbereich oder einen Teilbereich nutzen. Sie ist ein einfaches Verfahren, um die Ursachen von Problemen in dem Evaluationsbereich zu analysieren und konkrete Gegenmaßnahmen zu entwickeln.

Das Instrument beruht auf der Erkenntnis, dass die Veränderung einer Situation auf zwei Mechanismen beruht: fördernde Kräfte zu stärken und blockierende Kräfte zu schwächen. Als Beispiel wird das Themengebiet Personaleinsatz dargestellt.

Ziel

- Die Kraftfeldanalyse hilft bei der Einschätzung des IST- und des SOLL-Zustandes für einen Evaluationsbereich oder einen definierten Teilbereich.
- Faktoren, die das Erreichen des SOLL-Zustandes behindern werden ebenso transparent wie Faktoren, die für das Erreichen des SOLL-Zustandes hilfreich sind.
- Handlungsmöglichkeiten für das Erreichen der formulierten Qualitätskriterien werden formuliert.

Materialbedarf

- Flipchart mit der schematisch dargestellten Kraftfeldanalyse und den einzelnen Arbeitsschritten

- Moderationskarten
- Pinnwand

Zeitbedarf

ca. 60 bis 120 Minuten

Ablauf in sechs Schritten

1. Definieren Sie im ersten Schritt das Problem, welches mit der Methode angegangen werden soll, und setzen Sie diesem ein Ziel gegenüber. *In unserem Beispiel ist der ständige Personalmangel das Problem und ein kontinuierlicher und verlässlicher Personalstand das Ziel.*

2. Im zweiten Schritt notiert jede Teilnehmerin Faktoren auf Moderationskarten (ein Faktor pro Moderationskarte), welche dem Ziel entgegenstehen. Die Moderationskarten werden entsprechend dem Schema (siehe Abbildung 69) an der Pinnwand festgehalten. *Z.B. hoher Krankenstand, Fehler in der Dienstzeiten- und Urlaubsplanung, Unzufriedenheit bei Mitarbeiterinnen, Schwangerschaften*

3. Im dritten Schritt werden jene Faktoren aufgelistet, die die Zielerreichung fördern. *Z.B. ein motiviertes Team, hohe Arbeitszufriedenheit bei den Mitarbeiterinnen, klare Absprache bei der Planung der Dienstzeiten und Urlaube*

4. Wählen Sie im vierten Schritt die drei wichtigsten hemmenden bzw. fördernden Faktoren aus.

5. Konzentrieren Sie sich auf diese Faktoren und überlegen Sie sich Maßnahmen, welche die hemmenden Faktoren abschwächen und die fördernden Faktoren verstärken. Eine schöne Methode ist hier, in 2er- oder 3er-Gruppen gemeinsam Methoden zu erarbeiten und diese abschließend im Plenum vorzustellen.

6. Erarbeiten Sie basierend auf den gesammelten Ergebnissen Konsequenzen für weitere Vorgehensweisen und halten Sie diese schriftlich fest. Legen Sie in diesem Schritt auch einen Aktionsplan fest, in dem die konkreten Maßnahmen sowie Verantwortliche und Termine aufgeführt werden.

Abbildung 53: Kraftfeldanalyse

17.7 Schwarzes Brett

Wann kann ich diese Methode einsetzen?

Bei dieser Methode haben Eltern die Möglichkeit, auf einer in der Kita aushängenden großen Wandzeitung oder auf einem »schwarzen Brett« ihre Meinung zu einer spezifischen Fragestellung darzustellen. Dies kann mit kreativen Fragen wie beispielsweise »Wenn du eine Sache an unserer Kita sofort ändern könntest – was wäre das?« geschehen. Ebenso sind gezielte Fragen zu einem spezifischen Evaluationsbereich möglich: »Was findet ihr im Eingangsbereich unserer Kita gut? Und was findet ihr verbesserungswürdig?«.

Die Methode »Schwarzes Brett« ist eine schnelle und einfache Methode, um das Meinungsbild der Eltern abzufragen. Wenn Sie also Eltern in den Prozess der Evaluation involvieren möchten, bietet sich eine Methode wie das »Schwarze Brett« an, da der Streuverlust im Vergleich zu Fragebogen, die Eltern mit nach Hause nehmen, vergleichsweise gering ist. So werden Zettel gerne mal zu Hause vergessen – das Schwarze Brett bleibt hingegen für einen Zeitraum von ein bis zwei Wochen im Eingangsbereich jederzeit präsent.

Ziel

* Spezifische Fragen können von einer großen Anzahl von Eltern bearbeitet werden.
* Die Eltern fühlen sich ernst genommen und stellen fest, dass ihre Meinung eine Rolle spielt.

Materialbedarf

* eine große Wandzeitung/ein großes »Schwarzes Brett«
* dicke Marker/Stifte

Zeitbedarf

Lassen Sie die Wandzeitung bzw. das »Schwarze Brett« ein bis zwei Wochen hängen.

Ablauf

1. Vorbereitung: Hängen Sie große Plakate mit der formulierten Frage und einer Erklärung für die Eltern (Wieso wird das Meinungsbild der Eltern erhoben? Was wird mit den Ergebnissen gemacht? Wieso ist die Beteiligung der Eltern so wichtig?) am Kitaeingang/Foyer oder am Eingang der Gruppenräume auf. Seien Sie bei der Gestaltung der Plakate kreativ. Einige Eltern wollen vielleicht nicht öffentlich ihre Meinung kundtun? Dann basteln Sie einen kleinen Briefkasten, den Sie an dem Plakat befestigen und in den die Eltern ihre Meinung verdeckt abgeben können.
2. Durchführung: Ein bis zwei Wochen haben Eltern die Möglichkeit, ihre Meinung auf dem Plakat festzuhalten. Erklären Sie den Eltern wenn möglich kurz, worum es sich dreht und fordern Sie sie persönlich auf, sich an der Evaluation zu beteiligen.
3. Auswertung: Nach Ablauf der vereinbarten Zeitspanne werden alle Aussagen sortiert und ausgewertet. Die Ideen können auch auf einer neuen Wandzeitung geclustert oder in einer Mindmap geordnet werden.
4. Ergebnissicherung: Die Auswertung kann auf einem Infobrett zur Ansicht für alle veröffentlicht werden.

Quelle: angelehnt an Burkard/Eikenbusch 2000

17.8 Vier-Felder-Tafel

Wann kann ich diese Methode einsetzen?

Mithilfe der Vier-Felder-Tafel können Teilnehmerinnen ihre Meinung oder Einschätzung durch eine Markierung oder durch das Anbringen eines Klebepunktes zum Ausdruck bringen. Im Gegensatz zu der Evaluationszielscheibe handelt es sich bei dieser Methode um eine Ein-Punkt-Abfrage, d.h. jede Teilnehmerin erhält einen Punkt, den sie entsprechend ihrer Meinung auf der Tafel platzieren kann.

Diese Methode ist dann sinnvoll, wenn Sie zu einem Evaluationsbereich zwei Fragen formulieren können. So können beispielsweise im Evaluationsbereich ›Gesunde Ernährung in der Kita‹ folgende Fragen auftreten: 1. Wie zufrieden bin ich mit der Qualität des gelieferten Essens? und 2. Wie zufrieden bin ich mit der Verlässlichkeit des Caterers?

Ziel

• Schnelle Abbildung eines Meinungsbildes

Materialbedarf:

• Klebepunkte
• Stifte
• Flipchart

Zeitbedarf

ca. 5 Minuten

Ablauf

1. Vorbereitung: Erstellen Sie auf einem Flipchart eine 4-Felder-Tafel
2. Durchführung: Stellen Sie die 4-Felder-Tafel vor. Die Wahl der Dimensionen hängt vom Erkenntnisinteresse der Evaluation ab. Jede Teilnehmerin hat nun einen Punkt, den Sie auf dem Feld entsprechend ihrer Meinung platzieren kann.
3. Auswertung: Der ausgefüllten 4-Felder-Tafel kann eine mündliche ausführliche Rückmelderunde folgen. Anhand des Meinungsbildes können Verbesserungsmöglichkeiten erarbeitet werden.

BEISPIEL

Wie zufrieden bin ich mit...

(Bitte markiere deine Einschätzung mithilfe eines Klebepunktes)

... der Qualität unseres Essens (Geschmack, Temperatur, Vielfalt) sehr

wenig

wenig   sehr

... der Verlässlichkeit des Caterers (Pünktlichkeit, Erreichbarkeit)

17.9   Wetterkarte

Wann kann ich diese Methode einsetzen?

Die Methode »Wetterkarte« eignet sich zur Klimaanalyse bei Veranstaltungen und zur Analyse von Veränderungsmöglichkeiten. Aber auch das Gruppenklima kann anhand dieser Methode gemessen werden.

Ziel

- Einfangen der Stimmung
- Zwischen- oder Abschlußbilanz

Materialbedarf

- Smileys oder Wettersymbole:
  - Sonnig = wohl fühlen, viele gute Erfahrungen gemacht
  - Heiter bis wolkig = gute und weniger gute Erfahrungen gemacht;
  - Regen = ärgerlich, wenig Interessantes erlebt;
  - Nebel = noch unsicher, was davon zu halten ist
  - Schnee + Frost = kühle Atmosphäre, nicht ganz wohl gefühlt;
  - Gewitter = Spannungen, Konflikte, Schwierigkeiten

Ablauf

1. Vorbereitung: Hängen Sie zunächst Smileys oder Wettersymbole an die Wand. Alternativ können Sie auch im Sinne von Schulnoten die Ziffern 1 bis 6 verwenden.
2. Durchführung: Der Arbeitsauftrag an die Teilnehmerinnen lautet zunächst, das aktuelle Klima – die Stimmung – zu bewerten indem sie sich unter dem Symbol positionieren, welches ihrer persönlichen Einschätzung am ehesten entspricht. *Dies kann am Beispiel der Teamarbeit etwa anhand folgende Fragestellungen geschehen: › Wie empfindet ihr die Zusammenarbeit im Team zurzeit?‹*
   Im zweiten Schritt gewinnt das Verfahren an Dynamik. Bitten Sie nun die Beteiligten, das vorhandene Entwicklungspotential zu beurteilen. Oder um es in der Sprache der Meteorologen zu sagen: Bitten Sie die Beteiligten um eine Wettervorhersage: »Wohin kann sich der Entwicklungsgegenstand (*in unserem Beispiel die Teamarbeit*) in einem vorgegebenen Zeitraum (z.B. einem Monat) maximal verbessern?«
3. Auswertung: Der Schwerpunkt liegt nun auf der gemeinsamen Überlegung, welche Wünsche und Erwartungen die Beteiligten mit dem nächsten Zeitabschnitt verbinden und welche Schritte geplant und durchgeführt werden müssten, um die angestrebte Verbesserung zu erreichen.

17.10   Koordinatensystem

Wann kann ich diese Methode einsetzen?

Die Feedback-Methode »Koordinatensystem« ermöglicht es, die Wahrnehmung der Teilnehmer in zwei Dimensionen sichtbar zu machen und Entscheidungen zum weiteren Vorgehen zu treffen.

Ziel

- Schnelle Rückmeldung
- Entscheidungshilfe

Materialbedarf:

- Flipchart plus Papier
- Stifte

Zeitbedarf

ca. 15–20 Minuten

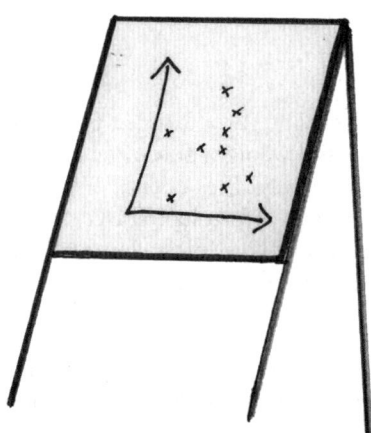

Abbildung 54: Koordinatensystem

Ablauf

1. Vorbereitung: Zeichnen Sie ein Koordinatensystem auf ein Flipchart und beschriften Sie die beiden Achsen. Ein bestimmtes Thema oder eine Frage werden als Titel formuliert. Die Achsen bezeichnen zwei Teilbereiche des übergeordneten Themas, z.B. Lernklima und Lernergebnis (nach einer Fortbildung) oder Umsetzung und Nutzen einer Idee.
   Nullpunkt und Ende jeder Achse werden mit den jeweiligen Extremwerten beschriftet, z.B.:
   – Arbeitsatmosphäre: entspannt – angespannt
   – Lerneffekt: Ich habe viel Neues aus dem Workshop mitgenommen – für mich war nicht viel Neues dabei
   – Vorbereitung: gut vorbereitet und anregend gestaltet
   Jede Achse startet im Nullpunkt mit dem negativen Wert und endet mit dem positiven Wert.
2. Durchführung: Die pädagogischen Fachkräfte verorten sich im Koordinatensystem. Jede Person hat genau eine Stimme. Das anonyme Feedback erfolgt z.B. durch Ankreuzen oder einen kleinen Punktaufkleber. Durch die entstehende Anhäufung von Punkten werden Schwerpunkte und Abweichungen innerhalb der Gruppe in den Bereichen sichtbar
3. Auswertung: Dem ausgefüllten Koordinatensystem kann eine ausführliche Rückmelderunde folgen.

17.11 Skalen

Wann kann ich diese Methode einsetzen?

Mit Hilfe dieser Methode lassen sich schnell Meinungsbilder einer größeren Gruppe einholen. Es können Meinungen zu verwendeten Methoden, zur Stimmung der Teilnehmenden, zu Inhalten, oder zum weiteren Vorgehen abgefragt werden.

Ziel

• Schnelles Feedback zur Stimmung oder Einschätzung zum Thema

Materialbedarf:

• vorbereitete Flipchartbogen
• evtl. Klebepunkte

Zeitbedarf

ca. 10–15 Minuten

Ablauf

1. Vorbereitung: Notieren Sie auf einem Flipchartbogen zunächst Fragen oder Aussagen zu dem zu evaluierenden Themenfeld und fügen Sie Skalenwerte hinzu. Zum Ankreuzen können z.B. fünf Kategorien oder ein Kontinuum von 1 bis 100 vorgegeben werden. Jedes Ende einer Skala repräsentiert dann ein »Meinungsextrem«. *Beispiel: Mögliche Fragen für Skalen: »Die Fortbildung war für mich: »sehr nützlich«, »nützlich«, »weniger nützlich«, überhaupt nicht nützlich« oder »Nach der letzten Diskussion fühle ich mich: (sehr wohl) +2; +1; 0; −1; −2 (sehr unwohl).«*

2. Durchführung: Die Teilnehmerinnen haben nun die Aufgabe, jeweils einen Skalenwert pro Frage/Aussage anzukreuzen oder je einen Klebepunkt für ihre persönliche Einschätzung zu verteilen.

3. Auswertung: Die pädagogischen Fachkräfte begründen ihre jeweilige Einschätzung. Auf der Grundlage der Skalierungen können Gespräche über mögliche Optimierungsmaßnahmen geführt und Ziele formuliert werden.

17.12 Stellungnahme/Koordinatenkreuz

Wann kann ich diese Methode einsetzen?

Zu einer vorgegebenen Fragestellung oder einem Problem wird durch »Aufstellung« Stellung bezogen. Die Feedback-Methode ermöglicht es, die Wahrnehmung einer Gruppe in zwei Dimensionen jeweils zwischen zwei Extrempunkten zu erfassen und Entscheidungen zum weiteren Vorgehen zu treffen.

Ziel

• Schnelles Feedback
• Entscheidungsfindung

Materialbedarf

• 2 Seile
• Karteikarten
• dicke Stifte
• Fotoapparat

Zeitbedarf

ca. 10–15 Minuten pro Durchgang

Ablauf

1. Vorbereitung: Mit zwei Seilen o.ä. wird ein Koordinatenkreuz auf den Boden gelegt, dessen Achsen mit Karten beschriftet werden, die die beiden Extrempositionen einer Aussage beinhalten, z.B. »Der Elternabend war gut organisiert« und »Der Elternabend war schlecht organisiert«.
2. Durchführung: Alle Teilnehmenden stellen sich an die Stelle im Koordinatenkreuz, die ihre jeweilige Meinung zum aktuellen Zeitpunkt repräsentiert.
3. Auswertung: Die Stellungnahme kann evtl. kurz erläutert werden. Anschließend werden die Ergebnisse im Gespräch ausgewertet: Der Veränderungsbedarf wird formuliert, Veränderungswünsche können geäußert werden.
4. Ergebnissicherung: Das Ergebnis wird als Foto festgehalten.

17.13 Ampelfeedback

Wann kann ich diese Methode einsetzen?

Diese Methode dient zur schnellen Meinungserhebung zu wichtigen Themen. Sie kann aber auch zur Einleitung einer Diskussion verwendet werden oder zur abschließenden Meinungserhebung nach einer Diskussion.

Ziel

- Rückmeldung geben/Feedback (allgemein)
- (eigene/andere) Positionen wahrnehmen
- Entscheidungen treffen
- Evaluation und Bewertung (Veranstaltung/Veranstaltungsteile)
- Rückmeldung geben (Zwischen-Feedback)
- Stimmungsbild erstellen, Bilanz ziehen,
- Entscheidung/Auswahl zwischen Themen/Projekte

Materialbedarf

- Drei farbige Karten pro Teilnehmer

Zeitbedarf

ca. 30–45 Minuten, je nach Intensität, Gruppengröße und Diskussionsbedarf.

Ablauf

1. Vorbereitung: Die Teilnehmer erhalten drei farbige Karten für Zustimmung (grün), Ablehnung (rot) und Neutralität (gelb).
2. Durchführung:
   - Variante 1: Die Moderatorin stellt Ja/Nein-Fragen und die Teilnehmerinnen signalisieren durch Hochheben der Ampelkarten Zustimmung oder Ablehnung.
   - Variante 2: Die Teilnehmerinnen formulieren nacheinander eine Aussage oder eine Antwort auf eine konkrete Frage. Die übrigen Teilnehmer signalisieren im Anschluss an die Aussage mittels der Ampelkarten ihre Zustimmung oder Ablehnung.

3. Auswertung: Die Moderatorin notiert an der Tafel/auf einem Flipchart stichwortartig die Aussagen und das dazugehörige Abstimmungsergebnis. Falls Diskussionsbedarf besteht, kann eine Diskussion direkt auf eine Aussage folgen, andernfalls findet die Diskussion im Anschluss an das gesamte Verfahren statt. Es können so viele Aussagen von den Teilnehmerinnen formuliert werden wie notwendig sind. Es können jedoch auch Teilnehmerinnen aussetzen, die keine Aussage treffen wollen.

17.14 Blitzlicht

Wann kann ich diese Methode einsetzen?

Blitzlicht ist eine Methode des Feedbacks, die schnell die Stimmung, Meinung, den Stand bezüglich der Inhalte und Beziehungen in einer Gruppe ermitteln kann. Die Teilnehmer und Teilnehmerinnen äußern sich kurz – mit einem oder wenigen Sätzen – zu einem klar eingegrenzten Thema. Das sich aus einer Blitzlichtrunde ergebende Bild kann helfen, die Arbeitssituation positiv zu gestalten und lösungsorientiert zu verändern

Ziel

• Der Moderator/die Kitaleitung erhält ein Meinungsbild zu selbstgewählten Aspekten.
• Die Teilnehmerinnen reflektieren kurz und beziehen Stellung.

Materialbedarf

• Anti-Stress Ball

Zeitbedarf

Abhängig von der Gruppengröße

Ablauf

1. Durchführung: Vorab erläutert der Moderator, aus welchem Grund die Evaluation erfolgt und erläutert folgende Regeln:
   – Es spricht stets nur eine Person zur gleichen Zeit, alle anderen hören zu. Als Hilfsmittel kann man hier auch ganz einfach ein Spielzeug, z.B. einen Anti-Stress-Ball einsetzen, der weitergegeben wird.
   – Aussagen werden nicht kommentiert oder bewertet, weder von Teilnehmerinnen, noch von der Leitung, noch vom Moderator.
   – Die Aussagen sollen konkret auf die gestellte Frage eingehen.
   – Die Aussagen sollen möglichst kurz sein, ideal ist ein Satz.
   – Niemand wird gezwungen, etwas zu sagen.
   – Die Aussage wird als Ich-Botschaft formuliert.
   Danach stellt der Moderator die Frage und fordert die Teilnehmerinnen auf, der Reihe nach eine Aussage zu treffen.
2. Auswertung: Die Aussagen der Teilnehmerinnen können stichwortartig für eine spätere Auswertung protokolliert oder direkt verglichen werden, um zu überprüfen, was erreicht worden ist.

17.15 Standbild

Wann kann ich diese Methode einsetzen?

Das Standbild ist eine sehr einfache kreative Methode, die eingesetzt werden kann, wenn der Evaluator ein kurzes, aktuelles Feedback erhalten will. Es liefert eine unmittelbare Rückmeldung, beispielsweise zum Verständnis und Interesse eines Themas oder auch zu Meinungen über bestimmte Themen.

Ziel

• Kurzer, schneller Überblick über eine aktuelle Meinung/einen aktuellen Zustand der Teilnehmerinnen

Materialbedarf

• Klebeband, um Stellfläche einzuteilen bzw. zu markieren
• DIN A4-Blätter, um Extrempositionen zu markieren
• Raum mit großer Fläche vorteilhaft (z.B. Garten)

Zeitbedarf

ca. 10–15 Minuten

Ablauf

1. Durchführung: Die Teilnehmer-Gruppe wird aufgefordert, sich gemäß ihrer Meinung in einem Raum/auf einer Fläche zu verteilen. Die Aufstellung erfolgt hinsichtlich der Zustimmung der einzelnen Teilnehmerinnen zu einer Aussage. Dies kann in Form von pro/contra geschehen oder weiter differenziert werden in »ich stimme zu«, »unentschieden« oder »ich stimme nicht zu«. Die Teilnehmerinnen können sich je nach Raumgröße entweder auf einer Linie positionieren oder sich in den Raumecken verteilen. Eine weitere Möglichkeit ist es, ein Koordinatensystem mit zwei Achsen auf dem Boden anzubringen. Die Extrempositionen können mit DIN-A4-Blättern gekennzeichnet werden. Die Aufstellung der Teilnehmerinnen erfolgt hier nach dem Grad ihrer Zustimmung oder Ablehnung der zu bewertenden Aussage im Koordinatenkreuz.

2. Auswertung: Je nachdem, wie sich die Teilnehmerinnen im Raum verteilen, können anschließend entsprechende Konsequenzen gezogen werden. Außerdem gibt es die Möglichkeit, Ausreißer spontan zu befragen. Das Standbild bedarf keiner weiteren Auswertung; es ist auf den ersten Blick ersichtlich, wie die Teilnehmerinnen sich verteilt haben. Dadurch, dass es keine tiefergründigen Informationen liefert, bietet es sich aber an, im Anschluss an die Aufstellung einzelne Teilnehmerinnen gezielt anzusprechen, um das »warum« zu klären.

Literatur

Aden-Grossmann, Prof. em. Dr. W. (2012): Kitaarbeit im Wandel. Vortrag im Rahmen der Veranstaltung »Invest in Future« in Stuttgart. Universität Kassel. http://www. kitakram.de/Die-Entwicklung-der-Kitaarbeit (03.02.2016).

Altgeld, K./Stöbe-Blossey, S. (Hrsg.) (2009): Qualitätsmanagement in der frühkindlichen Bildung, Erziehung und Betreuung. Perspektiven für eine öffentliche Qualitätspolitik. VS Verlag für Sozialwissenschaften.

Albert, L./Wissing, N. (2002): Informationsmaterial zum Modul 3.1. Konzepte für Projekte entwickeln und durchführen. http://www.anuba-online.de/extdoc/Materialien_der_BNW_Fortbildung/BNW_duchfuehren/BNW_Info_3_1_3.pdf (26.01.2016).

Aeplli, J., Gasser, L., Gutzwiller, E. & Tettenborn, A. (2011): Empirisches wissenschaftliches Arbeiten. Ein Studienbuch für die Bildungswissenschaften. Bad Heilbrunn: Julius Klinkhardt.

Apolte, T./Funcke, A. (2008): Qualitätssicherung und Qualitätssetzung im System frühkindlicher Bildung und Betreuung aus ökonomischer Sicht. In: Apolte, T./ Funcke, A. (Hrsg.): Frühkindliche Bildung und Betreuung. Reformen aus ökonomischer, pädagogischer und psychologischer Perspektive, o.O.

BeKi: Berliner Kitainstitut für Qualitätsentwicklung. http://www.beki-qualitaet.de/ index.php/interne-evaluation/faq.html (03.02.2016)

Behörde für Schule, Jugend und Berufsbildung Freie und Hansestadt Hamburg (Hrsg.) (2002): Schulinterne Evaluation. http://www.heffeter.com/cmsx/images/content/ Handreichung.pdf (03.02.2016).

Beywl, W./Bestvater H. (1998): Selbst-Evaluation in pädagogischen und sozialen Arbeitsfeldern. In: Bundesvereinigung Kulturelle Jugendbildung e.V. (Hrsg.): Qualitätssicherung durch Evaluation, Schriftenreihe der Bundesvereinigung Kulturelle Jugendbildung, Band 46, S. 33- 44.

Bortz, J./Döring, N. (2009):Forschungsmethoden und Evaluation für Human- und Sozialwissenschaftler. Heidelberg: Springer.

Braun, U. (2005): Evaluation in Kindertageseinrichtungen. In: Kita aktuell NRW (11), S. 230–232.

Bühner, M. (2011): Einführung in die Test- und Fragebogenkonstruktion.

Bundesarbeitsgemeinschaft der Landesjugendämter (2000): Qualität in Kindertageseinrichtungen. Beschlossen in der 88. Arbeitstagung vom 03.-05.05.2000 in Halle/ Saale. http://www.kindergartenpaedagogik.de/78.html (03.02.2016).

Bundesministerium für Familie, Senioren, Frauen und Jugend (Hrsg.) (2004): Das Tagesbetreuungs-Ausbaugesetz: Gesetz zum qualitätsorientierten und bedarfsgerechten Ausbau der Tagesbetreuung und zur Weiterentwicklung der Kinder- und Jugendhilfe 2004. http://www.bmfsfj.de/RedaktionBMFSFJ/Broschuerenstelle/ Pdf-Anlagen/Tagesbetreuungsausbaugesetz-TAG,property=pdf,bereich=bmfsfj,spr ache=de,rwb=true.pdf (03.02.2016).

Burkhard, C./Eikenbusch, G. (2000): Praxishandbuch Evaluation in der Schule. Berlin: Cornelsen Verlag Scriptor.

Dahle, L.: Qualitätsmanagement in Kindertagesstätten – Zur aktuellen Situation und zu möglichen Perspektiven. http://www.kindergartenpaedagogik.de/2306.html (03.02.2016).

DeGEval- Gesellschaft für Evaluation e.V. (2008): Standards für Evaluation, 4. Unveränderte Auflage. Mainz.

Der PARITÄTISCHE Wohlfahrtsverband Hamburg e.V: Qualitätsverfahren PQ-Sys®. Kindertageseinrichtungen Hamburg. Der PARITÄTISCHE Wohlfahrtsverband Hamburg e.V. Qualitätsgemeinschaft KITA.

Deutscher Bildungsrat (1970): Strukturplan für das deutsche Bildungswesen. Empfehlungen der Bildungskommission. Bad Godesberg.

dialog-kronberg.de: http://www.dialog-kronberg.de/index.php/dialogische-qualitaetsentwicklung (01.03.2016).

Dittrich, G. (2009): Querauswertung zum Thema Qualität. http://www.dji.de/index.php?id=40994 (10.03.2014).

Erläuterungen zu den Materialien für die interne Evaluation zum Berliner Bildungsprogramm 2006: https://www.berlin.de/imperia/md/content/sen-familie/kindertagesbetreuung/qvtag_anlage2.pdf?start&ts=1426771372&file=qvtag_anlage2.pdf (02.02.2016).

faz (06.11.2014): http://www.faz.net/agenturmeldungen/dpa/bund-und-laender-wollen-bundesweite-kita-qualitaetsstandards-13251930.html

Fleig, Dr. J.: Beispiele für einen kontinuierlichen Verbesserungsprozess. http://www.business-wissen.de/artikel/kvp-beispiele-fuer-einen-kontinuierlichen-verbesserungsprozess/ (03.02.2016).

Franzen, A. (2014): Antwortskalen in standardisierten Befragungen, In: Baur, N.; Blasius, J.(Hrsg.); Handbuch Methoden der empirischen Sozialforschung. Heidelberg: Springer Verlag.

Heiner, M. (Hrsg.) (1996): Qualitätsentwicklung durch Evaluation. Freiburg: Lambertus.

Heiner, M. (1996): Evaluation zwischen Qualifizierung, Qualitätsentwicklung und Qualitätssicherung. In: Heiner, Maja (Hrsg.): Qualitätsentwicklung durch Evaluation, S. 20–47.

Hellmann, J. (2004): Zur Entwicklung von Instrumenten für die interne und externe Qualitätsentwicklung von Tageseinrichtungen für kleine Kinder. In: Peterander, F., Soeck, O. (Hrsg.): Qualitätsmanagement in sozialen Einrichtungen. München, Basel: Ernst Reinhardt Verlag.

Hense, J. (2006): Selbstevaluation. Erfolgsfaktoren und Wirkungen eines Ansatzes zur selbstbestimmten Qualitätsentwicklung im schulischen Bereich. Frankfurt am Main: Peter Lang GmbH.

Hissnauer, W. (o.D.): Interne Evaluation. Institut für Lehrerfort- und -weiterbildung Mainz. http://ilf.bildung-rp.de/public/INTEV/InterneEvaluation.pdf (01.03.2016)

Huppertz, N., Karch, T. (2012): Qualitätshandbuch zum Orientierungsplan Baden-Württemberg, Oberried.

InES: Interne Evaluation in Schulen. http://ines.bildung-rp.de/fortbildung-und-beratung/beratungsangebote.html (14.12.2015)

Kallbach, M.; Stumpp-Marx, A. (2009): Schulische Qualität messen – sichern – anerkennen. http://www.sachsen-macht schule.de/schule/download/download_sbi/forum_interne_evaluation.pdf (01.03.2016).

Karliczek, K.M; Bergert, M. (2014): Handreichung Selbstevaluation Handlungsempfehlungen für Projekte im Bereich der Jugendgewaltprävention, Nr.51. Berlin.

12. Kinder- und Jugendbericht: Bericht über die Lebenssituation junger Menschen und die Leistungen der Kinder- und Jugendhilfe in Deutschland. Bundesministerium für Familie, Senioren, Frauen und Jugend.

14. Kinder und Jugendbericht: Bericht über die Lebenssituation junger Menschen und die Leistung der Kinder- und Jugendhilfe in Deutschland.

Kieruj, N.; Moors, G. (2010): Variations in Response Style Behavior by Response Scale Format in Attitude Research. In: International Journal of Public Opinion Research 22: S. 320–342.

König, J. (2000): Einführung in die Selbstevaluation. Ein Leitfaden zur Bewertung der Praxis Sozialer Arbeit. Lambertus Verlag.

König, J (2004): Selbstevaluationsmethoden für den Sozial- und Bildungsbereich. Wintersemester 2004/05 Virtuelle Lehrveranstaltung.

Kontokollias, M; Reinke, I; Wierwille, S. & von Saldern, M. (2010): Merkmale guter Evaluation und Selbstevaluation. In: von Saldern, M. (Hrsg): Selbstevaluation von Schule: Hintergrund – Durchführung – Kritik. Norderstedt: Verlag: Books on Demand GmbH.

Krebs, D.; Hoffmeyer-Zlotnik, J. (2010): Positive First or Negative First? In: Methodology 6: S. 118–127.

Krosnick, J. (1999): Survey Research. In: Annual Review of Psychology 50: S. 537–567.

KTK Gütesiegel Bundesrahmenhandbuch: Verband Katholischer Tageseinrichtungen für Kinder (KTK) – Bundesverband e.V.: http://www.ktk-bundesverband.de/unserangebotunserearbeit/ktkguetesiegel/ktk-guetesiegel-bundesrahmenhandbuch/ (01.03.2016)

Länderreport Frühkindliche Bildungssysteme (2015): Bertelsmann Stiftung

Leitner, B. (2010): Zum Start der ersten externen Evaluation im Land Berlin. www.erzieherin.de/zum-start-der-ersten-externen-evaluation-im-land-berlin.php (01.03.2016)

Liebald, C. (1998): Leitfaden für Selbstevaluation und Qualitätssicherung. Materialien zur Qualitätssicherung in der Kinder- und Jugendhilfe. Bundesministerium für Familie, Senioren, Frauen und Jugend (Hrsg.). Düsseldorf.

Lieber, B. (2007): Personalführung leicht verständlich. Lucius und Lucius Verlag: Stuttgart.

Mayring, P. (2002): Einführung in die Qualitative Sozialforschung. Weinheim, Basel: Beltz Verlag.

Merchel, J. (2010): Qualitätsmanagement in der Sozialen Arbeit. Eine Einführung. Weinheim, München, 3. Aufl.

Miethner, J. (2005): Qualitätsprogramm und Evaluation. Von den Möglichkeiten und Grenzen schulinterner Evaluation. Einhefter in: Pädagogische Beiträge.

Miller, G. A. (1956): The Magical Number Seven Plus or Minus Two: Some Limits on our Capacity for Processing Information. In: Psychological Review 63: S. 81–97.

Ministerium für Kultus, Jugend und Sport Baden-Württemberg in Zusammenarbeit mit dem Landesinstitut für Schulentwicklung (LS) (2005): Leitfaden zur Selbstevaluation an Schulen. Weilheim/Teck: Druckerei Bräuer.

Moors, Guy (2008): Exploring the Effect of Middle Response Category on Response Style in Attitude Measurement. In: Quality and Quantity 42: S. 779–794.

Moosbrugger, H; Kelava, A. (2011): Testtheorie und Fragebogenkonstruktion.

O'Muircheartaigh, C.; Krosnick, J..; Helic, A. (2000): Middle Alternatives, Acquiescence, and the Quality of Questionnaire Data. Working paper. University of Chicago.

Oppermann, A. (2015): Selbstevaluation – Der Informationsfluss beim Lehren und Lernen Oder: Wie ich nützliches Feedback gezielt in meiner Lehre einsetze. Hochschuldidaktische Weiterbildungskonzepte aus Brandenburg (BrandiKon), Band 6.

Preston, C., Colman, A. (2000): Optimal Number of Response Categories in Rating Scales: Reliability, Validity, Discriminating Power, and Respondent Preferences. In: Acta Psychologica 104: S. 1–15.

PQ-Sys: Das Paritätische Qualitätssystem. http://docplayer.org/11860916-Pq-sys-das-paritaetische-qualitaetssystem.html (01.03.2016)

Reich, K. (2008): Methodenpool. http://methodenpool.uni-koeln.de (01.03.2016)

Rindermann, H. (2003): Lehrevaluation an Hochschulen: Schlussfolgerungen aus Forschung und Anwendung für Hochschulunterricht und seine Evaluation. In: Zeitschrift für Evaluation, 2, S. 233–256.

Schiersmann C.;Thiel, H.-U. (2009): Organisationsentwicklung – Prinzipien und Strategien von Veränderungsprozessen. Wiesbaden: VS Verlag für Sozialwissenschaften.

Schratz, M.; Iby, M.; Radnitzky, E. (2000): Qualitätsentwicklung – Verfahren, Methoden, Instrumente. Weinheim und Basel: Beltz Verlag.

Schratz, M.; Steiner-Löffler, U. (1998): Die Lernende Schule. Arbeitsbuch pädagogische Schulentwicklung. Weinheim und Basel: Beltz Verlag.

Schratz, M.; Jakobsen, L. B.; Macbeath, J.; Meuret, D. (2002): Serena, oder: Wie Menschen ihre Schule verändern. Schulentwicklung und Selbstevaluation in Europa, StudienVerlag, Innsbruck, Wien, München, Bozen.

Stockmann, R.; Meyer, W. (2010): Evaluation. Eine Einführung. Opladen& Bloomfield Hill: Budrich Verlag.

Strehmel, P. (2008): Kindergarten heute 1 / 2008. »Wovon hängt gute Bildung tatsächlich ab?«.

Strehmel, P. (2006): Personalmanagement in Bildungs- und Betreuungseinrichtungen. Band 1: Psychologische Grundlagen. Studienbuch zum Bildungs- und Sozialmanagement. Remagen, ibus-Verlag.

http://www.kindergartenpaedagogik.de/78.html: Qualität in Kindertageseinrichtungen

Schulinterne Evaluation (2002): Materialien zur Unterstützung der Hamburger Schulen bei ihrer Evaluationsarbeit. 2002. Hrsg.: Freie und Hansestadt Hamburg, Behörde für Schule, Jugend und Berufsbildung.

Spiegel H. von (1994): Selbstevaluation als Mittel beruflicher Qualifizierung. In: Heiner Maja (Hrsg.): Selbstevaluation als Qualifizierung in der Sozialen Arbeit, S. 11–55.

Tergan, S.-O. (2000): Grundlagen der Evaluation: Ein Überblick. In: Schenkl, P.; Tergan, S.-O.; Lottmann, A. (Hrsg.): Qualitätsbeurteilung multimedialer Lern- und Informationssysteme. Evaluationsmethoden auf dem Prüfstand. Nürnberg: BW Bildung und Wissen, S. 22–49.

Tietze, W./Viernickel, S. (Hrsg.)/Dittrich, I./Grenner, K./Groot-Wilken, B./Sommerfeld, V./Hanisch, A. (2007): Pädagogische Qualität in Tageseinrichtungen für Kinder. Ein Nationaler Kriterienkatalog. 3. Auflage. Berlin: Cornelsen.

Vossen, C. M. (2013): Zur Beurteilung der Umsetzung des Bildungsauftrags in Kindergärten. Konzeption eines Selbstevaluationsinstruments für Erzieherinnen in Baden-Württemberg.

Weijters, B.; Cabooter, E.; Schillewaert, N. (2010): The Effect of Rating Scale Format on Response Style: The Number of Response Categories and Response Category Labels. In: International Journal of Research in Marketing 27: S. 236–247.

Weiterbildungsinitiative Frühpädagogische Fachkräfte wiff (2014): Leitung von Kindertageseinrichtungen. Grundlagen für die kompetenzorientierte Weiterbildung. Deutsches Jugendinstitut e.V.

Wester, F.; Soltau, A.; Paradies, L. (2006): Methodenbox Selbstevaluation, Landesinstitut für Schule, Bremen [www.lis.bremen.de]

Wittmann, W.W. (2009): Evaluationsmodelle. In: Hollung, H. (Hrsg.): Grundlagen und statistische Methoden der Evaluationsforschung, Enzyklopädie der Psychologie, Themenbereich B, Serie IV, Band 1, S. 59–98.

Witzel, A. (1985): Das problemzentrierte Interview. In: Gerd Jüttemann (Hrsg.): Qualitative Forschung in der Psychologie: Grundfragen, Verfahrensweisen, Anwendungsfelder. Weinheim: Beltz, S. 227–255.

Besser leiten mit Vertrauen!

Armbrust/Noll

Besser leiten mit Vertrauen

Die Kita-Leitung als verlässliche Größe für Kinder, Eltern und Team

Nur Printausgabe
1. Auflage 2016, 244 Seiten, kartoniert,
ISBN 978-3-556-06963-9

29,95 €

Nur Onlineausgabe
zu bestellen unter www.kita-aktuell.de
Art.-Nr. 66601100

29,95 €

Angebot exklusiv für PREMIUM-Mitglieder von www.kita-aktuell.de
Print- inkl. Onlineausgabe

PREMIUM

29,95 €   statt sonst 59,90 €

Vertrauen bildet in der Kita die Basis für die erfolgreiche tägliche Zusammenarbeit. Denn als Kita-Leitung agieren und vermitteln Sie in einem Beziehungs- und Interessensgefüge zwischen Familien, Mitarbeiterinnen, Trägern und Politik.

Dieses Buch begleitet Sie als Leitung beim Aufbau und bei der Pflege eines Vertrauensfeldes für Ihre tägliche Arbeit mit Kindern, Eltern und Kolleginnen.

Aus dem Inhalt:
- Wie wächst Vertrauen im Kind?
- Wie finde ich meine Vorbildrolle als Leitung?
- Misstrauen in Vertrauen wandeln
- Kita-Kultur und Kita-Werte im täglichen Handeln verkörpern

Jetzt Premium-Mitglied werden – so einfach geht´s:

PREMIUM

✓ Gehen Sie gleich online auf **www.kita-aktuell.de**
✓ Registrieren Sie sich in wenigen Schritten als Premium-Mitglied.
✓ Schon können Sie all Ihre bereits gekauften Produkte kostenlos online freischalten und nutzen.

SHOP 🛒 **www.kita-aktuell.de**

Wolters Kluwer Deutschland GmbH ▪ Güterstraße 8 ▪ 96317 Kronach
Telefon 0800 6644531 ▪ Telefax 09261 9694111
www.kita-aktuell.de ▪ kita@wolterskluwer.de

Wolters Kluwer